Schlieszeit • Mit Whiteboards unterrichten

Beltz Medienpädagogik
wird herausgegeben von Norbert Neuß.

Für Dominik

Jürgen Schlieszeit

Mit Whiteboards unterrichten

Das neue Medium
sinnvoll nutzen

Jürgen Schlieszeit ist Lehrer, Medienpädagoge und Experte für interaktive Whiteboards. Er veröffentlichte bereits zahlreiche Bücher rund um das Thema »Computer und neue Medien« und zahlreiche Aufsätze zum interaktiven Whiteboard in entsprechenden Fachzeitschriften. Seine Erfahrungen mit interaktiven Whiteboards sammelte er bereits 2004 bei einem Projekt für einen kranken Schüler, der Unterricht live über das interaktive Whiteboard nach Hause übertragen bekam. Er initiierte den Arbeitskreis »Digitale Tafel« und ist zudem Gründer und Betreiber des ersten deutschen unabhängigen Internetportals für interaktive Whiteboards www.myBoard.de. Der Autor eröffnete das erste deutsche Competence Center für interaktive Whiteboards. Jürgen Schlieszeit hat mittlerweile mehrere hundert Lehrer erfolgreich geschult und beraten und Vorträge zum Thema »Einsatz des interaktiven Whiteboards« gehalten.

Über den Herausgeber »Beltz Medienpädagogik«:
Prof. Dr. habil. Norbert Neuß, Medienpädagoge und Erziehungswissenschaftler, Hochschullehrer an der Justus-Liebig-Universität Gießen im Studiengang »Förderung und Bildung in der Kindheit« sowie Vorsitzender der GMK.
Homepage: www.dr-neuss.de

Der Autor hat die Bildrechte für diesen Band gewissenhaft ermittelt. Sollte dabei ein Fehler unterlaufen sein, bitten wir die tatsächlichen Inhaber der Nutzungsrechte, sich beim Verlag zu melden, damit wir das übliche Honorar nachzahlen können.

Das Werk und seine Teile sind urheberrechtlich geschützt.
Jede Nutzung in anderen als den gesetzlich zugelassenen Fällen bedarf der vorherigen schriftlichen Einwilligung des Verlages.
Hinweis zu § 52a UrhG: Weder das Werk noch seine Teile dürfen ohne eine solche Einwilligung eingescannt und in ein Netzwerk eingestellt werden. Dies gilt auch für Intranets von Schulen und sonstigen Bildungseinrichtungen.

Lektorat: Cornelia Matz

© 2011 Beltz Verlag • Weinheim und Basel
www.beltz.de
Herstellung: Sarah Veith
Satz: imprint, Zusmarshausen
Druck: Beltz Druckpartner GmbH & Co. KG, Hemsbach
Umschlaggestaltung: glas ag, Seeheim-Jugenheim
Umschlagabbildung: Marcus Schenck, Berlin
Printed in Germany

ISBN 978-3-407-62747-6

Inhalt

Vorwort von Univ-Prof. Dr. Stefan Aufenanger — 7
Vorwort des Autors — 8

1 Einführung in das interaktive Whiteboard — 12
1.1 Grundsätzliches — 12
1.2 Fluch oder Segen? — 12
1.3 Neue methodisch-didaktische Möglichkeiten — 13
1.4 Das Geld fehlt immer — 14
1.5 Total Cost of Ownership — 15
1.6 Wo ist der Mehrwert? — 16
1.7 Lehrerzentriert: ja oder nein? — 16
1.8 Schüler/innen motivieren und aktivieren — 18

2 Die Grundlagen — 20
2.1 Interaktive Whiteboards – Begrifflichkeiten — 20
2.2 Interaktive Whiteboards richtig installieren — 22
2.3 So funktioniert ein interaktives Whiteboard — 25

3 Pro & Contra interaktiver Whiteboards — 29
3.1 Vor- und Nachteile interaktiver Whiteboards — 29
3.2 Tafelinhalte in bester Qualität — 29
3.3 Tafelbilder zu Hause erstellen und mitnehmen — 31
3.4 Stromverbrauch und Wartung — 33
3.5 Jedes Board hat eine andere Software — 34
3.6 Board-Material noch sparsam — 34

4 Whiteboards und Technik — 36
4.1 Verschiedene Boards – verschiedene Technologien — 36
4.2 Technologien rund ums Board — 48
4.3 Zusatz-Hardware für Board und Schüler/innen — 56

5 Methodik und Didaktik am Board — 63
5.1 Aller Anfang ist schwer — 63
5.2 Das Tafelbild — 70

6 Alte Unterrichtsmedien neu am Board — 89
6.1 Altes und Neues — 89
6.2 Die klassischen Medien im Unterricht – auch am Whiteboard? — 90
6.3 Beste Qualität — 91
6.4 Schreiben und Zeichnen auf Bildern — 92

6.5 Schreiben mit dem digitalen Stift im Buch — 94
6.6 Individuell Audio-Stellen ansteuern — 95
6.7 Töne sichtbar machen — 96
6.8 Sprache als Text — 97
6.9 Arbeitsblatt interaktiv — 100
6.10 Würfelmodelle interaktiv — 106
6.11 Chemie interaktiv — 107
6.12 Unser Körper in 3-D — 107

7 Software-Überblick — 110
7.1 Jedem Board seine Software? — 110
7.2 Boardsoftware zum Selbststudium — 112
7.3 Eine Software für alle? — 113
7.4 Wer liest schon Lizenzverträge? — 114
7.5 Boardsoftware im Überblick — 115
7.6 Boardsoftware quo vadis? — 128

8 Der Methodikbaukasten für Ihre Arbeit am Board — 130
8.1 Systematisch arbeiten mit dem Methodik-Baukasten — 130
8.2 Arbeiten mit Objekten — 132
8.3 Arbeiten mit Seiten — 144
8.4 Unterrichtsmaterialen richtig speichern — 149
8.5 Tafelinhalte verbergen und sichtbar machen — 150
8.6 Lösungen und Inhalte anzeigen — 157
8.6 Mit Linien arbeiten — 164
8.7 Der digitale Zeigestab — 166
8.8 Objekte und Inhalte fokussieren — 168
8.9 Arbeiten mit Texten — 170
8.10 Arbeiten mit speziellen Werkzeugen und Programmen — 176
8.11 Interaktive Übungen, selbst erstellt — 185
8.12 Mit Lückentexten arbeiten — 188
8.13 Sammeln und auswerten — 192

Schlusswort — 198
Literatur — 199
Bildnachweis und Hinweis zu Produkten und Marken — 200

Über interaktive Whiteboards zu sprechen, ohne sich auf konkrete Produkte und Marken zu beziehen, ist kaum möglich. Aus diesem Grund werden im vorliegenden Buch an einigen Stellen Produkt- und Markennamen verwendet (vgl. auch Hinweise auf Seite 200).

Vorwort von Univ-Prof. Dr. Stefan Aufenanger

Interaktive Whiteboards sind seit ein paar Jahren der neue Hype in Schulen und auch in der Bildungspolitik. Nachdem man in England und den USA damit gute Erfahrungen gemacht hat, werden mehr und mehr deutsche Schulen damit ausgestattet. Dabei scheint auf den ersten Blick Geld keine große Rolle zu spielen, da die Anschaffungen in den meisten Fällen von den Ministerien oder Schulträgern vorgenommen werden. In den Schulen selbst stellt sich dann schnell die Frage, wer mit diesen neuen Tafeln arbeiten möchte, wo sie aufgestellt werden und wer dafür sorgt, dass sie auch genutzt werden. Letzteres hängt immer damit zusammen, wer entsprechende Kompetenzen im Laufe seines Studiums oder in der Fortbildung erworben hat. Denn nur, wenn auch über Fragen der sinnvollen pädagogischen Verwendung neuer Medien in Schule und Unterricht gesprochen wird, können diese eine angemessene Akzeptanz erfahren und damit auch nachhaltig wirken.

In dem vorliegenden Band von Jürgen Schlieszeit werden genau diese Fragen angesprochen. Es gibt einen hervorragenden Überblick über die unterschiedlichen Systeme mit ihren Vor- und Nachteilen, über ihre Verwendungsmöglichkeiten, vor allem aber über ihren sinnvollen didaktischen Einsatz im Unterricht. Der Autor ist sicher einer der prominentesten Vertreter des Einsatzes von interaktiven Whiteboards in Deutschland und natürlich auch einer der kompetentesten, der durch eigene Erfahrung in seinem Unterricht als Lehrer sehr gut deren Verwendung beschreiben kann. In seinen Fortbildungen für Lehrpersonen – an denen ich auch schon teilgenommen habe – versteht er es ausgezeichnet, die didaktischen und pädagogischen Situationen zu erläutern, die für einen fachgerechten Einsatz von digitalen Tafeln angemessen erscheinen. Denn sie eröffnen unzählige Möglichkeiten, den Unterricht anregend und fruchtbar zu gestalten, aber sie verlangen zugleich aber auch genaue Kenntnisse der medientechnischen Möglichkeiten, um ihre Potenziale auch auszunutzen. Wenn man sie aber einmal kennen gelernt hat, ist man begeistert von der Erweiterung der Präsentationsformen. Und fast alle, die schon interaktive Whiteboards im Unterricht nutzen, wollen darauf nicht mehr verzichten. Lassen Sie sich also von den hier vorgestellten Möglichkeiten anregen, Ihren Unterricht neu zu gestalten, Ihre Schülerinnen und Schüler einen anschaulichen Unterricht zu präsentieren und ihre kreativen Potenziale mithilfe digitaler Medien auszuschöpfen. Sie werden es nicht bereuen, vor allem wenn Sie sich durch die Ideen von Jürgen Schlieszeit haben anregen lassen.

Stefan Aufenanger
Universität Mainz, AG Medienpädagogik/Institut für
Erziehungswissenschaft

Vorwort des Autors

Die erste Begegnung mit einem System, das schon damals als »interaktives Whiteboard« bezeichnet werden konnte, liegt bereits über 20 Jahre zurück. Ende der 1980er-Jahre war ich viel unterwegs, um Vorträge, Präsentationen und Schulungen für verschiedene Computer- und Softwarefirmen zu halten. Gezeigt wurden einfache Anwenderprogramme und der Umgang mit der Grafikoberfläche, damals *Windows 2.0* – aus heutiger Sicht die ersten Gehversuche mit einer grafischen Benutzeroberfläche. Um die Programme und Inhalte einem größeren Publikum zeigen zu können, gab es in dieser Zeit neben der schweren und teuren Beamer-Variante sogenannte LC-Displays, die auf jeden normalen Overhead-Projektor aufgelegt werden konnten. Das einfache Monitorbild mit 16 oder 256 Farben konnte so über den Overhead-Projektor auf der Leinwand oder der herkömmlichen Wand präsentiert werden.

Bei einer Präsentation wurde mir jedoch eine Neuerung vorgestellt – ein Empfangsgerät mit einer Kamera, das an den Overhead-Arm angeschraubt oder auf dem Projektor aufgestellt werden musste. Dazu gehörte ein langer, unhandlicher Zeigestab mit einer Infrarotspitze und einem Schalter, der als linke Maustaste dienen sollte. Das Empfangsgerät erkannte nach entsprechender Justierung die Infrarotspitze und ließ den Mauszeiger entsprechend der Bewegung des Zeigestabs auf der Programmoberfläche folgen. Ein Mausklick auf den Schalter öffnete, wenn gewollt, ein entsprechendes Menü. Das System hieß *Cyclops* und war eines der ersten interaktiven Systeme, mit dem man jedes Programm von der Ferne auf einer Großprojektion über einen Overhead-Projektor bedienen konnte. Ich war so fasziniert davon, dass ich sogar meine Zulassungsarbeit für das erste Staatsexamen darüber geschrieben habe, wie man dieses Medium im Unterricht sinnvoll einsetzen könnte. Das Gerät selbst kam niemals in großen Stückzahlen auf den Markt und war letztendlich seiner Zeit voraus. Doch der Ansatz war gut und hatte Potenzial, wie wir dies heute deutlich bei den interaktiven Whiteboards sehen. Die Technologie allerdings, die damals für das *Cyclops*-System eingesetzt wurde, finden wir noch heute in einigen interaktiven Whiteboard-Lösungen verschiedener Anbieter.

Die Begeisterung hält an

Die erneute Begegnung mit einer interaktiven Präsentationsmöglichkeit fand über 20 Jahre später an meiner kleinen Dorfschule statt. Die intensive Auseinandersetzung mit dem Thema »Interaktive Whiteboards«, die zwischenzeitlich seit über sieben Jahren kontinuierlich anhält, habe ich letztendlich einem Schüler meiner damaligen Klasse zu verdanken – Dominik. Diesem Schüler war es aufgrund der seltenen

Krankheit *Epidermolysis Bullosa*, auch als Schmetterlingskrankheit bekannt, oft nicht möglich, den Unterricht zu besuchen. Tage- und manchmal auch wochenweise war er nicht in der Lage, in die Schule zu kommen, musste zu Hause oder im Krankenhaus bleiben. Für ihn habe ich damals zusammen mit einem Programmierer eine schüler- und lehrerfreundliche Lösung entwickelt, die es dem Schüler ermöglichte, Live-Unterricht über drei Web-Cams und ein interaktives Whiteboard aus meinem Klassenzimmer direkt zu übertragen und das Tafelbild über das interaktive Whiteboard darzustellen. Der Schüler war für uns sichtbar über einen großen Monitor, und er konnte uns aus Blickrichtungen von zu Hause aus am Laptop sehen. Wir konnten ihn ebenfalls sehen und hören, und das Tolle war: Er konnte unsere Tafel von zu Hause aus ebenfalls bedienen. Das Projekt nannten wir *help2learn*.

In diesen zwei intensiven Jahren erkannte ich, welches Potenzial in den digitalen Tafeln steckte und welche Möglichkeiten sie für eine neue Form von Unterricht ermöglichen können. Schrittweise erfolgte die Gründung eines Arbeitskreises »Digitale Tafel«, Workshops zur Nutzung der interaktiven Tafel und die Einladung der wichtigsten Hersteller zu einer Informationsveranstaltung für Schulen.

Die Nachfrage wurde immer größer, sodass ich schnell erkannte, dass hier jede Menge an Aufklärungsarbeit geleistet werden musste. Anfang 2008 gründete ich das Internet-Portal *myBoard*, welches täglich über aktuelle Informationen rund um das Thema »Interaktive Whiteboards« und Lösungen berichtet. Wichtig war und ist mir dabei immer die Neutralität und die Hersteller-Unabhängigkeit.

Es folgte die Eröffnung des ersten Competence Centers für interaktive Whiteboards in Deutschland, in dem mittlerweile über zwölf interaktive Whiteboards zum Test für Interessierte zur Verfügung stehen und zahlreiche Personengruppen diese Möglichkeit einer herstellerunabhängigen Beratung schon genutzt haben. Zudem wurde der *myBoard*-Verlag gegründet, der unter anderem jedes Jahr eine eigene Zeitung zur Bildungsmesse *didacta* herausbringt, die sich ausschließlich mit interaktiven Whiteboards und den damit verbundenen Medien beschäftigt. Ein Online-Shop für interaktive Medien ist derzeit im Aufbau.

Früher und heute

Viel ist in Bewegung, und wer die Presse aufmerksam beobachtet, der stellt fest, dass diese Entwicklung längst unsere Schulen und Klassenzimmer erreicht hat oder kurz vor der Tür steht. Doch lassen Sie uns kurz einmal die Geschichte unserer Kreidetafel beleuchten: Ein Klassenzimmer oder einen Seminarraum ohne klassische Schultafel können wir uns heute kaum mehr vorstellen. Wir alle kennen das quietschende

Geräusch der Kreide auf der grünen Oberfläche und erinnern uns noch gut an die staubigen Tafellappen und die übelriechenden Schwämme, mit denen so manche Tafel mehr oder weniger gesäubert wurde. Dieses Medium steht nach wie vor im Zentrum des Unterrichts und dient dem Lehrer und Dozenten als Hilfsmittel zur Vermittlung von Inhalten jeglicher Art. Texte, Zeichnungen, Skizzen und Schemazeichnungen wurden und werden darauf mit weißen und bunten Kreiden oft mühsam angebracht und im nächsten Moment wieder darauf gelöscht.

Die Einführung der klassischen Schultafel war sicherlich eine Revolution für die damals vorherrschende Form des Unterrichtens. Doch seit Anfang des 19. Jahrhunderts gab es bei der Entwicklung dieses Präsentationsmediums nur wenige Fortschritte.

Die klassische Schultafel hat ausgedient

Wenn wir uns heute die verschiedenen Möglichkeiten der digitalen Visualisierung vor Augen halten, dann wird schnell klar, dass die alte, klassische Schultafel ausgedient hat und kein adäquates Medium mehr für die Wissensvermittlung des 21. Jahrhunderts darstellt. Sie kann mit keinerlei Vorteilen gegenüber dem neuen digitalen Medium – dem interaktiven Whiteboard und den verschiedenen interaktiven Lösungen, die mithilfe von Projektoren im Unterricht in bester Qualität präsentiert werden – mithalten. Zudem müssen neben den Visualisierungsmöglichkeiten in Verbindung mit der digitalen Tafel auch die zahlreichen Möglichkeiten der Interaktionen für Schüler und Lehrer betrachtet werden. So wie die klassische Kreidetafel täglich im Unterricht eingesetzt wurde, so kann auch das interaktive Whiteboard mit einem viel größerem Mehrwert eingesetzt werden.

Ein moderner Unterricht fordert auch moderne Medien, die letztendlich schon längst zum Alltag unserer Schüler gehören. Digitale Medien und digitale Lerninhalte bringen neues Leben in unseren Unterricht und geben uns die einmalige Chance, auch unseren Unterricht neu zu organisieren und zu gestalten. Ich möchte nicht von einer Revolution sprechen, doch kann und wird dieses neue Medium unseren Schulalltag verändern, bereichern und verbessern wie kein anderes Medium dies seit der Einführung des Overhead-Projektors getan hat. Tonnenweise Folien wurden seitdem kopiert, beschrieben, abgeheftet und wieder entsorgt. Auch der Einführung des Overhead-Projektors standen viele Kolleginnen und Kollegen damals eher skeptisch gegenüber. Die Vorteile der Präsentation wurden aber schnell ersichtlich, und heute steht in jedem Klassenzimmer ein Gerät. Kaum ein Lehrer verzichtet darauf.

Doch im digitalen Zeitalter lösen allmählich intelligente Dokumentenkameras den Overhead-Projektor ab, Landkarten werden über den

Beamer auf Wände projiziert und können beschriftet werden. Das interaktive Whiteboard oder zukünftige Entwicklungen in dieser Richtung werden früher oder später die klassische Kreidetafel vollständig ablösen. Früher oder später werden wir mit dreidimensionalen Objekten und Hologrammen komplexe Gegenstände in unseren Klassenzimmern veranschaulichen und präsentieren. Doch auch wir Lehrer müssen diesen Schritt sinnvoll nachvollziehen können und dürfen nicht vor vollendete Tatsachen gestellt werden. In den digitalen Klassenzimmern von morgen liegen große Chancen für einen neuen Unterricht, doch dafür brauchen wir, neben den finanziellen Mitteln, auch Lehrer, die diesen Weg beschreiten und sich dafür auch einsetzen möchten. Die neuen digitalen Werkzeuge für diese neue Art von Unterricht benötigen zunächst eine intensive Auseinandersetzung und kontinuierliche Nutzung, wenn sie fester Bestandteil unseres Unterrichts werden sollen.

Mut zum Umdenken

All die Dinge, die wir bisher klassisch mit verschiedenen Medien umgesetzt haben, werden nun plötzlich mit einem einzigen, zentralen Medium möglich. Der Computer ermöglicht uns, alle Medien von einem Platz aus mit einer Bedieneroberfläche über das interaktive Whiteboard zu nutzen. Dies fordert zweifelsohne ein Umdenken, was das Handeln und Organisieren für den Unterricht anbelangt. Doch wird man schnell begreifen, dass neben dem Lernaufwand auch jede Menge an Zeit- und Platzersparnis folgen wird, wenn man erst einmal gewohnt ist, damit kontinuierlich zu arbeiten.

Dieses Buch möchte Sie ermuntern, mit auf die Reise zu gehen und sich mit den Möglichkeiten, aber auch den Grenzen des interaktiven Whiteboards auseinanderzusetzen. Ich habe zahlreiche Lehrer beraten und geschult und kenne sowohl deren Ängste als auch deren Hoffnungen und Vorstellungen, die mit diesem Medium in Verbindung gebracht werden. Oftmals herrschen falsche Vorstellungen darüber vor, was die digitale Tafel alles können sollte, doch der Großteil der Lehrerinnen und Lehrer waren nach entsprechenden Einführungs-Workshops und -Schulungen begeistert und überzeugt davon, dass sie mit dem interaktiven Whiteboard einen besseren und anderen Unterricht gestalten können. Ich möchte Ihnen einen kleinen Teil dieser Begeisterung mit auf den Weg geben und in Ihnen ein wenig das Feuer entfachen, das bei mir nun schon seit einigen Jahren anhält. Haben Sie Mut und lassen Sie sich ein auf das neue Abenteuer »interaktives Whiteboard«!

Ihr
Jürgen Schlieszeit

Einführung in das interaktive Whiteboard

1.1 Grundsätzliches

Das interaktive Whiteboard kann nicht mehr als Spielerei für Technikverliebte abgetan werden. Mehr und mehr digitale Tafeln kommen täglich an unsere Schulen. Städte wie Berlin und Hamburg machen es vor und statten bereits ganze Schulen mit digitalen Tafeln aus. Wir sind an dem Punkt angelangt, wo wir uns ernsthaft Gedanken darüber machen müssen, wie wir dieses neue Medium sinnvoll und gewinnbringend einsetzen können.

stressfreiere Zeiten

Täglich erscheinen Presseartikel, die über das Ende der Kreidezeit und das Ende der quietschenden Tafeln berichten. Mit dem Einzug des interaktiven Whiteboards wird über stressfreie Zeiten der Lehrer berichtet und darüber, dass es Schüler gibt, die sich weigern, in andere Klassen oder weiterführende Schulen zu gehen, in denen keine digitale Tafel zum täglichen Unterricht gehört. Das alles sind Schlagzeilen, die sowohl Lehrern als auch Eltern das neue Medium schmackhaft machen sollen. Doch dies allein sind nicht die eigentlichen Beweggründe, um die alte Schultafel gegen ein interaktives Whiteboard im Klassenzimmer einzutauschen. Worthülsen dieser Art kommen von Marketingexperten und Journalisten, die keinerlei Einblick in den Schulalltag haben und somit auch nicht hintergründig über das Thema schreiben können.

1.2 Fluch oder Segen?

große Euphorie

Einige wirklich wichtige Fragen stehen im Raum, die bei den Überlegungen vor der eigentlichen Anschaffung eines interaktiven Whiteboards auch innerhalb des Kollegiums diskutiert und angesprochen werden müssen. Auf der einen Seite steht die große Euphorie derjenigen Lehrer, die lieber heute als morgen dieses neue Medium in ihrem Klassenzimmer installiert haben möchten. Auf der anderen Seite sind diejenigen Kollegen, die den neuen Tafeln noch skeptisch und mit einer gewissen Distanz gegenüberstehen. Für die einen ist das interaktive Whiteboard ein Segen, für die anderen ein Fluch. Manchmal liegt der

Grund in der fehlenden Medienkompetenz, manchmal aber auch in der Überlegung und den Ängsten, bestehende und selbst erprobte Unterrichtsformen und -methoden aufgeben und sich mit einem neuen Medium vertieft beschäftigen zu müssen, ehe brauchbare Ergebnisse zutage kommen. Und dann sind da noch die Schüler/innen, die ohnehin lockerer und selbstverständlich mit allem, was digital ist, umgehen können. Wer möchte sich da schon blamieren? Doch sehe ich hier auch eine echte Chance für manchen noch unerfahrenen Kollegen, Schüler mehr als gewohnt in den Unterrichtsprozess mit einzubeziehen. Warum denn nicht Schüler mal ein digitales Tafelbild selbst erstellen lassen? Warum nicht einmal das Suchen und Finden von geeigneten Materialien im Internet von einer Gruppe im Vorfeld erarbeiten und im Unterricht präsentieren lassen? Je nach Altersstufe ist das gut praktizierbar.

fehlende Medienkompetenz

Dann gibt es noch die Gruppe von Kolleg/innen, die Medien dieser Art generell ablehnen. Teilweise aus Überzeugung, aber auch aus verschiedenen Ängsten, etwa der Angst vor dem Umgang mit dem Computer oder vor völliger Überwachung. Plötzlich wird Unterricht transparent und kann jederzeit reproduziert werden. Tafelbilder werden gespeichert, und im schlimmsten Fall könnte man nachvollziehen, was im Unterricht alles auf der Tafel produziert wurde, wenn zukünftig eine gewisse Dokumentationspflicht durch den Einsatz der digitalen Tafel gefordert werden würde.

1.3 Neue methodisch-didaktische Möglichkeiten

Zweifelsohne bringt der Einsatz des interaktiven Whiteboards eine große Menge an neuen Möglichkeiten, den Unterricht interessanter, attraktiver, zeitgemäßer und abwechslungsreicher zu gestalten. Mithilfe des Computers sind plötzlich alle bisherigen Medien wie Overhead-Projektor, CD-Spieler, Filmgerät, Tafel, Landkarte und Schaubild obsolet. Der Computer in Verbindung mit dem interaktiven Whiteboard vereint jede Form von klassischem Unterrichtsmedium und gibt zudem die Chance des aktiven Umgangs mit ihnen. Die digitale Tafel ermöglicht es, wenn richtig eingesetzt, den Schüler aktiver in den Unterricht mit einzubinden.

neue Möglichkeiten

Auch der Aufbau einer Unterrichtsstunde wird sich durch den Einsatz des Boards ändern. Unterrichtsstunden bekommen mehr Dynamik und Flexibilität. Sie können durch die Einbeziehung des Internets viel besser auf Fragen der Schüler eingehen und an aktuellen Beispielen Ihren Unterricht gestalten. Tafelbilder sind nicht mehr eindimensional und starr, sondern werden dynamisch. Sie bereiten entsprechende Tafelinhalte vor, doch sind Sie flexibel, auch andere und neue Inhalte einzu-

Dynamik und Flexibilität

binden und zuzulassen. Schaubilder sind aktuell und können direkt an der Tafel bearbeitet und beschriftet werden. In Verbindung mit Laptops oder Netbooks in den Klassen sind die Schüler in der Lage, ihre eigenen Materialien und Arbeitsergebnisse über das interaktive Whiteboard zu präsentieren, aber auch analoge Materialien und Schülerarbeiten lassen sich mithilfe von Dokumentenkameras einem größeren Schülerkreis zeigen.

Training

Eine solche mögliche Veränderung des bisher bekannten Unterrichtsverlaufs fordert natürlich auch eine neue Art von Ausbildung bei der nachkommenden Lehrerschaft und eine grundlegende Schulung sowie langfristig angelegtes Training für die bereits praktizierenden Kollegen/innen, die ab jetzt oder zukünftig mit dem interaktiven Whiteboard arbeiten sollen. Ich glaube, dass hier vielmehr der Knackpunkt der eher zögerlichen Annahme liegt, als in der neuen Technologie. Es kommt

finanzieller Aspekt

natürlich auch noch der finanzielle Aspekt hinzu, der verhindert, dass die Boards schnell und in größeren Stückzahlen eingekauft und in den Schulen installiert werden.

1.4 Das Geld fehlt immer

Die Finanzierung der neuen digitalen Tafeln und die damit verbundenen Aufwendungen für Computer, Beamer, Installation, Software, Peripheriegeräte und Schulungen stellt eines der größten Probleme dar. Es

fehlende Mittel

fehlt an Mitteln in Kommunen und in den Ländern. Teilweise wurden Konjunkturpakete für die Anschaffung der interaktiven Whiteboards schon benutzt, teilweise sind Länderinitiativen entstanden, doch war dies bislang noch viel zu wenig, um die Schulen in einem vernünftigen Maße damit auszustatten. Die Nachfrage ist da. Die Bildungsmesse *didacta* in Köln 2010 hat es gezeigt: Was ein interaktives Whiteboard ist, muss nicht mehr detailliert erklärt werden. Die Lehrer/innen gehen mit dem Thema schon wesentlich offener um und stellen gezielte Fragen zur Technik und Umsetzung im Unterricht. Derzeit sind etwa sechs Prozent der Klassenzimmer in Deutschland mit interaktiven Tafeln ausgestattet. Im Gegensatz dazu sind in England nahezu 70 Prozent der Klassenzimmer mit interaktiven Whiteboards und entsprechenden Peripheriegeräten bestückt. Bei ungefähr 1,2 Millionen Klassenzimmern in unserem Land sind da wohl noch einige Investitionen zu tätigen, bis wir mit Ausstattungszahlen anderer Länder mithalten können.

Nur um einmal einen Vergleich zu unseren Nachbarn in Bezug auf die Bildungsinvestitionen aufzuzeigen: Gegenüber Österreich und der Schweiz liegt Deutschland, was die Bildungsausgaben pro Schüler anbelangt, um einiges zurück. In der aktuellen FiBS-Studie wird deutlich, wie weit Deutschland hinter Österreich und der Schweiz hinterherhinkt: Während Österreich und die Schweiz mit 5,5 Prozent bzw. 5,8 Prozent des Bruttoinlandproduktes in die Bildung investieren, begnügt sich Deutschland mit nur 4,7 Prozent. Bis zu einer abgeschlossenen Berufsausbildung wird beispielsweise für einen Jugendlichen mit 57 000 Euro nur halb so viel ausgegeben wie in den Nachbarländern.

Zahlreiche Vereine und Elterninitiativen wurden in der letzten Zeit gegründet, um die Finanzierung von digitalen Tafeln zu unterstützen. Vereinzelt erklären sich auch Gewerbetreibende bereit, in Form von Sponsoring-Aktionen die Anschaffung von interaktiven Whiteboards zu unterstützen. Ehrgeizige Projekte – doch werden wir damit nicht viele Klassenzimmer ausstatten können. An dieser Stelle sind sicher die Politiker gefragt, die in die Ausbildung und Zukunft unserer Schüler/innen, aber auch unserer Lehrer, investieren müssen.

ehrgeizige Projekte

1.5 Total Cost of Ownership

Was zudem aber auch zu bedenken ist, sind die Folgekosten, die zweifelsohne auf die einzelnen Schulträger zukommen, wenn interaktive Whiteboards angeschafft werden. Zwar benötigen klassische Kreidetafeln auch vereinzelt Wartungsarbeiten, doch sind die laufenden Kosten eines interaktiven Whiteboards nicht zu unterschätzen und rechtzeitig einzuplanen. Die Rechner und die Projektoren benötigen kontinuierlich Strom. Zudem müssen Beamerlampen regelmäßig nach drei- bis viertausend Stunden ausgewechselt werden. Bei intensiver Nutzung kann das alle zwei bis drei Jahre der Fall sein. Hinzu kommen die regelmäßigen Updates der Software, die auf dem jeweiligen Gerät vom Systemadministrator durchgeführt werden müssen, um stets die aktuelle Software nutzen zu können. Das kann bei entsprechender Anzahl von Boards doch einen großen Zeitaufwand bedeuten.

laufende Kosten

Total Cost of Ownership (TCO) ist ein bedeutender Punkt, der bei der Anschaffung von interaktiven Whiteboards berücksichtigt werden muss. Dabei handelt es sich um ein Abrechnungsverfahren, das zeigen soll, wie man alle zukünftig anfallenden Kosten der angeschafften Investitionsgüter richtig abschätzen kann und diese zu berücksichtigen hat. Hierbei sollen auch alle Aspekte der späteren Kosten und Nutzen berücksichtigt werden, was oft nicht bedacht wird. Bei diesen Überlegungen wird grundsätzlich auch eine Unterscheidung zwischen den direkten und den indirekten Kosten getroffen. Somit fließen Stromverbrauch, Wartungs- und Schulungskosten, aber auch administrative Kosten bei der Kalkulation für die Anschaffung mit ein. Diese Überlegungen sollten auf jeden Fall bei der Anschaffung von größeren Stück-

richtig abschätzen

zahlen getroffen werden, damit nicht später aus Mangel an finanziellen Mitteln die interaktiven Whiteboards nicht mehr genutzt werden können, da das Geld für die Beamerlampe fehlt.

1.6 Wo ist der Mehrwert?

Neben den finanziellen Aspekten für Anschaffung und Folgekosten der neuen Gerätschaften ist allerdings auch darüber nachzudenken, welchen Mehrwert die Verwendung des interaktiven Whiteboards im Unterricht für den Schüler überhaupt mit sich bringt. Auf der einen Seite bekommt er Schaubilder, Grafiken und Tafelanschriften in bester Qualität präsentiert, was das Schülerauge entlastet und den Lernprozess allein dadurch schon fördert. Auf der anderen Seite können dem Schüler die gemeinsam erarbeiteten Tafelinhalte als Arbeitsblatt oder Dokumentation eins zu eins in digitaler Form oder als Ausdruck zur Verfügung gestellt werden – natürlich immer unter Berücksichtigung der Urheberrechte des verwendeten Bildmaterials.

beste Qualität

Durch die Möglichkeiten der Integration der Tafel in die Partner-, Gruppen- aber auch Einzelarbeit wird gleichzeitig auch der kontinuierliche und selbstverständliche Umgang mit dem Computer und den digitalen Medien in verantwortungsvoller Weise automatisch mitgeschult. Selbst der Lehrer in seiner Vorbildfunktion zeigt durch den selbstverständlichen Gebrauch der digitalen Medien und dem Einsatz des interaktiven Whiteboards, dass Computer und das Internet über das Versenden von E-Mails, Chatforen und das Betrachten von Videos auf YouTube hinaus genutzt werden können. Die Schüler/innen sehen den Computer als Arbeitsgerät und begreifen sehr schnell, welche Vorteile damit verbunden sind, wenn sie richtig angeleitet werden. Das Interesse den neuen Medien gegenüber ist sehr groß und kann hier zugleich motivierend genutzt werden.

Computer als Arbeitsgerät

1.7 Lehrerzentriert: ja oder nein?

Ein Gegenargument, das immer wieder in der Diskussion bei der Einführung des interaktiven Whiteboards auftaucht, ist die mögliche Gefahr der Lehrerzentriertheit. Die Angst, dass der Unterricht plötzlich zu einer Präsentations-Show des Lehrers wird, wird gern als Vorwand verwendet, um sich gegen das interaktive Whiteboard auszusprechen. Letztendlich ist es aber nicht die digitale Tafel, die einen lehrerzentrierten Unterricht unterstützt, sondern vielmehr die Art und Weise, wie der Lehrer seinen Unterricht gestaltet und durchführt. Nicht das

Lehrerzentriertheit

Whiteboard ist lehrerzentriert, sondern der Lehrer, der es nicht richtig einsetzt. Wenn der Unterricht des jeweiligen Kollegen bisher lehrerzentriert war, wird das interaktive Whiteboard daran nichts ändern, wenn er sich nicht auf die verschiedenen Möglichkeiten einlässt, seinen Unterricht durch den Einsatz des universellen Mediums noch einmal zu überdenken und neue Formen des schülerzentrierten Unterrichts auszuprobieren.

universelles Medium

Lehrerinnen und Lehrer, die von Anfang an die Methoden eines offenen und schülerzentrierten Unterrichts praktiziert haben, werden das interaktive Whiteboard auch als ein Medium einsetzen, das diese Form des Unterrichts unterstützen kann. Letztendlich hängt der Einsatz auch von der Art und Weise ab, wie Materialien und Übungen gestaltet werden und wie offen die Lehrperson mit den Möglichkeiten des interaktiven Whiteboards in seinem Unterricht umgeht. Natürlich wird es immer wieder Phasen geben, in denen eine gewisse Lehrerzentriertheit einen Teil der Stunde ausmacht. Doch dagegen ist auch nichts einzuwenden. Tafelanschriften müssen nun mal sein, und in einer Erklärungsphase ist es einfach notwendig, dass der Lehrer den Sachverhalt richtig erläutert und den Schüler/innen mit verschiedenen Darstellungsmöglichkeiten Inhalte beibringt.

Das interaktive Whiteboard erleichtert in diesem Fall die Möglichkeit, Inhalte auf optimale Weise zu präsentieren und später in Übungsphasen diese Inhalte auch zu vertiefen bzw. weitere Materialien zum Thema zu finden. Mithilfe einer bestmöglichen Visualisierung kann der Lehrer sich auf seinen Vortrag konzentrieren und zudem besser auf die Fragen der Schüler/innen eingehen. Denn sein bereits im Vorfeld strukturiert aufgebautes Tafelbild kann er Schritt für Schritt entwickeln, ohne sich um den richtigen Aufbau des Tafelbildes kümmern zu müssen, aber auch so, dass er den Schülern nicht ständig den Rücken zudrehen muss, wenn ein neuer Punkt vermerkt oder erklärende Elemente gezeigt werden.

optimal zu präsentieren

> Bei einem Lehrervortrag sollten Sie Ihre Tafelbilder möglichst dynamisch aufbauen, sodass Schritt für Schritt die einzeln zu erklärenden Elemente wie Text, Bild, Video und Grafik eingeblendet werden. Vermeiden Sie es, den Schüler/innen bereits komplett vorgefertigte Tafelbilder zu zeigen.

TIPP

Der Einsatz von dynamischen Tafelbildern am interaktiven Whiteboard kann diese Phase des Unterrichts nur unterstützen und die Schüler/innen gleichzeitig motivieren. Wichtig dabei ist allerdings, dass der Lehrer seinen Vortrag vorab so gut strukturiert, dass die Schüler/innen sowohl dem Vortrag als auch den nacheinander gezeigten Inhalten gut folgen können.

dynamische Tafelbilder

Durch die verschiedenen Methoden des Ein- und Ausblendens, des Verschiebens und Zuordnens können Sie auch eine gewisse Dramaturgie und Dynamik für Ihr Tafelbild entwickeln, die dem Lehrervortrag in unterstützender Weise hilft. Das benötigt Zeit, lohnt sich aber. Bereiten Sie daher Ihre dynamischen Tafelbilder strukturiert und aufeinander aufbauend vor, indem Sie zunächst das Gesamttafelbild entwickeln und dann die einzelnen Elemente so bearbeiten, dass sie nacheinander von Ihnen zu einem Gesamttafelbild zusammengestellt werden können. Vermeiden Sie auf jeden Fall ein Aneinanderreihen vieler Tafelbilder, die wie einzelne *PowerPoint*-Folien nacheinander den Schüler/innen präsentiert werden.

1.8 Schüler/innen motivieren und aktivieren

Aktivierung beim Schüler

Das Interesse der Schüler/innen für gewisse Lerninhalte zu wecken ist oberstes Ziel des Unterrichts. Dazu gehört zweifelsohne die große Aufgabe für den Lehrer, Methoden zu finden, um eine hohen Grad an Motivation und Aktivierung beim Schüler zu erzeugen. Dabei spielt auch die Auswahl der geeigneten Medien für die Gestaltung des Tafelbildes eine große Rolle. Aktuelle Bilder in bester Qualität und ansprechende Grafiken sind für die Aufmerksamkeit der Schüler/innen sehr fördernd.

Besonderen Wert sollten Sie dabei auf das Layout Ihrer Tafelbilder und die Darstellung der Inhalte legen. Im Gegensatz zur einfachen Folie oder dem starren Tafelbild haben Sie die Möglichkeit, ein Tafelbild so zu gestalten, dass es für jeden Schüler gut leserlich und ansprechend präsentiert werden kann. Dazu müssen allerdings einige Gestaltungsprinzipien beachtet werden, die in einem späteren Kapitel noch zur Sprache kommen werden.

Motivation

Gerade der Einsatz des interaktiven Whiteboards ermöglicht es, unsere Schüler/innen stark zu motivieren – sei es direkt oder indirekt. Allein durch die Verwendung eines zeitgemäßen Vermittlungsmediums und die Möglichkeit, selbst mit diesem Medium arbeiten zu dürfen, wird großes Interesse bei den Schüler/innen geweckt.

Selbstverständlich tragen auch abwechselnde Phasen mit spielerischen Elementen am Board zur Motivation bei, die so nicht mit einer klassischen Tafel möglich wären. Dazu gehören Spiele und animierte Elemente, die innerhalb der verschiedenen Boardsoftware angeboten werden. Aber auch Spiele, die Sie über das Internet finden können, sollten Sie für diese Phasen nutzen. Sie dienen der Auflockerung des Unterrichts und können sehr einfach mit dem interaktiven Whiteboard ausgeführt werden. Dazu gehören sowohl Übungen zur Konzentration als auch Spiele, die unmittelbar mit dem bearbeiteten Thema in Verbindung stehen. Memories, Puzzlespiele oder Bilderrätsel sind hier nur die einfachsten Spielformen, die Sie zwischendurch einsetzen können.

> Trauen Sie sich ruhig, verschiedene kurze Spiele in Ihrem Unterricht einzusetzen. Sie dienen der Auflockerung und können manchmal Unterrichtsinhalte auf eine andere Art festigen.

TIPP

Es ist egal, welches Alter Ihre Schüler/innen haben. Wenn die Materialien entsprechend der Altersgruppe ausgesucht, aufbereitet und präsentiert werden, können Sie damit sogar erwachsene Lerner/innen begeistern.

Um die Schüler/innen zu aktivieren, bietet es sich an, dass Sie diese mit in den Entstehungsprozess eines Tafelbildes einbeziehen oder sogar das Tafelbild von einigen Gruppen selbst erstellen lassen. Dies kann schrittweise erfolgen, aber auch so angelegt werden, dass die Schüler/innen im Anschluss an eine Stunde mit eigenen Mitteln und Möglichkeiten das Tafelbild noch einmal selbst entwickeln. Dies kann am Computer geschehen, ist aber auch rein handschriftlich möglich, wenn die Ergebnisse für alle dann anschließend über eine Dokumentenkamera präsentiert werden.

Tafelbild selbst entwickeln

2 Die Grundlagen

2.1 Interaktive Whiteboards – Begrifflichkeiten

Derzeit sind etwa elf verschiedene interaktive Whiteboards auf dem Markt erhältlich, die mehr oder weniger bekannt sind. Oftmals werden Produktnamen mit dem eigentlichen neutralen Produkt, also dem interaktiven Whiteboard, verwechselt. Hinzu kommen noch einige interaktive Systeme, die über einen Beamer in Verbindung mit einem speziellen Stift gesteuert werden können. Prinzipiell sind verschiedene Begriffe für ein und dasselbe Medium im Umlauf. Wenn wir den ursprünglichen englischen Fachbegriff dafür verwenden, dann sprechen wir von einem *interactive whiteboard*. Die deutsch-englische Variante wird als *interaktives Whiteboard* bezeichnet. Daneben werden aber auch eine Reihe von Bezeichnungen wie *digitale Tafel*, *interaktive Tafel*, *elektronische Tafel* oder *Computertafel* gebraucht, wobei die beiden letzten Varianten eher weniger im Sprachgebrauch sind. Alle anderen Bezeichnungen, außer der angesprochenen, sind meist Produktbezeichnungen, die die verschiedenen interaktiven Whiteboards der unterschiedlichen Hersteller bezeichnen. Doch selbst Journalisten, die Artikel zum interaktiven Whiteboard schreiben, verwechseln schon mal die Begriffe und sprechen unwissendlich vom Produkt eines Herstellers, obwohl sie das interaktive Whiteboard meinen.

Um einen kleinen Überblick zu geben, welche interaktiven Whiteboards derzeit von den verschiedenen Vertretern auf dem deutschen Markt angeboten werden, nenne ich hier die wichtigsten Hersteller in alphabetischer Reihenfolge und die dazugehörenden Produktnamen der Systeme.

Nicht aufgeführt sind hier verschiedene Boards, die kaum auf dem deutschen Markt anzutreffen sind, die zahlreichen interaktiven Beamer-Versionen und interaktiven Stiftlösungen, die jeweils mit dem Produktnamen des Projektors oder mit einem eigenen Produktnamen bezeichnet werden. Sie werden an späterer Stelle in diesem Buch genannt, wenn es um die verschiedenen Technologien der interaktiven Whiteboards geht.

Übersicht: Hersteller und Board-Namen

Hersteller/Firma	Boardname
Clasus	Clasus Board ™
eInstruction	Interwrite Board ™
Hitachi	Star Board ™
Legamaster	eBeam ™
Mimio	Mimio Teach ™
Panasonic	Panaboard ™
Polyvision	eno Board ™
Promethean	ActivBoard ™
Qomo	Qomo Board ™
Sahara	CleverBoard ™
SMART Technologies	SMART Board ™

Erste Board-Überlegungen

Sie interessieren sich für interaktive Whiteboards und stehen gerade vor der Entscheidung, eines oder mehrere Boards für Ihre Schule anzuschaffen? Einzelne Vertreter der Herstellerfirmen haben Ihnen bereits ihr Board präsentiert, oder Sie haben sich im Internet oder auf der Messe einen ersten Überblick verschafft? Es ist schwer, sich bei der Fülle von Anbietern für das richtige Board zu entscheiden. Zahlreiche Anbieter bzw. Lösungen von interaktiven Whiteboards tummeln sich auf dem deutschen Markt. Jeder verspricht, die beste Hardware und natürlich auch die beste Tafel-Software für den täglichen Unterrichtsbedarf zu liefern.

Alle interaktiven Whiteboards werden mit einer mehr oder weniger umfangreichen Software ausgeliefert, die im Unterricht für die Tafelanschriften bis hin zu einfachen interaktiven Übungen genutzt werden kann. Die Software kann in der Regel von jedem Lehrer verwendet werden, sobald ein interaktives Whiteboard an seiner Schule installiert wurde. Das fertige Tafelbild, einschließlich Links zu Internetquellen, Animationen, Filmausschnitten oder Arbeitsblättern, wird am häuslichen Computer vorbereitet und dann via USB oder per Upload auf einem zentralen Server für den Unterricht bereit gestellt. Im Tafelbild können dann einzelne Passagen verdeckt und zu gegebener Zeit im Unterricht für den weiteren Unterrichtsverlauf sichtbar gemacht werden.

Abb. 1: Eingang zu einem Klassenzimmer, in dem ein IQBoard hängt ;-)

Wie bei einer *Power-Point*-Präsentation lassen sich mehrere Tafelseiten bereitstellen und können bearbeitet werden. Ein Vorteil auch hier: Für eine Wiederholungsstunde lassen sich die wichtigsten Tafelbilder wieder aufrufen und ggf. einzelne Übungen noch einmal wiederholen.

Die wichtigste Frage für Sie – neben der Board-Technologie – ist: Wie intuitiv und praxistauglich ist die jeweilige Boardsoftware? Einen gewissen Lernaufwand haben Sie bei jeder Software, doch gibt es große Unterschiede. Einige Hersteller halten sich an das klassische *Windows*- bzw. *Office*-Konzept und arbeiten mit Menüs und eindeutigen Symbolen. Andere wiederum arbeiten ausschließlich mit der symbolischen Darstellung und stellen ihre Funktionalitäten über Icons zur Verfügung. Je nachdem, welcher Lerntyp und Anwender Sie sind, machen Sie sich zunächst ein ausführliches Bild über die Software und prüfen Sie, ob Ihnen die einzelnen Schritte auch klar sind, die Ihnen die Software quasi aufzwingt. Erscheinen Ihnen z.B. die Symbole nach einer einmaligen Erklärung einleuchtend oder eher verwirrend? Ist das Angebot an kontextsensitiver Auswahl zu überfrachtet oder einfach gehalten? Weniger ist in diesem Fall oft mehr. Denn: Wie viele der angebotenen Funktionalitäten benötigen Sie wirklich für Ihren täglichen Unterricht? Stellen Sie sich eine kleine Aufgabe und versuchen Sie, diese mit der jeweiligen Boardsoftware zu lösen. Testen Sie die Software vorab selbst. Die meisten Hersteller bieten ihre Software zu Testzwecken über ihre Homepage als Download an.

2.2 Interaktive Whiteboards richtig installieren

Um ein interaktives Whiteboard im Klassenzimmer installieren zu können, müssen ein paar Voraussetzungen gegeben sein. Wenn Sie keine mobile Lösung einsetzen, also die digitale Tafel auf eine Art Rollwagen montiert ist, benötigen Sie eine freie Wand im Klassenzimmer, auf die alle Schüler/innen gut blicken können. Wenn Sie die klassische Kreidetafel noch im Klassenzimmer behalten, bietet es sich an, die digitale Tafel auf der gegenüberliegenden Wandseite zu montieren. Damit ist es einfach, die Schüler/innen rasch so umsetzen zu lassen, dass sie zum Whiteboard schauen können. Alternative Montagen bieten sich auch an den seitlichen Wänden oder sogar neben der klassischen Schultafel an, wenn entsprechender Platz vorhanden ist und der Blick darauf nicht eingeschränkt und für alle Schüler/innen möglich ist. Im klassischen Fall sollte aber die alte Kreidetafel entfernt und das interaktive Whiteboard wieder zentral im Klassenzimmer montiert werden.

Zudem ist es wichtig, dass das Board keiner direkten Sonneneinstrahlung ausgesetzt ist oder, wenn dies der Fall sein sollte, die Möglichkeit der Verdunkelung durch einen lichtdichten Vorhang oder eine Jalousie bestehen. Zwar sind die heutigen Projektoren so lichtstark, dass sie auch in helleren Räumen und bei leichter Sonneneinstrahlung genutzt werden können, doch strengt es auf Dauer an, wenn das Tafelbild nicht gut sichtbar ist und das Schülerauge teilweise geblendet wird.

Doch neben der Platzierung der interaktiven Tafel müssen auch die entsprechenden Anschlüsse im Klassenzimmer zur Verfügung gestellt werden. So benötigt der Beamer eine Stromversorgung und die Verbindung von Computer und Whiteboard. Diese erfolgt über ein USB-Kabel, das so verlegt werden muss, dass es nicht zu einer Stolperfalle wird oder als frei schwebendes Kabel im Klassenzimmer liegt. Es sind bei der Installation die vorgeschriebenen Unfallverhütungsmaßnahmen und Sicherheitsrichtlinien zu beachten. So sollten die Verkabelungen so vorgenommen werden, dass sie weder die Arbeit an der Tafel selbst, noch deren Beweglichkeit behindern.

Unfallverhütungsmaßnahmen

Zusätzlich zur Stromversorgung und dem Board-Anschluss ist die Installation von Lautsprechern zu bedenken. Mittlerweile bieten verschiedene Hersteller interaktive Whiteboards mit integrierten Lautsprechern an. Doch bei vielen der Boards müssen auch diese extra montiert und am Rechner angeschlossen werden.

Lautsprecher

Verschiedene Varianten für das Anbringen von Lautsprechern sind möglich:
- Lautsprecher am Board: Durch eine spezielle Halterung werden die Lautsprecher am Board befestigt und somit auch beim Betätigen der Höhenverstellung mitverschoben. Hier ist es wiederum wichtig, dass die Leitungen beim Verschieben entsprechend mitgeführt werden und kein »Kabelsalat« entsteht.
- Lautsprecher an der Wand: Bei dieser Variante werden die Lautsprecher jeweils rechts und links in gewissem Abstand von der digitalen Tafel auf Ohrhöhe montiert. Der Vorteil liegt darin, dass die Boxen nicht ständig mitbewegt werden müssen und das Gewicht der Boxen bei Höhenverstellung nicht extra eingestellt werden muss. Allerdings müssen Sie entsprechend lange Zuleitungen, am besten über einen Kabelkanal, zu den Boxen montieren lassen, damit die Leitungen nicht beschädigt werden können.
- Lautsprecher an der Decke: Hier werden die Lautsprecher in entsprechendem Abstrahlwinkel oben in den Ecken der Decke montiert. Der Sound kommt dann von oben und kann so ausgerichtet werden, dass eine optimale Beschallung möglich ist. Eine weitere Variante der Deckenmontage sind 360-Grad-Boxen, die zentral an der Decke montiert werden und von oben eine Art Rundumbeschallung ermöglichen. Allerdings muss auch hier daran gedacht werden, dass lange Zuleitungen zum Lautsprechersystem montiert werden müssen.

- Lautsprecher im Beamer: Diese Möglichkeit bieten nur einige Beamer-Hersteller an, es ist aber die einfachste Lösung. Die Boxen sind dabei im Beamer so eingebaut, dass der Ton auf der Rückseite zu den Schüler/innen abgestrahlt wird. Oft ist die Qualität der Lautsprecher aber nicht gut genug, um eine ausreichende Tonqualität für Musik- und Filmvorführungen zu erhalten.

Abb. 2: integrierte Boxen beim *ActivBoard*, *Panaboard* und *SMART Board*

Die besten Tonergebnisse erhalten Sie, wenn Sie im Klassenzimmer ein sogenanntes Subwoofer-System installieren. Dieses Sound-System besteht in der einfachsten Form aus zwei Hochtönern, die Sie – wie oben beschrieben – am interaktiven Whiteboard, der Wand oder an der Decke anbringen können, und dem Subwoofer, der für die Bässe zuständig ist und an einem beliebigen Platz im Klassenzimmer positioniert werden kann. Wenn Sie dafür nicht ausreichend Raum haben, dann gehen auch zwei gute Lautsprechersysteme, die Sie bereits unter hundert Euro erhalten.

TIPP | Erst durch den Einsatz des Internets können Sie die Möglichkeiten des interaktiven Whiteboards vollständig ausreizen.

Internetzugang

Um einen optimalen Unterricht mit möglichst großer Flexibilität am interaktiven Whiteboard durchführen zu können, sollte auf jeden Fall ein Internetanschluss im Klassenzimmer sein. Für den Rechner, auf dem die Whiteboardsoftware installiert wurde, sollte ein Internetzugang vorhanden sein. Erst dann können Sie Ihre dynamischen Tafelbildern mit verschiedenen Medien aus dem Netz entwickeln und aktuell auf die jeweiligen Informationen zugreifen.

Die auf dem Rechner installierte Boardsoftware wird in regelmäßigen Abständen verbessert, und es stehen Ihnen deshalb auch regelmäßige

Updates zur Verfügung. Innerhalb der Boardsoftware gibt es in der Regel die Möglichkeit, die installierte Version auf ihre Aktualität überprüfen zu lassen. Dazu muss Ihr Rechner ans Internet angebunden sein.

2.3 So funktioniert ein interaktives Whiteboard

Ein interaktives Whiteboard gleicht einer einfachen Projektionsfläche, auf der Sie mit dem Finger oder einem Stift Ihren Mauszeiger bewegen und verschiedene Aktionen ausführen sowie Programme bedienen können. Wie das funktioniert, ist wiederum abhängig davon, welche Technologie Sie einsetzen. Die digitale Tafel wird dabei über ein USB-Kabel an einen Computer angeschlossen. Die Projektion des Computerbildes erfolgt über einen Projektor, also einen Beamer, auf die Board-Oberfläche. Über bestimmte Sensoren oder Berührungspunkte werden nun die Koordinaten, an denen sich Ihr Finger oder der Stift befindet, an die Software weitergegeben. An dieser Stelle wird der Mauszeiger angezeigt. Allein die Treiber-Software ist dafür verantwortlich, dass die genaue Position des Mauszeigers errechnet und angezeigt wird. Somit haben Sie einen überdimensionalen Touchscreen vor sich, der sich mit Stiften und/oder Fingern bedienen lässt.

Sensoren, Berührungspunkte

Damit die Position des Mauszeigers genau angezeigt wird und die Software erkennt, wo die Begrenzungen ihrer digitalen Tafel liegen, muss das Board zunächst justiert werden. Diese Justierung, Kalibrierung genannt, erfolgt durch das Aufrufen einer speziellen Justierungssoftware, die zunächst fünf oder mehr Punkte einblendet. Diese werden nacheinander durch Drücken mit dem Finger oder einem Stift auf den jeweiligen Mittelpunkt bestätigt und die Position entsprechend gespeichert. Aus diesen festgelegten Grundkoordinatenpunkten errechnet sich später die jeweilige Mausposition, wenn Sie an beliebiger Position auf dem Board Ihren Finger oder Stift ansetzen. Die Treiber-Software ist in der Regel unabhängig von der mitgelieferten Boardsoftware. Sie benötigen diese auf jeden Fall für die Bedienung Ihrer Maus und für jede weitere Software unter Windows. Die Treiber werden bei jedem interaktiven Whiteboard bereits beim Start Ihres *Windows*-Programms automatisch mit geladen, und die Justierung Ihres interaktiven Whiteboards bleibt so lange erhalten und gespeichert, bis Sie daran etwas ändern. Das kann z. B. passie-

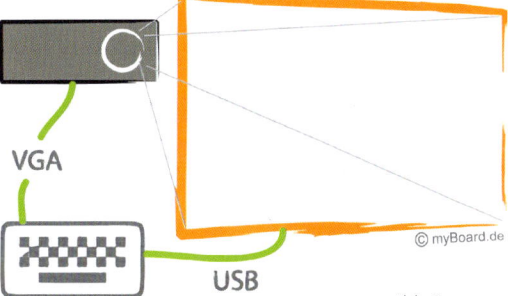

Abb. 3: grundlegender Aufbau für eine Whiteboardnutzung

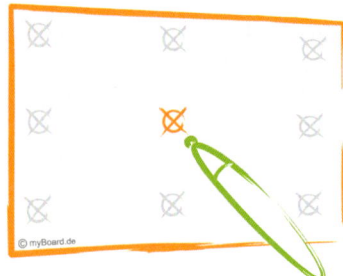

Abb. 4:
Kalibrierung am interaktiven Whiteboard

ren, wenn Sie den Beamer oder das Board aus der ursprünglichen Position verändern oder die Einstellungen verlorengehen. Nach der oben beschriebenen Justierung können Sie anschließend Ihre mitgelieferte Boardsoftware, aber auch jede beliebige andere Software, über die Eingabe direkt am Board nutzen. Denn letztendlich bedienen Sie nur den Mauszeiger über das Board in Ihrer *Windows*-Anwendung. Je nach Hersteller lässt sich zusätzlich die rechte Maustaste über den Stift oder eine Sondertaste aufrufen, oder es können verschiedene Funktionen für die rechte Maustaste festgelegt werden.

Richtig arbeiten am Whiteboard

Wenn Sie das erste Mal vor Ihrem interaktiven Whiteboard stehen, werden Sie sich fragen, wie Sie damit richtig arbeiten sollen, und vor allem, wie Sie an der digitalen Tafel richtig stehen. Nach erfolgtem Start des Betriebssystems können Sie gleich die Boardsoftware starten. Als Erstes erscheint eine große weiße Fläche, auf der Sie arbeiten werden – Ihre Tafel.

TIPP Vermeiden Sie es, mit dunklen Hintergründen und großen dunklen Flächen am Whiteboard zu arbeiten. Sonst benötigt Ihre Beamer-Lampe weitaus mehr Energie, was ihre Lebensdauer deutlich verkürzt.

Abb. 5:
SMART Board mit Ultrakurzdistanz-Projektor

Zunächst wird es relativ ungewohnt sein, an der hellen Fläche zu stehen, auf der Sie mit dunklen bzw. kontrastreichen Farben arbeiten. Bislang war die dunkle Tafel mit hellen Kreiden Ihr Begleiter. Der Projektor strahlt auf das interaktive Whiteboard und projiziert eine helle Oberfläche. Bitte kommen Sie nicht auf die Idee, Ihr Tafelhintergrundbild mit dunkelgrüner Färbung zu versehen, damit Sie ein ähnliches Bild wie auf Ihrer alten Tafel haben. Damit können Sie weder die Farbenvielfalt noch die Möglichkeiten der Boardsoftware völlig ausnutzen, noch tun Sie Ihrem Beamer einen Gefallen damit.

Je nachdem, welchen Beamer Sie einsetzen, verhält sich auch die Schattenwirkung am Board. Je näher Ihr Projektor am Board ist, desto weniger Schatten wird erzeugt.

Die neuen Kurz- und Ultrakurzdistanz-Beamer, die zusammen mit der Tafel nach oben und unten verschoben werden können, erzeugen weitaus weniger Schatten. Dennoch werden Sie immer einen geringen Schatten haben, wenn Sie an der Tafel arbeiten. Dazu sollten Sie sich angewöhnen, auch leicht seitlich beim Schreiben und Zeichnen am Board zu stehen, damit Sie die Position Ihres Mauszeigers und den Verlauf genau verfolgen können. Dies ist besonders beim Schreiben und beim Konstruieren im Geometrieunterricht wichtig.

Wenn Sie am Ende einer Stunde oder des Tages Ihre Dateien gespeichert und den Rechner heruntergefahren haben, denken Sie auch daran, dass Sie den Beamer noch so lange nachlaufen lassen, bis er in den Standby-Modus geht. Dies erfolgt nach kurzer Belüftung der Projektorlampe und erreichter Abschalttemperatur. Erst dann können Sie den Projektor auch wieder einschalten. Generell sollten Sie den Beamer nicht ständig, z. B. am Wochenende, auf Standby lassen.

TIPP Ein zwischen Beamer und Stromzufuhr eingebauter Timer hilft, Energie zu sparen. Er kann so eingestellt werden, dass er den Beamer nach erfolgter Lüftung automatisch abschaltet.

Medienkompetenz fördern

Wer ein interaktives Whiteboard in seinem Klassenzimmer einsetzen möchte, der sollte zumindest grundlegende Kenntnisse im Umgang mit dem Betriebssystem, z. B. *Windows*, und verschiedener Anwender-Software haben. Dabei geht es nicht darum, dass Sie diese Programme bis ins letzte Detail kennen, aber Sie sollten zumindest die Grundfunktionalitäten beherrschen, die in allen Programmen gleich sind. Dazu gehören folgende Anwendergrundkenntnisse:

Kenntnisse	Anwendung/Begründung
rechte Maustaste	Aufrufen aller kontextsensitiven Funktionen eines Objektes oder einer Einstellung
Drag-and-Drop	Ziehen von Objekten von einer Anwendung in eine andere – von Fenster zu Fenster oder über die Statusleiste (z. B. Text aus dem Internet in die Boardsoftware)
Strg-C / Strg-V	Kopieren und Einfügen von Objekten von einer Anwendung in eine andere oder duplizieren eines Objekte auf einer Seite über die Zwischenablage

Kenntnisse	Anwendung/Begründung
Strg-Taste und Mausklick auf Objekte	schrittweises Markieren und Entmarkieren beliebiger Objekte, um diese z. B. zu gruppieren oder ihnen eine Eigenschaft zuzuordnen
Shift-Taste und Mausklick	Markieren von Objekten innerhalb einer Liste; wenn Sie das erste und letzte Objekt mit Mausklick markieren und gleichzeitig die Shift-Taste drücken

Neben den rein technischen Kenntnissen gehören aber auch die Kenntnisse darüber dazu, wie sinnvoll und gewinnbringend mit dem Medium »Internet« im Unterricht umgegangen werden kann. Wie finden Sie aus dem Wust von Informationen genau die Richtigen? Wie sensibilisieren Sie Ihre Schüler/innen für den Umgang mit dem Internet? Wie sammeln Sie die verschiedenen Informationen, tragen diese zusammen und präsentieren sie vor Ihrer Klasse?

TIPP | Machen Sie Schüler/innen, die bereits einen routinierten Umgang mit Computern und dem Internet haben, zu Experten in einer Gruppe.

Arbeitsprozess für jedes Unterrichtsfach

Gerade darin liegt die Chance, Schüler/innen in einem kooperativen Prozess zu vermitteln und zu zeigen, wie Informationen gesammelt, selektiert, strukturiert und anschließend anschaulich präsentiert werden. Dieser Prozessablauf muss schrittweise eingeführt werden. Das Schöne daran ist: Sobald Ihre Schüler/innen verstanden haben, wie dieses selektive Auswahlverfahren, die anschließende Zusammenstellung und Präsentation funktionieren, können Sie diesen Arbeitsprozess für jedes Unterrichtsfach nutzen.

Kompetenzen

Die Schüler/innen lernen dadurch, wie Informationsgewinnung funktioniert und wie mithilfe verantwortungsvoller Selektion Informationen für den eigenen Lernprozess genutzt werden können. Neben der Fähigkeit, aus dem Dschungel der Google-Links die richtigen Informationen zu filtern, können gleichzeitig Themen wie »Urheberrechte« und »Persönlichkeitsverletzungen« mitbehandelt werden, sobald die Materialien weiterverarbeitet werden. Diesen Aufbau von Kompetenzen können Sie sich für jedes Ihrer Unterrichtsfächer zunutze machen, doch gleichzeitig sind diese Arbeitstechniken und -hilfen auch wichtige Bausteine für das zukünftige Berufsleben unser Schüler/innen. Denn wenn wir ein wenig weiter in die Zukunft schauen, dann werden diejenigen, die mit Informationen jeglicher Art selektiv und verantwortungsvoll umgehen können, es später einfacher haben, Wichtiges von Unwichtigem zu unterscheiden.

Pro & Contra interaktiver Whiteboards 3

3.1 Vor- und Nachteile interaktiver Whiteboards

Im Vergleich zur guten alten Kreidetafel kann das interaktive Whiteboard mit einer Vielzahl von Vorteilen aufwarten. Wenn wir uns die Vorzüge der digitalen Tafel einmal genauer anschauen, werden Sie feststellen, dass es kein alternatives Medium mit diesem Leistungsumfang für den Unterricht gibt. Das interaktive Whiteboard bietet auf der einen Seite die volle Medienintegration für den Unterricht und gleichzeitig ein flexibles Arbeitsgerät für den Lehrer. Zudem können damit verschiedene Formen von Interaktionen für den Schüler ermöglicht werden.

kein alternatives Medium

Es überwiegen zunächst die Vorteile, doch müssen wir auch einen Blick auf die Nachteile des Mediums werfen. Teilweise können diese zwar entkräftet werden, doch sind die vorgebrachten Einwände sachlich zu betrachten und abzuwägen, um der Anschaffung eines interaktiven Whiteboards nicht im Weg zu stehen. Besonders dem vielseitigen Lehreralltag kommt das interaktive Whiteboard sehr entgegen. Wenn Sie sich erst einmal richtig eingearbeitet haben, werden Sie das Medium nicht mehr missen wollen. Doch zunächst einmal zu den wichtigsten Vorteilen, die ein interaktives Whiteboard mit sich bringt.

3.2 Tafelinhalte in bester Qualität

Allein schon die Verwendung von digitalem Material, welches über den Projektor in überdimensionaler Größe vor den Augen der Schüler/innen präsentiert wird, bedeutet eine Steigerung an Unterrichtsqualität. Jede Art von Medium kann nun so präsentiert werden, dass es optimal an die Sehgewohnheiten der Schüler/innen angepasst werden kann. Ein Beispiel hierfür sind die verschiedenen Hintergründe, die jeweils passend zur Unterrichtsstunde eingeblendet werden können.

Steigerung an Unterrichtsqualität

Im Gegensatz zur klassischen Tafel, bei der Linien und Karos immer im gleichen und standardisierten Abstand fest auf der Tafel gezeigt werden, können am interaktiven Whiteboard die Zeilen- und Rechenpapierhintergründe den Anforderungen entsprechend angepasst werden. Bei der Kreidetafel hat es ein Schüler, der in der letzten Reihe sitzt, oft schwer, die mühsam angebrachte Tafelanschrift auf begrenztem Raum in Höhe und Breite der Linie zu erkennen. Das begrenzte Angebot an Tafelfläche ist dabei auch nicht von Vorteil, wenn man bei der Gestaltung eines Tafelanschriebs mehr Inhalte zusammen mit Bildern (Papiervorlagen) auf der Tafel in den Zeilen unterbringen möchte.

Gerade beim interaktiven Whiteboard besteht die Möglichkeit, sowohl bestimmte Stellen auf dem Tafelbild hervorzuheben oder zu vergrößern als auch Zeilen- und Karohintergründe so anzupassen, dass sie optimal von den Schüler/innen gesehen und Texte und Zahlen in ansprechender Größe geschrieben werden können. Ebenso verhält es sich mit der Verwendung von Texten, die bereits vorgefertigt wurden. Mit nur einem Mausklick sind Sie in der Lage, das Schriftbild zu verändern und sowohl den Textstil als auch die Schriftgröße lesegerecht anzupassen. Dies können Sie weder auf einer Kreidetafel noch mit einem Overhead-Projektor realisieren.

optimale Darstellung

Gerade die optimale Darstellung von Schrift und Bild auf den Tafelbildern mit entsprechenden Kontrasten und zueinander passenden Farben, die sich gut von den Hintergründen abheben, sind wichtig für unsere tägliche Tafelarbeit. Bisher konnte nur mit den Kontrasten »heller Kreidestrich auf dunklem Hintergrund« gearbeitet werden, und das Spektrum der Farben war begrenzt. Zudem war auf der Kreidetafel nur ein eindimensionaler Strich möglich, der sich weder in seiner Stärke noch in der Erscheinung seines Duktus' anpassen konnte. Drucksensitive Boards oder Tablet-PCs eröffnen hier die Darstellung von individuellen Handschriften und lassen auch beim Zeichnen und Skizzieren ganz andere Möglichkeiten der Strichverwendung zu.

TIPP | Vermeiden Sie, mit dunklen Hintergründen und hellen Schrift- und Zeichenobjekten zu arbeiten. Es bekommt weder Ihrem Beamer gut, wenn er so viel dunkles Licht produzieren muss, noch ist es auf Dauer angenehm für das Schülerauge. Am besten arbeiten Sie mit leicht abgetönten Hintergründen und kräftigen Farben.

Abschreibfehler werden abnehmen

Letztendlich lässt sich jede Art von digitalem Material in Form, Lage und Größe verändern und so darstellen, dass die Schüler/innen die Inhalte besser lesen und erfassen können. Sie werden auch feststellen – das gilt insbesondere bei den Grundschulen – dass durch die exakte Darstellung von Texten über das interaktive Whiteboard die Häufigkeit der Abschreibfehler abnehmen wird – im Gegensatz zu den klassischen Anschriften an der Kreidetafel. Insgesamt lassen sich zahlreiche optimale Darstellungsmöglichkeiten am interaktiven Whiteboard durch den Ein-

satz verschiedenster Gerätschaften und digitaler Medien bewerkstelligen. Diese wären z. B.:
- dynamische Tafelbilder
- Bildmaterial allgemein
- Kartenmaterial
- Text und Grafiken
- Animationen
- Filme
- Schülerarbeiten
- Arbeitsblätter
- Buchseiten, Gegenstände und Hefte über Dokumentenkameras
- Kleinstobjekte über einfache Elektromikroskope
- Versuche über Video in Großaufnahme
- Text- und Bildmaterial über Scanner
- Momentaufnahmen und Bildern mithilfe der Digitalkamera

Besonders bei der Vermittlung von Lerninhalten ist eine gute Aufbereitung und Darstellung wichtig. Dabei sollten möglichst viele Sinneskanäle angesprochen werden. Das interaktive Whiteboard bietet Ihnen dafür die optimalen Voraussetzungen, um durch den Einsatz von dynamischen und multimedialen Tafelbildern möglichst viele Sinneskanäle zu aktivieren. Dennoch sollten Sie darauf achten, dass es zu keiner medialen Überfrachtung des Unterrichts kommt. Setzen Sie die multimedialen Elemente eher dosiert ein. *(Randnotiz: multimediale Tafelbilder)*

Aus der allgemeinen Sicht des Lehrers auf die tägliche Unterrichtspraxis lassen sich folgende Vorteile der interaktiven Whiteboards erkennen:
- Höhere Motivation und mehr Teilnahme der Schüler
- Bedienung unterschiedlicher Lerntypen und Lernstile
- Nachvollziehbarkeit von Unterrichtsinhalten und mehr Transparenz
- Bessere Möglichkeiten, komplexere Inhalte strukturiert zu zeigen und zu veranschaulichen
- Konzentration auf Schüler und Inhalte durch zentral gesteuertes Medium
- Arbeiten mit vorbereiteten Ressourcen, die immer wieder ergänzt und verbessert werden können.

3.3 Tafelbilder zu Hause erstellen und mitnehmen

Einer der größten Vorteile, die das interaktive Whiteboard mit sich bringt, ist zweifelsohne die Möglichkeit, die Tafelbilder so vorbereiten zu können, dass diese über einen USB-Stick oder von einem zentralen *(Randnotiz: Tafelbilder auf USB-Stick)*

Server unmittelbar im Unterricht aufgerufen werden können und zum Einsatz bereitstehen. In Ruhe können Sie überlegen, welche Medien Sie einsetzen möchten, welche Bilder und welche Internetseiten Sie aufrufen wollen und welche Ergebnissicherung in Form von interaktiven Übungen Sie zur Verfügung stellen.

Dabei werden Sie Ihrer Klasse kein komplett erarbeitetes Tafelbild präsentieren, sondern Schritt für Schritt in einer Erarbeitungsphase Informationen zusammen mit Ihren Schüler/innen sammeln, diese Informationen fixieren und nach und nach mit Zusatzinformationen, die Sie vorbereitet haben, das Tafelbild ergänzen. Querverweise zu Internetseiten, Quellen, Tondokumente oder Filmausschnitte werden als unauffällige Links bereits mit in das Tafelbild integriert.

Querverweis zu Internet-Seiten

Somit erhält Ihr Tafelbild eine eigene Dynamik. Das Ergebnis der Arbeit Ihrer Klasse für diese Unterrichtsstunde speichern Sie wiederum unter einem anderen Namen ab und können diese Inhalte zu einem späteren Zeitpunkt wieder aufrufen.

Dies ist ein unschlagbarer Vorteil, wenn man bedenkt, welche Möglichkeiten bestehen, die bereits aus einer Unterrichtssequenz erarbeiteten Inhalte, gezielt ausgewählt, für eine Wiederholungsstunde vor einer Klassenarbeit noch einmal durchzuarbeiten. Für die Schüler/innen ist das eine sehr große Hilfe, denn dabei wird ihr visuelles Gedächtnis aktiviert, und jeder einzelne Schüler kann sich ganz genau an diese Stunde und die Erarbeitung erinnern, wenn er das Originaltafelbild und die entsprechenden Begleitmedien noch einmal betrachten und erarbeitete Inhalte wiederholen kann.

visuelles Gedächtnis aktivieren

Jedes von Ihnen erstellte Tafelbild kann letztendlich auch beliebig wieder geändert, aktualisiert und neu aufgebaut werden, wenn dies nötig ist. Die einmal gespeicherten Tafelbilder mit allen dazu verwendeten Medien können jederzeit wieder verwendet, aber auch ausgetauscht werden.

Hier werden die wichtigsten Vorteile für die Unterrichtsvorbereitung und die Be- und Nachbearbeitung von Unterrichtsmaterialien in Stichpunkten zusammengefasst:
- ortsunabhängige Vorbereitung und Erstellung von Lerninhalten
- Speicherung und Dokumentation von Unterrichtsinhalten
- Bereitstellen und ständiges Adaptieren fertiger Unterrichtsinhalte
- Speicherung von Notizen jeder Art
- Festhalten von Schülerbeiträgen
- rascher Datenaustausch möglich, flexibel einsetzbar (z.B. mit USB-Stick)
- Bereitstellung von gemeinsamen Unterrichtsmaterialien auf einem zentralen Rechner an der Schule oder im Schulverband

- Nutzung der bereits vorhandenen Unterrichtsmaterialien (herkömmliche Arbeitsblätter lassen sich zu interaktiven Tafelbildern umgestalten)
- rasche Änderung der Texte und Objekte in beliebiger Farbe und Größe
- Direkte Beschriftung und Speicherung von Karten- und Bildmaterial
- Ausdruck und Speicherung fertiger Tafelbilder und Schülerarbeiten
- Weiterbearbeitung und Wiederholung von Unterrichtsinhalten und Aufrufen bereits gespeicherter Unterrichtsergebnisse zu einem späteren Zeitpunkt

Neben all den Board spezifischen Vorteilen sollte man auch berücksichtigen, dass mit dem Einsatz der digitalen Tafel auch der Kreidestaub von heute auf morgen abgeschafft wird, der unsere Klassenzimmer unnötig verschmutzt und für mich persönlich nicht gerade das angenehmste Gefühl mit sich bringt, wenn man mit einer Kreide schreiben muss.

Kreidestaub abgeschafft

Von der zunehmenden Motivation und aktiveren Teilnahme am Unterricht der Schüler/innen haben wir bereits gesprochen. Das interaktive Whiteboard belebt den Unterricht auf eine ganz neue Art und Weise und gibt sowohl Schüler/innen als auch Lehrer/innen eine neue Chance, Unterricht zu gestalten.

neue Chance

3.4 Stromverbrauch und Wartung

Natürlich sind auch Nachteile mit der Anschaffung und dem Einsatz eines interaktiven Whiteboards zu nennen, und es ist ratsam, sich damit auch auseinanderzusetzen. Ich versuche, diese hier zusammenzufassen, aber auch gleichzeitig aufzuzeigen, welche Entwicklungen zukünftig diesen Bedenken entgegenwirken können. Es ist nicht von der Hand zu weisen, dass mit der Verwendung einer digitalen Tafel auch die Stromkosten an einer Schule steigen.

Stromkosten

Im Zuge der Entwicklung werden hier verstärkt stromsparende Geräte auf den Markt kommen, die im Dauerbetrieb energiesparender sein werden, als dies heute noch der Fall ist. Board und Beamer benötigen nun mal Strom. Doch an der Ökonomie der Geräte und den softwaretechnischen Möglichkeiten, Energie einzusparen, wird mit Hochdruck gearbeitet. Dennoch sollte man diesen Posten für die zukünftige Haushaltsplanung einer Schule einkalkulieren. Hinzu kommt auch der Austausch von Beamer-Lampen in einem Intervall von zwei bis drei Jahren. Hier ist zu erwarten, dass langlebigere Projektoren in absehbarer Zeit angeboten werden, sodass diese Investition erst nach einigen Jahren sein nötig wird.

3.5 Jedes Board hat eine andere Software

Neben den rein technischen Gegenargumenten sind aber auch ganz praktische Gründe anzuführen, die die Gegner und Skeptiker der interaktiven Whiteboards gerne vorbringen. Allem voran das bereits angesprochene Problem der Lehrerzentriertheit, die auch an der Kreidetafel möglich und immer von der Lehrerpersönlichkeit abhängig ist. Weitaus problematischer finde ich das Fehlen eines einheitlichen Standards für ein einheitliches Format, das von jeder interaktiven Whiteboard-Software gelesen werden kann und individuell austauschbar ist.

kein einheitlicher Standard

Wer heute Inhalte für ein interaktives Whiteboard mit der mitgelieferten Boardsoftware erstellt, kann diese Tafelbilder auf der digitalen Tafel eines anderen Whiteboard-Herstellers in der Regel nicht nutzen. Was die Anwender vermissen, sind einheitliche Standards, damit einmal erstellte Materialien Board unabhängig genutzt und untereinander ausgetauscht werden können. Dieses Problem stellt sich einerseits, wenn Kolleg/innen, die mit unterschiedlichen Boards arbeiten, gerne ihre Materialien austauschen möchten, aber auch dann, wenn Lehrer/innen die Schule wechseln und an der neuen Schule ein interaktives Whiteboard eines ganz anderen Herstellers vorhanden ist.

Schon lange fordern die Anwender ein einheitliches Dateiformat für alle interaktiven Tafeln und deren jeweilige Boardsoftware. Zwar bieten Hersteller wie «SMART Technologies» oder «Promethean» schon gewisse Importfilter an, doch bei komplexeren, interaktiven Tafelbildern wird meist die Funktionalität nicht komplett übernommen. Alle anderen Whiteboard-Formate können ohnehin nicht importiert, geschweige denn als interaktives Tafelbild exportiert werden. Lediglich die Möglichkeit, die Inhalte als PDF-Dokument, als *PowerPoint*-Folien, HTML oder Einzelbilder zu exportieren, ist gegeben. Doch damit kann der Lehrer, der ein anderes Whiteboard nutzt, letztendlich nichts anfangen.

3.6 Board-Material noch sparsam

unabhängige Formate

Einige Verlage sind dazu übergegangen, Material nur für einen Board-Hersteller zu entwickeln, andere möchten sich nicht festlegen und produzieren mit Board unabhängigen Formaten Inhalte. Wer ganz sicher sein möchte, der erstellt seine interaktiven Tafelbilder im Flash-Format. Mit dem *Mediator* von «Matchware» lässt sich das z. B. rasch realisieren. Das Flash-Format können alle Hersteller in ihre Boardsoftware integrieren, Flash läuft auch ohne Boardsoftware über den Flash-Player oder wird einfach im Browser aufgerufen.

So ist man unabhängig von der jeweiligen Software. Einfachere Lösungen werden von Verlagen im PowerPoint-Format oder als einfache PDF-Seiten realisiert, doch diese sind dann nicht interaktiv. Zudem gibt es auch universell einsetzbare Autorentools wie z. B. das Master-Tool der Firma »co.Tec«, das auf jedem Whiteboard genutzt werden kann.

Abb. 6: Beispiel verschiedener Verlagsprodukte für Whiteboards

Festzustellen ist, dass vonseiten der Verlage immer noch zu wenige Materialien begleitend zum Lehrwerk angeboten werden. Nach und nach kommen diese aber auf den Markt. Waren in den letzten Jahren die Materialien für interaktive Whiteboards noch relativ dünn gesät, so werden seit einiger Zeit doch zunehmend mehr Anwendungen und Arbeitsmaterialien angeboten, die direkt am Board eingesetzt werden können.

Fast alle Produkte werden nun auch Board unabhängig produziert und können auf jedem interaktiven Whiteboard abgespielt werden, unabhängig von der Boardsoftware und ohne Voraussetzung eines Players. Auch verschiedene Dienstleister produzieren Materialien für die digitalen Tafeln und bieten teilweise selbst Lösungen an. Nach wie vor ist man auch hier auf der Suche nach einem einheitlichen Standard für interaktive Medien. Flash-Produktionen sind nach wie vor aufwendig und lohnen noch nicht, solange noch keine größere Marktdurchdringung der digitalen Tafeln vorhanden ist.

4 Whiteboards und Technik

4.1 Verschiedene Boards – verschiedene Technologien

Ein wenig Technik muss sein

Wenn Sie heute vor der Entscheidung stehen, eines oder mehrere interaktive Whiteboards für Ihre Schule anzuschaffen, werden Sie feststellen, dass mittlerweile über 15 verschiedene interaktive Board-Lösungen angeboten werden. Der Markt ist bereits sehr unübersichtlich. Es ist schwer bei der Fülle von Anbietern, sich für das richtige Board zu entscheiden. Jeder verspricht, die beste Hardware und natürlich auch die beste Tafel-Software für den täglichen Unterrichtsbedarf zu liefern.

Fülle von Anbietern

Neben der Board-Technologie sollte man auch ein Augenmerk auf das entsprechende Zubehör und die Boardsoftware haben. Alle interaktiven Whiteboard-Lösungen werden mit einer mehr oder weniger umfangreichen Software ausgeliefert. Diese kann im Unterricht für die normalen Tafelanschriften bis hin zur Umsetzung einfacher interaktiver Übungen genutzt werden. Die Hersteller sehen vor, dass, sobald ein interaktives Whiteboard an der Schule installiert wurde, die Software in der Regel von jedem Lehrer verwendet werden kann.

Das fertige Tafelbild, einschließlich Links zu Internetquellen, integrierten Animationen und Filmausschnitten oder Arbeitsblättern, wird am häuslichen PC vorbereitet und dann via USB oder per Upload auf einen zentralen Server für den Unterricht bereitgestellt.

Tafel-Softwares untereinander nicht kompatibel

Wie bei einer PowerPoint-Präsentation lassen sich mehrere Tafelseiten bereitstellen, die dann im Unterricht bearbeitet werden. Einziger Wermutstropfen bei den unterschiedlichen Tafel-Softwares ist, dass sie untereinander nicht kompatibel sind. Jeder Hersteller kocht sein Süppchen und lässt sich nicht in den Topf schauen. Zwar werden bei einigen Herstellern bereits Importfilter für Tafelbilder anderer Anbieter mitangeboten, doch können damit komplexere Tafelbilder nicht eins zu eins übernommen werden.

Neben der einfachen Bedien- und Erlernbarkeit der Tafel-Software, all den verschiedenen digitalen Tafeln und deren Technologien, sind aber auch zusätzliche Optionen zu berücksichtigen, die das interaktive Medium erst zu einem gelungen Komplettpaket für die Unterrichtspraxis werden lassen. Es gilt genau hinzuschauen, ob das Angebot auch Ihren Bedürfnissen entspricht. Neben der Technik und Software gehören eine gute Einweisung und Schulung sowie ein durchdachtes Schulungskonzept dazu. Machen Sie sich mit dem neuen Medium im Vorfeld bereits vertraut und testen Sie es, wenn Sie können. Letztendlich müssen Sie sich an Ihrer interaktiven Tafel wohlfühlen, mit der Sie jeden Tag, und das auch noch die nächsten Jahre, arbeiten müssen. Eine gut gelungene Verkaufsshow gibt Ihnen keine Antwort auf Fragen der Praxistauglichkeit und des Wohlfühlfaktors. Probieren Sie so viel wie möglich aus – auf Messen, bei Händlern oder z. B. im *myBoard*-Competence Center, das alle Boards zum Test zur Verfügung stellt.

durchdachtes Schulungskonzept

Zwar haben Sie sich auch an die Kreide irgendwie gewöhnt, doch das Schreiben auf einem interaktiven Whiteboard bedarf einer eigenen Haptik. Wenn Sie die Möglichkeit haben, informieren Sie sich herstellerunabhängig und lassen sich die Boards im Vergleich präsentieren. Das ist natürlich nur möglich, wenn die Hersteller in einer Art Gegenüberstellung ihre Produkte zeigen können oder wenn Sie sich auf Messen auf den einzelnen Herstellerständen informieren.

> Im *myBoard*-Competence Center stehen z. B. alle gängigen interaktiven Whiteboards zu Testzwecken zur Verfügung. Dort können Sie sich unabhängig beraten lassen und jedes Board selbst ausprobieren. Machen Sie sich zuerst ein umfangreiches Bild. Dies bietet sich auf jeden Fall dann an, wenn es um größere Stückzahlen oder die Anschaffung für mehrere Schulen geht.

TIPP

Fragen, die Sie sich zunächst stellen sollten:
- Möchte ich mit Finger und/oder Stift arbeiten?
- Liegt mir eine weiche Oberfläche, oder möchte ich lieber auf einer harten Oberfläche arbeiten?
- Wie gut komme ich mit dem Stift zurecht und wie fühlt sich das Schreiben auf dem Board, wie der Stift an?
- Lässt sich die Höhenverstellung leicht bedienen?
- Wie störend ist der Schatten, den der Beamer auf das Board wirft, wenn ich daran arbeite?
- Lässt sich die mitgelieferte Boardsoftware einfach bedienen oder erfordert sie einen hohen Lernaufwand?
- Bin ich möglichst flexibel mit der Boardsoftware?
- Gibt es Software-Alternativen zur mitgelieferten Boardsoftware?
- Welche Systeme werden in den umliegenden Schulen eingesetzt, und was sind deren Erfahrungen damit?
- Welche Größe ist für mein Klassenzimmer geeignet?

Technologien schreiten voran

Eines ist klar: Wir sind noch nicht am Ende der Entwicklung der interaktiven Tafeln. Die Technologien schreiten voran. Die Systeme werden immer einfacher zu bedienen, leichter zu installieren und besser in ihrer Handhabung. Die neuen, flachen LC-Displays mit Touch-Funktionalität bieten z.B. ganz neue Möglichkeiten. Entwicklungen wie das *iPad* können schon morgen in anderen Ausmaßen die neuen, interaktiven Schultafeln sein – auch werden wir uns in den nächsten Jahren von den bisherigen Beamer-Lösungen verabschieden und mit weitaus kleineren und leistungsstärkeren Systemen arbeiten. Doch das sollte Sie nicht davon abhalten, bereits heute in das Arbeiten mit den interaktiven Whiteboards einzusteigen.

Die Technologien im Einzelnen

Wenn Sie sich heute einen Überblick über die interaktiven Tafellösungen verschaffen möchten, dann teilt sich der Markt derzeit in vier verschiedene Technologien auf, die von unterschiedlichen Board-Herstellern angeboten werden. Manche Board-Hersteller bieten sogar zwei verschiedene Technologien an.

Man unterscheidet prinzipiell folgende Technologien bei interaktiven Whiteboards:
- analogresistiv
- elektromagnetisch
- trigonometrisch (optisch)
- kapazitiv

Jede Technologie hat ihre Vor-, aber auch ihre Nachteile. Ich möchte Ihnen im Folgenden einen Überblick über die verschiedenen Technologien geben und die entsprechenden interaktiven Whiteboards dazu kurz vorstellen. Auf die jeweilige Boardsoftware der einzelnen Hersteller wird in einem eigenen Kapitel eingegangen.

Analog-resistive Whiteboads

Folien

Die Oberfläche dieser Boards besteht zunächst aus einer Folie. Im Grunde genommen sind es aber zwei Innenoberflächen, die mit einem Gitternetz aus Leiterbahnen einseitig beschichtet sind. Durch diese Leiterbahnen fließt ständig schwacher Strom, der einem entsprechenden Widerstand ausgesetzt ist. Zwischen den beiden Flächen der äußeren Folien und der Fläche am Board, befindet sich eine sehr dünne Isoliermembran – eine Art Luftpolster, das die Berührung der beiden Flächen verhindert. Wird nun z.B. mit dem Finger oder mithilfe eines Gegenstandes Druck auf die Board-Oberfläche ausgeübt, entsteht am entsprechenden Punkt ein Kontakt zwischen den beiden Flächen, und daraus resultiert eine Art Kurzschluss. Diese Änderung des Widerstandes wird nun registriert, an die Treibersoftware, die für die Maussteuerung verantwortlich ist, weitergegeben, als Befehl oder Aktion interpretiert und damit die entsprechende Funktion aufgerufen.

So lassen sich alle Arten von Computeranwendungen über das interaktive Whiteboard steuern. Zum Schreiben oder Zeichnen kann entweder der Finger oder jeder festere Gegenstand genutzt werden, der als Stift infrage kommt, die Folienoberfläche jedoch nicht beschädigt. Die Hersteller dieser Technologie bieten dafür eigene »Dummy-Stifte« (techniklose Stifte) an, die zwar farbig sind, aber keinerlei Funktion wie Farbe oder Strichstärke haben.

Vertreter dieser Board-Art sind z. B. das *SMART Board* der Firma »SMART Technologies« und das *TeamBoard* der Firma »Egan TeamBoard Inc.«. Beim *SMART Board* liegen vier farblich unterschiedliche Stifte in jeweils einer Ablageschale, die mit Sensoren in Form eines Lichtschrankenkontakts versehen ist. Ein Umstieg von der Kreide zum Stift ist hier recht einfach. Sobald nun einer dieser Farbstifte aus der jeweiligen Ablage entnommen wird, wird ein Kontakt ausgelöst, die Information an die Boardsoftware weitergegeben und die jeweilige Farbe aktiviert. Sie schreiben mit der Farbe, die Sie entnommen haben. Ebenso verhält es sich mit dem Schwamm, dessen Funktion aufgerufen wird, sobald dieser aus der mittleren Ablage entnommen wird. Selbst wenn alle Stifte und der Schwamm fehlen, wenn die Schüler/innen dem Lehrer etwa einen Streich spielen möchten, kann der Lehrer durch einfaches Berühren der Lichtschranke den jeweiligen Farbstift bzw. den Schwamm aktivieren.

Abb. 7: Stifte ohne Funktion (v. l.) für das *SMART Board*, Qomo-Board, Team-Board

Damit die Farben richtig in der »Notebook-Software«, der Boardsoftware von »SMART Technologies«, aufgerufen werden, müssen die Stifte entsprechend ihrer Stiftfarbe im dazu gehörenden Ablagefach abgelegt sein. Sonst kann es natürlich passieren, dass der grüne Stift rot schreibt, wenn er eben versehentlich in der falschen Ablage gelandet ist. Zusätzlich finden Sie am *SMART Board* noch drei wichtige Schaltflächen, die auch auf der Ablageschale integriert sind, die für das Einblenden der virtuellen Tastatur, des Hilfemenüs und der Aktivierung des rechten Mausklicks bei der nächsten Berührung mit dem Board verantwortlich ist.

Beim *TeamBoard* wird nur ein weißer Dummy-Stift mitgeliefert. Alle anderen mitgelieferten Stifte sind echte, nicht permanente Boardmarker, die auch auf dem *TeamBoard* genutzt werden und ohne Einsatz von Lösungsmitteln mit einem einfachen Tuch wieder abgewischt werden

Dummy-Stift

können. Verantwortlich dafür ist die beim *TeamBoard* vorhandene Teflonoberfläche der Board-Folie.

Abb. 8: SMART Board und Team-Board – analog resistive Technologie

Sie lässt das Schreiben sowie das Entfernen von Boardmarkern zu. Ein eigens dazu mitgeliefertes Säuberungstuch wird zusammen mit den Stiften in der unten am Board befindlichen Ablage platziert. Zudem sind am *TeamBoard* sogenannte »hard keys« (Schaltflächen) angebracht, über die man z. B. seitenweise blättern, verschiedene Farbstifte aktivieren oder den Ausdruck der Tafelseiten aufrufen kann.

> **TIPP** Halten Sie in Windows-Programmen bei stift- oder touchbasierten Eingabesystemen die linke Maustaste (Finger/Stift) länger auf der Oberfläche gedrückt, erscheint automatisch das kontextsensitive Menü der rechten Maustaste.

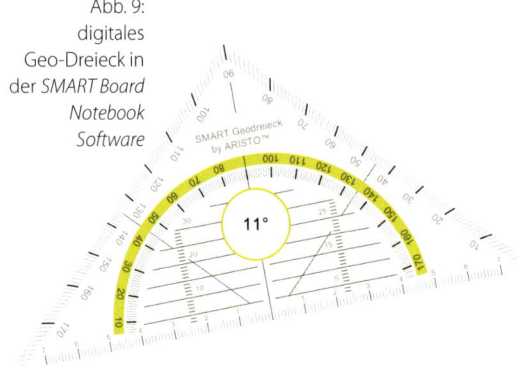

Abb. 9: digitales Geo-Dreieck in der SMART Board Notebook Software

Die rechte Maustastenfunktion ist bei beiden Vertretern der analog-resistiven Technologie nicht vorhanden. Denn eine Berührung auf dem Board bedeutet automatisch einen linken Mausklick oder – durch das Ziehen des Fingers oder eines Stiftes – ein automatisches Ziehen der Maus. Doch bereits seit der Windows-Version XP kann die rechte Mausfunktion, also das Akti-

rechte Mausfunktion aktivieren

vieren des kontextsensitiven Menüs, aufgerufen werden, indem man (bei stift- oder touchbasierten Eingabesystemen) die Maustaste etwas länger als gewohnt gedrückt hält.

Am analog-resistiven Board bedeutet das, dass Sie einfach länger auf die Folie drücken, um die rechte Mausfunktion zu aktivieren. Bei dieser

Board-Variante ist es also auch durch längeres Verweilen auf der Oberfläche unter Windows möglich, die rechte Maus zu aktivieren.

Eine schwebende Mausfunktion ist bei den Vertretern dieser Technologie leider nicht möglich, sodass Sie Punkte, die Sie setzen möchten, gleich eindeutig positionieren müssen. Das kann bei Geometrieaufgaben oder exakten Zeichnungen manchmal ein wenig nachteilig sein. Zudem ist das Auflegen von Handballen und anderen Zeichenhilfsmitteln wie etwa Lineal, Zirkel oder Geodreieck nicht möglich.

Allerdings werden dafür digitale Werkzeuge zur Verfügung gestellt, die nach einer gewissen Einarbeitungszeit auch gut die herkömmlichen gänzlich ersetzen können. Bei den neueren Boards des Herstellers »SMART Technologies« können auch zwei Nutzer gleichzeitig am *SMART Board* arbeiten, wobei die Arbeitsflächen physikalisch voneinander getrennt sind, d.h. das Board wird dabei in zwei Hälften aufgeteilt.

Elektromagentische Whiteboards

Diese Technologie wird auch in den digitalen Grafik-Tablets verwendet und ist seit vielen Jahren in den Digitizern. Letztendlich ist ein elektromagnetisches Board nichts anderes als ein überdimensionaler Digitizer (Grafik-Tablet). Das Board besteht in der Regel aus einer robusten, kratz- und stoßfesten Melamin-Oberfläche, ähnlich einer Küchenarbeitsplatte. Darunter befinden sich eng aneinanderliegende Leiterbahnen.

robuste Oberfläche

Mithilfe eines speziellen Stiftes wird nun an der entsprechenden Position bzw. am Berührungspunkt eine Spannung am Board oder auf dem Grafik-Tablet induziert. Dies geschieht mithilfe einer eingebauten Magnetspule oder eines elektromagnetischen Schalters. An der Stelle, an der Sie den entsprechenden Stift auf dem interaktiven Whiteboard ansetzen, kommt es aufgrund einer Magnetfeldänderung zu einem kurzfristigen Stromfluss, und es werden die entsprechenden Positionsdaten vom Board an die Software übermittelt.

Magnetfeldänderung

An dieser Stelle wird dann der Mauszeiger angezeigt bzw. die entsprechende Mausfunktion aktiviert. Letztendlich ist ein geladener Treiber dafür verantwortlich, dass die Maus auf die entsprechende Stiftposition reagiert. Der Treiber ist unabhängig von der jeweils genutzten Boardsoftware.

Bei allen elektromagnetischen Whiteboards können Sie den Mauszeiger ohne Berührung des Boards über die Bedieneroberfläche schweben lassen und somit ihre Mausposition genau verfolgen. Zudem bietet diese Variante der Stiftbedienung die Möglichkeit, ein rechte Maustaste am Stift zu aktivieren, die entweder die kontextsensitiven Funktionen des jeweils markierten Objektes aufruft oder eine ganz bestimmte Funktion der Boardsoftware ermöglicht. Bei manchen Boards kann sogar das Aufrufen eines anderen Programms auf die Taste festgelegt werden. Bei den elektromagnetischen Boards können auch zwei Stifte gleichzeitig am Board eingesetzt werden, wobei den Stiften zudem unterschiedlich Funktionen bzw. Rollen zugeordnet werden können (z. B. Lehrerstift und Schülerstift; Letzterer mit eingeschränkten Nutzungsrechten).

Generell gibt es zwei Varianten von Stiften in Verbindung mit dem elektromagnetischen interaktiven Whiteboard: der aktive und der passive Stift.

Der aktive Stift
Dieser Stift ist, wie der Name schon sagt, aktiv und mit einer Batterie oder einem Akku ausgestattet.

Abb. 10: *ActivBoard* und *Interwrite Board* – elektromagnetische Technologie

Bei dieser Technologie sendet der Stift stets schwache Stromsignale aus, die über das Board registriert werden. Dadurch wird die entsprechende Position an die Software mitgeteilt. Sobald die Stiftspitze in die Nähe der entsprechenden Board-Oberfläche kommt, wird der Mauszeiger aktiv. Durch Berührung der Oberfläche wird die Funktion der linken Maustaste durch einen Mikroschalter aktiviert. Vorteil dabei ist, dass die Mausposition am Board auch im schwebenden Zustand ohne Board-Berührung angezeigt werden kann, was beim Zeichnen und Setzen von exakten Koordinaten vorteilhaft ist. Die Stifte werden in einer speziellen Aufladestation aufbewahrt und sind somit stets einsatzbereit. Selbst wenn Sie die Stifte nicht regelmäßig aufladen, können sie mehrere Tage genutzt werden. Die Aufladestation kann direkt am Board angebracht oder entsprechend separat an einem anderen Ort zur Verfügung gestellt werden.

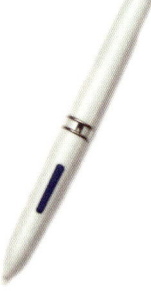

Abb. 11: aktiver Stift von eInstruction

Um den Schüler/innen erst gar nicht die Gelegenheit zu geben, diese Stifte zu entwenden, sollte jeder Lehrer seinen eigenen Stift stets selbst mitführen und diesen entweder im Lehrerzimmer oder zu Hause in der separaten Ladestation aufladen.

Vertreter dieser Board-Art sind z. B. das *Interwrite Board* der Firma »eInstruction« oder das *CLASUS Board* der Firma »Clasus« und das Board der Firma »ACER«.

Der passive Stift
Dieser Stift arbeitet völlig ohne Batterie und ist mit einer Magnetspule ausgestattet. Drückt man nun die Stiftspitze auf das Board, wird eine Induktion erzeugt. Diese wird wiederum am Board bzw. über dessen unter schwacher Spannung stehenden Leiterbahnen registriert und an die Software zur Interpretation der Mausposition weitergegeben. Ein schwebender Mauszeiger ist auch hier möglich. Der passive Stift muss im Gegensatz zum aktiven Stift ein wenig fester aufgedrückt werden, damit die linke Mausfunktion aktiviert wird.

Abb. 12: passive Stifte des *ActivBoards*

Vertreter dieser Board-Art ist das *ActivBoard* der Firma »Promethean«. »Promethean« bietet zwei farblich unterschiedliche Stifte an, die jeweils zur Unterscheidung für den Lehrer und Schüler gedacht sind. Diese können dann auch gemeinsam am Board arbeiten.

Trigonometrische Whiteboards

Diese Boards basieren auf der Kamera-, Ultraschall- bzw. Infrarot-Technologie. Die Oberfläche des Boards ist dabei sekundär. Dabei kann es sich beispielsweise um eine ganz normale Wand handeln, auf der das Empfangsgerät angebracht wird, die herkömmliche Tafel oder ein Whiteboard. Es gibt z. B. Systeme, die mobil und unabhängig von jeder Oberfläche angebracht werden können und sich somit für Präsentationen eignen. Die mobilen Systeme eignen sich besonders gut für Trainer oder Lehrer, die mehrere Klassenzimmer nutzen, in denen schon fest montierte Beamer vorhanden sind.

Empfangsgerät

Natürlich wird diese Technologie auch mit entsprechenden Board-Lösungen angeboten. Die Oberflächen der Boards sind dabei sehr unterschiedlich. Berücksichtigt werden muss lediglich, dass die Oberfläche nicht zu sehr spiegelt, damit keine sogenannten Spots, also helle Lichtpunkte, auf dem Board durch das Beamer-Licht entsteht. Aus diesem Grund haben alle interaktiven Whiteboard-Oberflächen eine gewisse Rauheit. Die kleinen, manchmal mikroskopischen Vertiefungen und die entsprechende matte Oberfläche sind dafür verantwortlich, dass das Beamer-Licht nicht als weißer Lichtpunkt reflektiert, sondern gleichmäßig verteilt wird.

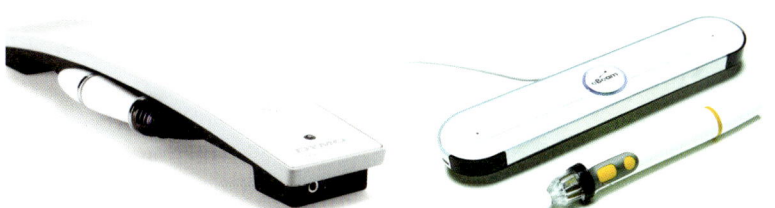

Abb. 13: mobile Lösungen mit Ultraschall: *mimioTeach* und *ebeam edge*

Alle trigometrischen Board-Lösungen mit Empfangsgeräten benötigen für die Eingabe jeweils einen besonderen Stift. Auf den Seiten bzw. den Eckpunkten der Board-Oberfläche befinden sich entsprechende Empfänger, die das Infrarotlicht oder die Aussendung des Ultraschallsignals in ihrer Position erkennen und diese entsprechend an die Software weitergeben. Diese Stifte werden auch mit Strom durch eine Batterie oder einen Akku betrieben.

Ultraschall im Stift
Vertreter der Ultraschalltechnik sind die Firmen »mimio« und »Legamaster«. Beide haben Stifte, die ein Ultraschallsignal aussenden, und ein Empfangsgerät, das seitlich oder in den Ecken der Projektionsfläche angebracht wird. Die Systeme arbeiten zudem auch mit Infrarot. Die Ermittlung der Stiftposition auf der Arbeitsfläche wird durch die unterschiedliche Ausbreitungsgeschwindigkeit von optischen und akustischen Signalen vollzogen.

Beide Hersteller bieten eine feste und je eine mobile Variante an. Bei sehr schnellen Bewegungen beim Schreiben oder Zeichnen kann der Stift bei der Ultraschalltechnologie mit einer kleinen Verzögerung reagieren, sodass der Eindruck entsteht, der Strich folge Ihrem Stift. Das ist rein technisch gesehen verständlich, da das empfangene Signal ein kurzes Zeitintervall benötigt, bis es vom Empfänger »gehört« und an die Software weitergegeben werden kann. Allerdings stellt dies im alltäglichen Einsatz kein gravierendes Hindernis dar, denn der Gewöhnungseffekt stellt sich in der Regel schnell ein. Vorteil dieser Technologie ist auf jeden Fall, dass sie so mobil ist und überall dort eingesetzt werden kann, wo ein Beamer vorhanden ist.

mobile Technologie

Ebenfalls ein Vertreter der Ultraschall-Technologie ist die Firma »Sahara« mit dem *CleverBoard*. Dieses Board besteht aus einer emaillierten Oberfläche, auf der auch mit herkömmlichen, nicht permanenten Boardmarkern gearbeitet werden kann und die sehr robust ist. Seitlich können zudem die Stifte und die Empfangseinheit separat zum Schutz und gegen Diebstahl abgeschlossen werden.

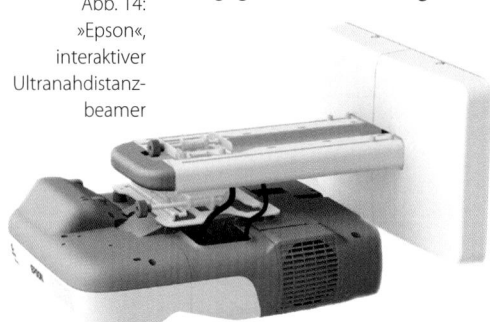

Abb. 14: »Epson«, interaktiver Ultranahdistanzbeamer

Infrarot im Stift
Eine ebenfalls zur trigonometrischen Technologie zählende Lösung ist die Verbindung aus einer im oder am Beamer befindlichen Kamera und einem dazu gehörenden Infrarotstift, in dessen Spitze ein Infrarotsignal ausgestrahlt wird. Für menschliche Augen ist es nicht

sichtbar, doch die Kamera im Projektor – oder das entsprechende Zusatzgerät – erkennt die Position des Stiftes beim Berühren der Board-Oberfläche und gibt diese an die Software weiter. Mittlerweile gibt es zahlreiche Anbieter, die diese Technologie anbieten.

Der Beamhersteller »Epson« hat hierfür sogar einen eigenen Ultranahdistanz-Beamer entwickelt, der an der Wand montiert werden kann, sodass auf der Projektionsfläche die interaktive Whiteboard-Funktionalität genutzt werden kann. Eine Höhenverstellung ist in diesem Fall nicht möglich, es sei denn, Sie lassen sich dafür von den verschiedenen Tafel- und Schulmöbelherstellern eine passende Lösung mit einer eigenen Projektionsfläche anbieten. Bereits integrierte Kameras in Beamern mit entsprechendem Infrarotstift bieten Firmen wie »DELL«, »eiki«, »on Focus« oder »Kindermann« an.

Zudem gibt es aber auch mobile Lösungen, bei denen das Empfangsgerät direkt am oder in der Nähe des Beamers angebracht wird. Wichtig dabei ist, dass die Kamera die ausgeleuchtete Projektionsfläche vollständig erkennt.

Lösungen dieser Art sind z. B. der *i-Pen* der Firma »co.Tec« oder die mobile Lösung von »eiki« oder »arp«.

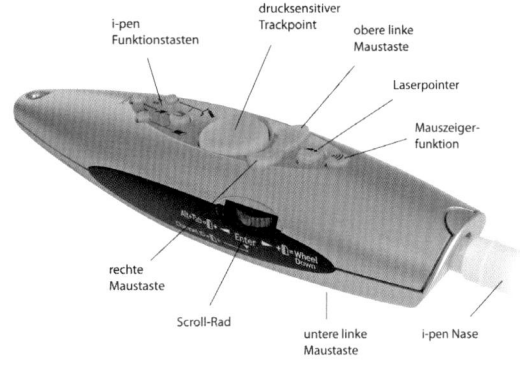

Abb. 15: *i-Pen*, interaktiver Stift für den mobilen Einsatz

Alle Geräte dieser Art werden über USB mit dem jeweiligen Rechner verbunden, der wiederum einen Treiber für die Steuerung der Maus benötigt, damit das Infrarotsignal erkannt wird. Mit dem Infrarotstift steht dann die herkömmliche Mausfunktionalität inklusive rechter Maustaste zur Verfügung, wenn diese über ein eigenes Infrarotsignal vom Empfangsgerät interpretiert werden kann. Eine »Doityourself«-Variante konnte man in letzter Zeit häufig im Internet finden. Dabei kann mithilfe eines selbstgebastelten oder gekauften Infrarotstiftes, einer Wii-Remote (»Nintendo«) und einer Software, die im Internet kostengünstig zum Kauf angeboten wird, ein interaktives Whiteboard für weniger als 100 Euro zusammengestellt werden. Diese Möglichkeit benötigt natürlich auch einen Beamer, doch dann können Sie auf jeder beliebigen Oberfläche das interaktive Whiteboard nutzen.

Bei allen trigonometrischen Board-Lösungen mit sendendem Infrarotstift muss allerdings stets darauf geachtet werden, dass die Verbindung zwischen Sender und Empfänger nicht unterbrochen wird. In diesem Fall würde das System die Stiftposition nicht mehr erkennen und keine Mausposition orten bzw. berechnen können. Auch ist es hier manchmal ratsam, zwischen Rechts- und Linkshändern zu unterscheiden, sodass das Empfangsgerät im optimalen Fall auf der gegenüberliegenden Seite positioniert werden sollte.

Abb. 16:
Starboard FX Trio – mit Stift und Finger bedienbar

Infrarot-Kamera am Board
Beim *StarBoard FXTrio* handelt es sich um ein optisches Board. Auch bei diesem Board gibt es keine technischen Komponenten auf dem Board selbst. Eine Leiste am oberen Ende beinhaltet zwei Infrarotkameras, welche die Oberfläche filmen. Mittels dieser Filmdaten werden die Berührungspunkte ausgewertet. Das an den seitlichen Rändern und unten angebrachte Reflektionsband dient als Hintergrund für die Kameras.

Diese Technologie bietet sowohl eine Finger- als auch eine Stiftbedienung. Der Anwender kann also frei entscheiden, wie er an dem Board arbeiten möchte. Im Fingermodus kann der Anwender verschiedene Gesten nutzen, z. B. zwei Finger als rechte Maustaste oder aber eine Zoomfunktion durch einfaches Auseinanderziehen mit zwei Händen. Der Stiftmodus ermöglicht den schwebenden Mauszeiger und direkte Maustastenfunktionen. Der Stift sendet ein Infrarotsignal aus, das wiederum von den Kameras wahrgenommen wird.

Über den Stift lassen sich zudem eine rechte Mausfunktion sowie zwei weitere programmierbare Mausfunktionen aufrufen. An den seitlichen Rändern befinden sich zudem sogenannte »hard keys«, über die bestimmte Board-Funktionen aufgerufen, aber auch beliebige Programme gestartet werden können. Diese Technologie gilt, neben der elektromagnetischen, als eine der schnellsten auf dem Markt Erhältlichen. Auch ist ein Nachziehen in der Stiftbewegung fast nicht feststellbar.

Infrarot vom Board
Beim Infrarot-Board der Firma »Qomo« werden die Infrarotsignale von allen Seiten des Boards ausgesendet. Die Sender liegen hier an den Rändern hinter einer Plastikabdeckung. Dabei wird knapp über der Oberfläche ein feinmaschiges Netz aus Infrarotsignalen »gespannt«, das für das menschliche Auge nicht erkennbar ist. Sobald Sie nun mit dem Finger oder irgendeinem Gegenstand dieses Infrarotnetz an einer bestimm-

ten Stelle unterbrechen, wird diese Störung als Koordinate an die jeweilige Software weitergegeben, und an dieser Position wird dann Ihr Mauszeiger angezeigt. Dieses Board kann somit mit dem Finger oder einem Dummy-Stift bedient werden. Zusätzlich, ähnlich wie beim *SMART Board*, liegen in einer zusätzlichen Ablage unterhalb des Boards ein Schwamm, ein Zeigestab und drei farbig gekennzeichnete Stifte bereit. Schwamm und Stifte mit der jeweiligen Farbe werden über ein Lichtschrankensignal aktiviert. Dieses Board ist in der neuesten Version auch magnetisch. Die Stiftspitze besteht aus Filz.

Abb. 17: das *Qomo Board* – alles Infrarot

Kamera im Stift

Eine einzigartige technologische Lösung stellt das *ēno Board* der Firma »PolyVision« dar. Das Board selbst besteht aus einer emaillierten Oberfläche, wird aus Metall hergestellt und ist somit magnetisch. Auf der Oberfläche wurden mithilfe eines Siebdruckverfahrens winzig kleine Punkte in unterschiedlichsten Positionen aufgedruckt. Das Verfahren stammt von der Firma »Anoto«. Die »Digital Pen- and Paper-Technologie« (DPP) von »Anoto« ist mittlerweile Industriestandard in der digitalen Verarbeitung handgeschriebener Formulare.

Abb. 18: *eno Board* von »Polyvision« im Klassenzimmer

Dieses Erkennungsverfahren wurde auch für das *ēno Board* umgesetzt. Die Positionsdaten und die Steuerung bestimmter Software-Funktionen bei dieser Board-Technologie übernimmt ein spezieller Stift. In diesem batteriebetriebenen Stift befindet sich unterhalb der Stiftspitze eine eingebaute VGA-Kamera, die die Rasterpunkte auf dem Board genau erkennt und diese Information dann an den Computer bzw. die Treibersoftware weitergibt.

Eine zusätzliche magnetische Leiste mit verschiedenen Symbolen – unter anderem für Farbstifte, Strichstärken oder den Ausdruck – kann zusätzlich zur Steuerung der Software mit dem Stift aktiviert werden.

Die Übertragung der Informationen erfolgt über einen USB-Bluetooth-Empfangsstick.

Kapazitive Whiteboards

Abb. 19: das *elite Panaboard* mit kapazitiver Technologie

Der erste und derzeit noch einzige Anbieter dieser Technologie ist die Firma »Panasonic« mit ihrem *UB-T880 elite Panaboard*. Die Funktionsweise ist ähnlich wie bei einem *iPhone* oder *iPad* der Firma »Apple« oder wie bei den Touchpads der Notebooks. Durch Berührung der Oberfläche mit dem Finger bewirkt der Anwender über seinen Körper eine kapazitive Erdverbindung. Es entsteht ein geringer Ladungstransport, der in Form eines schwachen Stroms gemessen wird.

Die Eckpunkte des Boards dienen als Messpunkte. Die daraus resultierenden elektrischen Ströme werden ausgemessen und die genauen Koordinaten an den Controller bzw. anschließend an die Software weitergegeben. Das *elite Panaboard* erkennt somit die Berührungen mit dem Finger aufgrund einer Veränderung der elektrostatischen Aufnahmefähigkeit. Aus diesem Grund spricht es auf eine Bedienung mit dem Fingernagel, einem Handschuh oder Ähnlichem in der Regel nicht an.

Abb. 20: individuelle Einstellungen am Stift des *Panaboards*

Die Oberfläche des *UB-T880 elite Panaboards* besteht auch aus Melamin und ist somit sehr robust. Boards mit kapazitiver Technologie zeigen eine hohe Präzision. Neben der Bedienung mit dem Finger kann auch ein besonderer Stift dazu genutzt werden. Bei dem mit dem *Panaboard* gelieferten Stift können Farben, Leuchtmarker und die Löschfunktion über ein Drehrad gewählt werden. Zudem kann von einer Entfernung von bis zu zehn Metern der Stift auch zum Durchschalten von Power-Point-Folien verwendet werden. Am Stift steht ebenfalls eine rechte Maustaste zur Verfügung. Das Board ist ab der *Windows*-Version 7 auch multitouchfähig, und es können bis zu drei Schüler/innen gleichzeitig daran arbeiten.

4.2 Technologien rund ums Board

Die Wahl von Beamer und Boardgröße

Alle interaktiven Tafeln werden standardmäßig in zwei Formaten und unterschiedlichen Größen angeboten. Das bisherige Standardformat steht im Seitenverhältnis 4:3. Hier werden von den Herstellern der Boards unterschiedliche Größen mit Bilddiagonalen von 64" (162 cm), 77" (195,6 cm) oder 78" (198 cm) produziert. Da das Breitwandformat sich aber immer mehr durchsetzen wird und die Notebooks und Monitore dieses Format vorgeben bzw. unterstützen, werden seit einiger Zeit auch digitale Tafeln im Format 16:10 bzw. 16:9 angeboten. Die Formate gehen hier von Board-Diagonalen mit 87" (220 cm), über 94 ¼" (239,3 cm) bis hin zu 95" (241 cm).

Die interaktiven Whiteboards im Format 16:10 bieten Ihnen zwar eine größere Schreibfläche, doch sollten Sie auch bedenken, dass die Grafikkarte Ihres Rechners dieses Format unterstützen muss und Sie am Whiteboard bei dieser Darstellung auch größere Wege für die Bedienung der einzelnen Funktionen in Kauf nehmen müssen, wenn Ihre Boardsoftware oder Ihr Windows-Programm keine schwebenden Werkzeugleisten zur Verfügung stellt. Welche Größe Sie in Ihrem Klassenzimmer einsetzen können oder möchten hängt im Wesentlichen auch davon ab, ob Sie ausreichend Platz zur Verfügung haben.

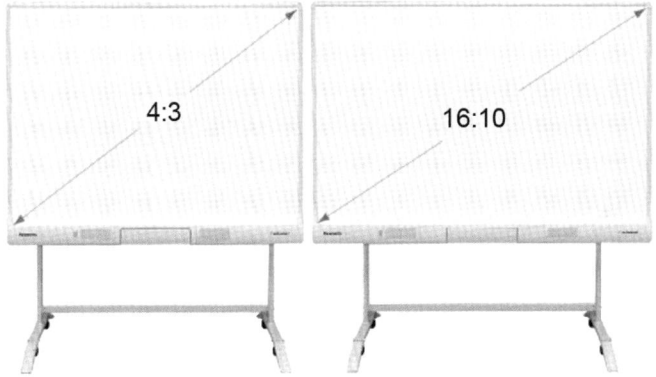

Abb. 21: Größenvergleich 4:3 und 16:10 am Beispiel des *Panaboards*

Generell sind die digitalen Tafeln im Breitwandformat teurer, und Sie benötigen dafür auch entsprechende Beamer, die in der Lage sind, die gesamte Fläche zu projizieren. Grundsätzlich unterscheiden wir zwei Arten von Beamern: Den Kurzdistanz-Beamer (Nahdistanz-Beamer) und den Ultrakurzdistanz-Beamer (Ultranahdistanz-Beamer). Beide gibt es für die Board-Formate 4:3, 16:10 bzw. 16:9. Werden die Kurzdistanz-Beamer mithilfe eines Armes montiert, der an die Höhenverstellung anmontiert und vom Board im entsprechenden Abstand von ca. 1,20 Metern mittig hervorragt, kommen die Ultrakurzdistanz-Beamer fast ohne ausladenden Arm aus. Sie sind in unmittelbarer Nähe des Boards installiert und bieten im Gegensatz zum Kurzdistanz-Beamer

Kurzdistanz-Beamer

mehr Platz und weniger Angriffsfläche bei völlig heruntergefahrenem interaktiven Whiteboard. Hinzu kommt, dass beim Ultrakurzdistanz-Beamer die Schattenwirkung um ein Erhebliches reduziert wird, da der Lichtstrahl fast senkrecht von oben auf die Tafel projiziert wird.

Sie müssen allerdings auch hier mit einem größeren Kostenaufwand rechnen – insbesondere dann, wenn Sie das Tafelformat 16:10 mit einem Ultrakurzdistanz-Beamer bedienen möchten. Es ist allerdings zu erwarten, dass es bei größerer Marktdurchdringung dieser Beamer-Lösungen zu Preissenkungen kommen wird. Hinzuzufügen ist auch noch, dass sich die Beschaffung von Ersatzlampen kostenmäßig ebenfalls auf die unterschiedlichen Lösungen niederschlägt und die Lampen für den Ultrakurzdistanz-Beamer teurer sind.

Ultrakurzdistanz-Beamer

Zudem sollten Sie wissen, dass kaum ein Board-Hersteller Beamer selbst produziert, sondern immer auf entsprechende Beamer-Produzenten zurückgegriffen wird. Bei den angebotenen Gesamtpaketen, bestehend aus Board, Höhenverstellung, Beamer und Beamerhalterung, werden die einzelnen Komponenten immer so zusammengestellt, dass sie entsprechend passen und optimal zusammenarbeiten. Dennoch lassen sich in der Regel einzelne Komponenten auch austauschen, sodass Sie auch wahlweise z. B. einen anderen Beamer mit entsprechender Halterung oder Höhenverstellung erhalten können.

Schreiben Boardmarker auf Whiteboards?

Alle Hersteller offerieren die Möglichkeit der Verwendung nichtpermanenter Boardmarker auf ihren digitalen Tafeln, wobei nach dem Säubern der Tafel keine Rückstände bleiben sollen. Die Realität sieht jedoch etwas anders aus. Um zu verhindern, dass das Beamer-Licht als grelles Weißlicht an einem bestimmten Punkt reflektiert, müssen alle interaktiven Whiteboards mit einer gewissen rauen bzw. matten Oberfläche ausgestattet sein.

Oberflächenbeschaffenheit

Diese Oberflächenbeschaffenheit ist jedoch, abhängig vom Hersteller, unterschiedlich. Bei interaktiven Whiteboards mit einer besonderen Oberfläche (wie etwa Teflon, Keramik bzw. Emaille oder Stahl) bestehen – im Gegensatz zu Kunststoffoberflächen – Vorteile in Hinblick auf die Beschriftung mit nichtpermanenten Stiften. Erstere lassen sich einfacher und problemloser auch mit speziellen Lösungsmitteln reinigen und natürlich auch immer wieder beschriften. Im Gegensatz dazu sind Boards mit einer Kunststoff- bzw. Melaminbeschichtung nicht für den regelmäßigen Einsatz mit nichtpermanenten Stiften geeignet – aufgrund der Vertiefungen auf der Oberfläche und der Materialzusammensetzung. Um Boards dieser Art wirklich gründlich wieder zu reinigen, müssten Sie sie mit speziellen Reinigungsmitteln säubern, die wiederum die Oberfläche auf Dauer angreifen würden.

spezielle Reinigungsmittel

Letztendlich ist ein interaktives Whiteboard auch nicht dazu gedacht, um mit Boardmarkern darauf zu arbeiten. Wenn Sie den klassischen Boardmarker zusätzlich nutzen möchten, sollten Sie sich ein zusätzliches, herkömmliches Whiteboard als Flügeltürlösung am interaktiven Whiteboard oder gesondert an der Wand montieren lassen. Manchmal bietet es sich auch an, für kleinere Notizen zwischendurch oder für das Festhalten der Hausaufgabe auf ein klassisches Whiteboard, das immer im Blick der Schüler ist, zurückzugreifen.

| **TIPP** Lassen Sie sich zusätzlich ein kleines, herkömmliches Whiteboard montieren, um kurze Notizen oder Hausaufgaben für alle sichtbar mit Boardmarkern anzuschreiben.

Höhenverstellung – mobil oder fest?

Für die Anbringung und den Standort eines interaktiven Whiteboards gibt es verschiedene Varianten und Möglichkeiten. Generell sollte das Board so angebracht werden, dass es keinen starken Sonneneinstrahlungen ausgesetzt ist, da sonst die Qualität der Projektion über den Beamer leidet. In jedem Fall sollte bei zu starken Lichteinflüssen die Möglichkeit einer Verdunkelung im vorderen Bereich des Klassenzimmers bzw. in Board-Nähe gegeben sein. Denken Sie auch an einen lichtstarken Beamer, der in der Regel in einer Komplettlösung bereits vorhanden ist. Geräte ab 2000 ANSI Lumen sind dafür schon geeignet.

Komplettlösung

Je nachdem, welche Voraussetzungen an Ihrer Schule oder in Ihrem Seminarraum vorzufinden sind, entscheiden Sie sich dann für eine der folgenden Installationslösungen. Die beste Voraussetzung ist gegeben, wenn das interaktive Whiteboard im direkten Blickwinkel der Schüler/innen und so zentral wie die herkömmliche Tafel angebracht werden kann. Die digitale Tafel sollte so montiert werden, dass alle Schüler/innen eine möglichst gute Sicht nach vorne auf das Board haben. Ist nach wie vor noch eine Kreidetafel im Klassenzimmer, bietet es sich an, die interaktive Tafel links oder rechts von der Tafel oder auch auf einer Seitenwand zu montieren, auf die die Schüler/innen gut sehen können. Hier werden auch Lösungen angeboten, bei denen die beiden Seitenflügel herkömmliche Kreidetafeln sind, und sich in der Mitte als Haupttafel ein interaktives Whiteboard befindet, oder die interaktive Tafel inklusive Beamer und Verkabelung auf einem beweglichen Arm nach allen Seiten geschwenkt werden kann. Bei der Seitenwandlösung ist allerdings zu bedenken, dass die Schüler/innen ihre Sitzposition dabei jedes Mal ändern müssen. Zusätzliche Kreidetafelflügel am interaktiven Whiteboard machen allerdings wenig Sinn. Hier treffen zwei Welten aufeinander, die nicht zusammen passen. Der Kreidestaub ist zudem für den Beamer nicht zu empfehlen.

gute Sicht nach vorne

Grundsätzlich können drei Aufstellungsvarianten unterschieden werden:
- die feste bzw. nicht höhenverstellbare Wandinstallation
- die höhenverstellbare Wandinstallation
- das mobile interaktive Whiteboard

Das Board fest an der Wand

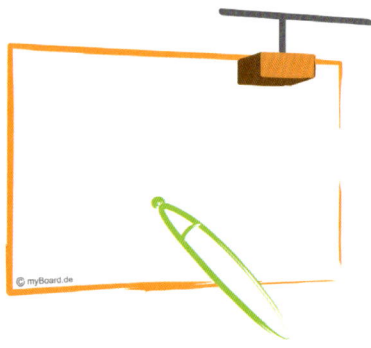

Abb. 22: Wandinstallation mit festem Deckenprojektor

Bei dieser Variante wird das interaktive Whiteboard fest und ohne eine zusätzliche Vorrichtung für die Höhenverstellung direkt über eine Schiene oder einfache Haken an der Wand montiert. Der dazu benötigte Beamer ist in der Regel im Klassenzimmer schon vorhanden und fest an der Decke montiert. Zudem soll nun ein interaktives Whiteboard genutzt werden. Allerdings muss der Beamer auch in der entsprechenden Distanz zur Wand schon montiert sein, damit Sie das interaktive Whiteboard entsprechend komplett ausleuchten können. Je nach Board-Größe muss eine Höhe der untersten Board-Kante zwischen 80 cm und 100 cm berücksichtigt werden bzw. die digitale Tafel muss so hoch angebracht werden, dass der Benutzer noch optimal zur Bedienung der Anwendung an das obere Drittel des Boards reichen kann. Es gibt sowohl kleine Lehrer/innen als auch kleine Schüler/innen, die am interaktiven Whiteboard arbeiten.

Für den Einsatz in der Vor- und Grundschule ist diese Variante der Board-Montage äußerst ungeeignet. Dennoch werden immer noch Lösungen dieser Art an den Schulen installiert, um Kosten zu sparen bzw. bestehende System zu nutzen.

Boards mit Höhenverstellung

Generell sind interaktive Whiteboards mit Höhenverstellung die besten Lösungen für den Einsatz im Klassenzimmer oder Schulungsraum. Dabei wird eine spezielle Halterung an der Wand angebracht, an der sich wiederum ein Höhenverstellungsmechanismus befindet. Wichtig ist allerdings ein stabiler Untergrund, der dem Gewicht der Höhenverstellung, der Tafel und des Beamers standhalten kann. Ist der Untergrund nicht in der Lage, das Gesamtgewicht zu halten, bietet sich oftmals nur die Montage einer Pylonenlösung an, die dann an Decke und Boden verankert wird und nur zusätzlich an der Wand verschraubt werden kann.

Mittlerweile gibt es verschiedenste mechanische Lösungen, die eine Höhenverstellung ermöglichen. Da die Board-Anbieter die Höhenverstellungen nicht selbst herstellen, greifen Sie hier auf Erfahrungen und

Produkte von Tafelherstellern zurück bzw. auf die praxiserprobten Höhenverstellungen der klassischen Schultafeln und deren Hersteller. Hier ein kurzer Überblick, der derzeit sich auf dem Markt befindlichen Höhenverstellungslösungen mit ein paar ergänzenden Anmerkungen:

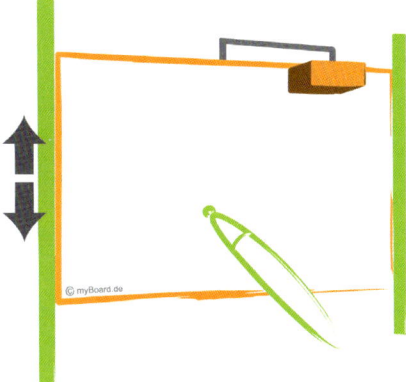

Abb. 23: Boardmontage mit Pylonenlösung und Nahdistanz-Projektor

- Federzug: Bei dieser Lösung ist, wie der Name schon sagt, zentral eine Feder dafür zuständig, dass das interaktive Whiteboard inklusive Halterung, Beamer-Arm und Beamer in ihrer Höhe verschoben werden können. Auf der Rückseite der Höhenverstellung ist dabei ein abgeschlossener Kasten montiert, in dem sich auf Umlenkrollen ein gespanntes Stahlseil an Federn eingehängt befindet. Je nach Position wird die Feder gedehnt oder zusammengezogen. Sie lässt sich je nach Gewicht nachjustieren. Der Installationsaufwand für den Federzug ist sehr gering. Es werden für die Montage nur vier Punkte an der Wand benötigt.
- Pylonen: Hier gibt es Doppelpylonen, die beispielsweise an den Board-Rändern angebracht sind, sodass die digitale Tafel innen liegend oder die Pylonen sich leicht vom Rand versetzt dahinter befinden. Es werden jedoch auch Lösungen angeboten, bei denen lediglich eine Pylone mittig hinter der Tafel angebracht ist. Die Pylonen bestehen meist aus Aluminium-Profilen. Die Pylonenlösungen arbeiten mit Gegengewichten aus Stahl, die sich innerhalb der Pylonen befinden. Diese werden durch ein Seilzugsystem über kugelgelagerte Präzisionsführungen über Laufrollen aus Polyamid geräuscharm geführt und zusätzlich abgefedert. Es werden auch Doppelpylonenlösungen angeboten, bei denen ein interaktives Whiteboard und ein klassisches Whiteboard oder – falls nötig – eine herkömmliche Kreidetafel übereinander geschoben werden können.
- Gasdruckfeder: Dieses System wird mithilfe einer oder mehrerer Gasdruckfedern bewegt und kann auf verschiedene Arten montiert sein. Entweder befindet sich das Gasdruckfedersystem hinter dem Board oder es ist seitlich auf einem Schlitten montiert, der wiederum über die seitlich angebrachten Pylonen auf- und abfahren kann. Die Pylonen haben in diesem Fall keine Gegengewichte.
- Kettenführung: Bei dieser Lösung werden über kugelgelagerte Kettenwellen ebenfalls Gegengewichte bewegt. Die Führung erfolgt dabei über Ketten. Auch hier ist ein »Kasten« notwendig, der hinter dem Whiteboard angebracht werden muss, um die Mechanik zur Verfügung zu stellen.

Whiteboard auf Rädern

Die digitalen Tafeln werden als Alternative zur Wandmontage auch mit Rollwägen für den mobilen Einsatz angeboten. Bei dieser Variante werden zwei Lösungen von den Herstellern präsentiert. Die verschiedenen Rollständer werden dabei von entsprechenden Zubehörlieferanten eingekauft und vom jeweiligen Board-Hersteller bzw. Vertriebspartner oder Händler im Komplettpaket angeboten. Hier die mobilen Lösungen im Einzelnen:

- Variante 1: Das interaktive Whiteboard ist fest auf einem Rollständer montiert. Über eine Armvorrichtung ist oberhalb des Boards ein Nah- oder Ultranahdistanz-Beamer angebracht.
- Variante 2: Das interaktive Whiteboard ist höhenverstellbar auf einem Rollständer montiert. Über eine Armvorrichtung ist oberhalb des Boards ebenfalls ein Nah- oder Ultranahdistanz-Beamer angebracht.

Bei den mobilen Lösungen muss darauf geachtet werden, dass die Beamer-Lampe keinen zu starken Erschütterungen ausgesetzt wird und die Komplettlösung beim Transport von einem zum anderen Klassenzimmer auch durch die Türrahmen passt. Große Gummiräder sollen dabei für ein erschütterungsfreies und leichtes Transportieren sorgen. Beim Transport von einem Raum in den anderen besteht jedoch leicht die Gefahr, dass man mit dem Projektor an den Türrahmen stößt.

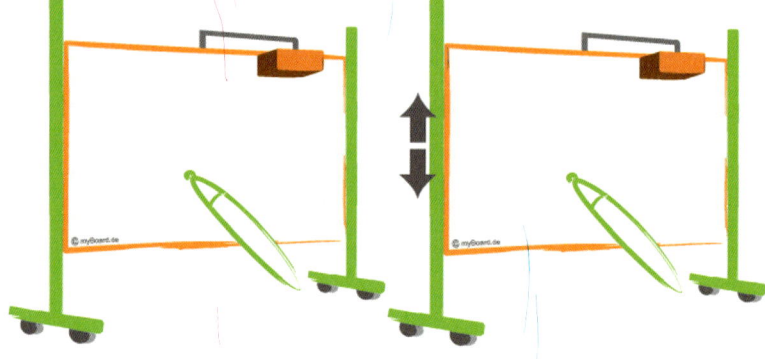

Abb. 24: mobile Lösungen mit und ohne Höhenverstellung

Die Kurz- und Ultrakurzdistanz-Beamer sind auch bei der mobilen Variante mit einer Art »Galgenvorrichtung« oberhalb des interaktiven Whiteboards angebracht. Der Beamer lässt sich bei dieser Lösung zusammen mit dem Board in der Höhe der fest montierten Lösungen verstellen. Beim Transport können die Beamer seitlich oder von oben nach unten eingeklappt werden. Bei den Ultrakurzdistanz-Beamern ist eine Veränderung des Beamers in seiner Position nicht notwendig.

Hier kann das mobile interaktive Whiteboardsystem komplett durch den Türrahmen geschoben werden, indem das Board auf die unterste

Stellung der Höhenverschiebung geschoben wird. Alle mobilen Systeme gibt es in den beschriebenen Höhenverstellungsvarianten. Dabei ist anzumerken, dass die Pylonenlösung mit Gegengewichten die am schwersten zu bewegende Alternative auf Rollen darstellt, da Board, Beamer und Fahrgestell mit Beamerarm oft über 100 Kilogramm wiegen. Die anderen Alternativen der Höhenverstellungen sind hier bei einer mobilen Lösung wesentlich leichter zu transportieren.

Mobile Lösungen kommen hauptsächlich dort zum Einsatz, wo das interaktive Whiteboard in mehreren Räumen genutzt werden soll oder innerhalb des Klassenzimmers bewegt werden muss. Machen Sie sich aber von dem Gedanken frei, dass zwei Lehrer sich in verschiedenen Klassenzimmern ein mobiles interaktives Whiteboard zusammen teilen. Das klappt nie und ist auch nicht zu empfehlen.

Wie die klassische Tafel, sollte das interaktive Whiteboard fest in einem Klassenzimmer montiert werden. Entweder wird es ganz normal im alltäglichen Unterricht genutzt oder eben gar nicht. Allein der Aufwand des ständigen Hin- und Herfahrens, des Installierens und Neukalibrierens kostet Zeit und stört den normalen Unterrichtsablauf. Interaktive Whiteboards gehören auch nicht in einen Computerraum, den Lehrer/innen dann aufsuchen sollen, um Unterricht am interaktiven Whiteboard zu praktizieren.

> **interaktives Whiteboard fest in einem Klassenzimmer**

| Interaktive Whiteboards sollten fest im Klassenzimmer installiert werden. Erst dann kann das Medium im täglichen Unterricht gewinnbringend eingesetzt werden.

TIPP

Abb. 25: Boxenlösungen für das *SMART Board*

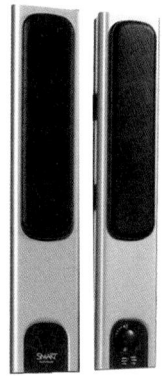

Beschallung im Klassenzimmer

Neben einer optimalen Darstellung am interaktiven Whiteboard sollte auch eine gute Tonqualität bei der Präsentation von Filmen, Animationen oder Hörbeispielen berücksichtigt werden. Einige Hersteller bieten zu ihren interaktiven Whiteboards auch gleich die passende Lautsprecherlösung an. Bei den Firmen »Panasonic« und »Promethean« sind die Lautsprecher bereits direkt mit passender Steuerungseinheit in den Board-Rahmen integriert. »SMART Technologies« bietet die passenden Lautsprecher mit zusätzlichen USB-Anschlüssen optional mit an. Diese werden dann seitlich am Board mit entsprechenden Halterungen montiert.

Wer dies nicht möchte, dem sind eigene Audiosysteme, bestehend aus zwei Boxen, sogenannte Satelliten, und einem Subwoofer zu empfehlen. Diese Geräte gibt es günstig von verschiedenen Anbietern. Richtig montiert geben die kleinen Sound-Systeme ein gutes Klangbild. Es ist darauf zu achten, dass die beiden Satelliten-Boxen auf Ohrenhöhe der Schüler/innen oder im entsprechenden Abstrahlwinkel an der Decke oder in den seitlichen Ecken des Raumes montiert werden.

Der Subwoofer kann beliebig im Klassenzimmer positioniert werden. Passend zu den interaktiven Whiteboards werden von einigen Händlern auch Halterungen angeboten, an denen die Boxen sich seitlich oder am oberen Board-Rand montieren lassen. Sparen Sie hier nicht an der falschen Stelle und setzen sie gute Boxen ein. Ob Audio-CD oder Filmvorführung, die Schüler/innen kommen in den Genuss einer guten Tonqualität und können somit auch den Inhalten besser folgen. Und selbst die schlechteste Audio-Qualität kommt damit gut rüber.

Abb. 26: 360-Grad-Lautsprecher für die Deckenmontage

Bei vielen Beamern sind bereits Lautsprecher integriert. Allerdings bieten diese Systeme nicht die gewünschte Qualität. Eine interessante Lösung für das Nachrüsten von bereits fest installierten Decken-Beamern bietet die Firma »ARP« mit ihrem 360°-Lautsprecher-System an. Dieses System besteht aus zwei Hälften, die um die von der Decke hängende Beamer-Halterung montiert werden und nach unten abstrahlen. Somit hat jeder Schüler an jeder Position einen guten Klang und die bereits bestehenden Beamer-Systeme können damit einfach nachgerüstet werden.

4.3 Zusatz-Hardware für Board und Schüler/innen

Analoges digital visualisieren – der Visualizer

Mithilfe sogenannter »Visualizer« lassen sich analoge Gegenstände und Vorlagen digital über den Beamer darstellen. Die Schüler/innen sehen eine Live-Videoaufnahme, also auch bewegte Bilder. Eine Videokamera filmt dabei den Gegenstand. Je nach Ausstattung verfügt der Visualizer auch über eine zusätzliche Lichtquelle, die den Gegenstand optimal ausleuchtet. Dieses Zusatzgerät wird einfach über den USB-Anschluss mit dem Rechner verbunden und kann darüber auch gesteuert werden. Einige Geräte verfügen sogar über SD-Karten, und per Knopfdruck am Gerät können Videosequenzen aufgenommen werden. Ein Visualizer vereint Overhead-Projektor und Episkop. Über den Visualizer können sowohl herkömmliche Vorlagen, Buchseiten wie auch dreidimensionale Gegenstände präsentiert werden. Besonders gut eignet sich ein Visualizer auch, um Schülerarbeiten in Heften und aus dem Kunstunterricht oder Skizzen zu präsentieren. Selbst das alte Arbeitsblatt kann darunter ausgefüllt werden. Sie müssen keine Folien mehr kopieren und nach dem Beschriften mühsam wieder abwaschen.

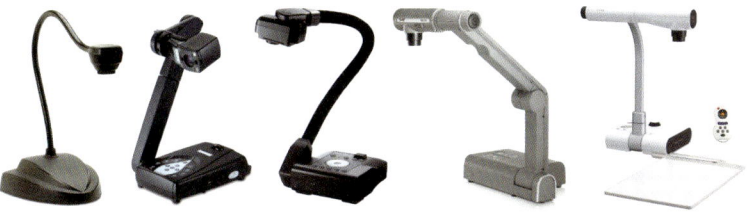

Abb. 27: Beispiel einiger Dokumentenkameras: (v. l.) von »Legamaster«, »AverMedia« mit Klapparm, »AverMedia« mit Schwanenhals, »SMART Technologies«, »ELMO«

Die zusätzliche Zoomfunktion am Gerät oder über die Softwaresteuerung lässt es zudem zu, dass z. B. ganz bestimmte Ausschnitte oder Kleinstgegenstände in mehrfacher Vergrößerung allen Schüler/innen gut über den Beamer am Whiteboard sichtbar gemacht werden können. Die hochauflösenden Bilder lassen sich dann einzeln oder als Videosequenz speichern und in das Tafelbild integrieren. Diese Auflösung und Individualsteuerung lässt sich mit einer herkömmlichen Webkamera nicht realisieren. Die meisten Board-Hersteller bieten Visualizer mit an, diese wiederum sind aber auch Zukäufe, keine Eigenentwicklungen. Die Visualizer der Hersteller können in der Regel direkt über die mitgelieferte Boardsoftware angesprochen und gesteuert werden. Der Visualizer muss nicht zwingend in Verbindung mit einem Whiteboard oder einem Rechner betrieben werden, sondern kann auch nur als Einzelgerät an einen Beamer angeschlossen werden. Doch erst in der Kombination mit interaktivem Whiteboard und Software macht der Einsatz richtig Sinn.

hochauflösende Bilder

Mit aktiven Tablets arbeiten

Wenn nicht die Möglichkeit besteht, ein interaktives Whiteboard zu installieren, dann bietet es sich an, mit einem aktiven Tablet zu arbeiten. Dies kann entweder in Form eines sogenannten Tablet-Notebooks sein, das einen berührungsempfindlichen Bildschirm besitzt. Auf dem Bildschirm kann dann, je nach Technologie, mit einem besonderen Stift oder mit dem Finger gearbeitet werden. Zwar ersetzt das kein interaktives Whiteboard, es ermöglicht dem Lehrer aber eine flexiblere Art der Präsentation im Gegensatz zur Mausbedienung. Mit dem Stift lassen sich Tafelbilder bedienen, handschriftliche Anmerkungen oder ganze Anschriften machen. Entsprechend kann darüber auch eine Whiteboardsoftware bedient werden. Tablet-Notebooks werden mittlerweile von allen erdenklichen Herstellern angeboten.

Eine weitaus interessantere Alternative oder Ergänzung zum Whiteboard sind die sogenannten aktiven Bildschirme – auch »Pen Displays« – genannt. Diese werden einfach über den Grafikkartenausgang als Bildschirm an den Rechner angeschlossen und lassen sich somit am Lehrerpult oder von einem Stehpult aus über einen Stift bedienen. Prä-

Abb. 28: das *WACOM Pen Display* im Einsatz

Pen Displays

sentiert wird über den herkömmlichen Beamer. Besonders in Fachräumen, in denen ein interaktives Whiteboard oftmals keinen Platz findet, bietet sich diese Lösung an. In Ergänzung zum Whiteboard kann der Lehrer oder Schüler dann wahlweise auf der digitalen Tafel oder dem Pen Display arbeiten. Das Signal der Grafikkarte des Rechners wird in diesem Fall durch das Pen Display zum Beamer durchgeschleust und auf dem Whiteboard und Pen Display angezeigt.

Alle Hersteller bieten in Ihrem Sortiment auch Pen Displays an, die wiederum in der Regel von anderen Herstellern zugekauft werden. Führender Hersteller von Pen Displays und Tablets ist hier die Firma »Wacom«, die ein großes Angebot an unterschiedlichsten Modellen anbietet.

Drahtlose Tabletts

Drahtlose Tabletts – auch »Wireless Slate«, »Digitalisier-Tablet«, »Digitizer«, »Pen Table« oder auch »Pen Tablets« genannt, – sind kleine digitale Zeichenbretter, auf denen mit einem aktiven oder passiven Stift gearbeitet wird. Die Bewegungsdaten des Stiftes, dessen Aufdruckstärke oder die Betätigung einer im Stift integrierten Taste, werden dann über Bluetooth oder Funk an den Rechner weitergegeben. Die Technologie wird, wie bei den elektromagnetischen Boards und bei der Bewegung der Maus am Monitor, durch Induktion mithilfe des Eingabestiftes erzeugt. Die Standardgröße der drahtlosen Tablets wird in einem Format angeboten, das fast DIN A4-Größe besitzt. Doch gibt es auch hier kleinere und größere Varianten, die Sie nutzen können.

Abb. 29 : Beispiel einiger Tablets (v. l.) der Firmen »eInstruction«, »Promethean«, »Promethean«, »Legamaster«

Im Gegensatz zu den stationären Tablets, die über den USB-Anschluss und mit dem Rechner verbunden werden, sind die angebotenen Modelle der Board-Hersteller mobil und arbeiten drahtlos. Damit sind Sie völlig flexibel und können sich im Klassezimmer frei bewegen und darüber auf Ihrem Tafelbild arbeiten. Das Tablett kann z. B. auch einem Schüler gegeben werden, der wiederum von seinem Platz aus am interaktiven Tafelbild arbeiten kann. Das Arbeiten mit den drahtlosen Tabletts beschränkt sich in diesem Fall allerdings mehr auf das Verschieben von Objekten oder das Unterstreichen und Markieren von Bereichen oder Textpassagen.

Schreiben auf dem interaktiven Whiteboard über das Pen Tablet ist kaum möglich und erfordert viel Fingerfertigkeit und Übung. Während der Bedienung muss der Nutzer ständig zwischen Projektions- und Arbeitsflächen hin- und herblicken, um die Position des Mauszeigers zu kontrollieren bzw. die genaue Position auf dem Tablet zu sehen. Für die Schüler/innen ist das zunächst sehr ungewohnt und erfordert ein wenig Übung. Bei verschiedenen Talbet-Modellen werden gleich auf dem Tablet fest vorgegebene »hard keys« angeboten, über die die Boardsoftware oder bestimmte Funktionen aufgerufen werden können. Bei der Variante der Firma »eInstruction« werden sogar auf einem kleinen, im Tablet integrierten Farbmonitor bei Umfragen die entsprechenden Auswertungen bzw. Beteiligungen und Kontrollen über die angemeldeten Abstimmungsgeräte eingeblendet.

Umfragesysteme

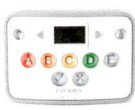

Abb. 30: Beispiel verschiedener Umfragegeräte von (v. l.) »Promethean«, »Promethean«, »eInstruction«, »eInstruction«, »SMART Technologies«, »Mimo«

Die meisten der Board-Hersteller haben in ihrem Angebot auch sogenannte »Voting Tools«, also kleine, handliche Umfragesysteme, die innerhalb der Klasse für Abstimmungen, Umfragen und Tests eingesetzt werden können. Damit können Sie die Schüler sehr gut motivieren und alle aktiv an der Befragung beteiligen. Die Umfragen können anonym oder personalisiert durchgeführt bzw. ausgewertet werden. Diese kleinen Umfragesysteme, auch »Clicker« genannt, laufen mit Batterie, wobei die Verbindung zwischen Umfragesystem und Rechner über Infrarot oder Funk erfolgt. Das Empfangsgerät wird über USB an den jeweiligen Lehrerrechner angeschlossen. Alle Umfragesysteme werden in unterschiedlichen Größen von Klassensätzen angeboten und kommen in dazu passende Tragetaschen. Die einzelnen Geräte sind nummeriert, verfügen über eine individuelle Kennung und können somit jedem Schüler genau zugeordnet werden.

individuelle Kennung

Die mitgelieferte Software dient einerseits zur Verwaltung der Schüler/innen, die befragt werden, und andererseits können damit verschiedene Umfragen erstellt werden. Zudem kann die Software über die jeweilige Boardsoftware angesteuert und die einzelnen Fragen darin erstellt und präsentiert werden, doch ist dies nicht zwingend nötig. Die Fragen lassen sich z. B. auch mit PowerPoint erstellen. Die Software für die Umfrage hält dafür ein eigenes Modul bereit, das dann in PowerPoint aktiviert werden kann. Die Umfragen lassen sich spontan im Unterricht durchführen oder werden z. B. vom Lehrer zuhause als kleiner Wissenstest oder Lernzielkontrolle zur jeweiligen Unterrichtseinheit vorbereitet. Damit ist der Lehrer in der Lage, den Wissensstand jedes einzelnen Schülers zu erfragen und ggf. entsprechende Wiederholungen von Teilaspekten der Lerninhalte oder gezielte Fördermaßnahmen in die Wege zu leiten. Auch kann damit den Schüler/innen mithilfe gezielter Einstiegs- und Abschlussfragen eindrucksvoll der Wissenszuwachs innerhalb einer Lerneinheit visuell in Form von Diagrammen gut veranschaulicht werden.

TIPP | Schaffen Sie sich, wenn es möglich ist, einen oder zwei Klassensätze an Umfragesystemen an, und nutzen Sie diese gemeinsam mit Ihren Kollegen. Sammeln Sie Erfahrungen!

Neben den einfachen Schülerfeedback-Systemen, die lediglich die Eingabe von »Ja/Nein«, Zahlen (etwa von eins bis acht) bzw. Buchstaben von »A« bis »H« anbieten, gibt es auch Systeme, die eine komplette Texteingabe ermöglich. Diese Umfragesysteme verwenden, ähnlich wie bei den meisten Mobiltelefonen, die Eingabe über die mehrfach belegten Tasten und kommen dem SMS-Verhalten der Schüler sehr entgegen. Damit sind neben den klassischen Multiple Choice-Aufgaben mit einer oder mehreren richtigen Antworten, den Ja-/Nein-Fragen und spontanen Meinungsumfragen auch offene Fragen möglich, die dann allerdings nicht sofort ausgewertet werden können. Die Voting-Systeme eignen sich besonders für kurze Abfrage- und Verständnistests. Das können Vokabelabfragen, Höraufgaben, Kopfrechenaufgaben oder Textaufgaben mit verschiedenen Lösungswegen sein. Diese Tests können sogar so angelegt und automatisiert werden, dass damit auch gleich eine Benotung mit entsprechendem Punkteschlüssel erfolgen kann. Zudem ist es bei einigen Systemen möglich, dass der Schüler sofort nach der Eingabe ein Feedback erhalten kann, ob seine Antwort richtig war.

Umfragematerialien zu den Schulbüchern

Bisher haben die Umfragesysteme kaum Einzug in unsere Klassenzimmer gehalten. Anders als in den Vereinigten Staaten von Amerika, wo diese Systeme in den Schulen und Universitäten eingesetzt werden, bieten unsere Schulbuchverlage bisher keine sofort einsetzbaren Umfragematerialien begleitend zu den Schulbüchern an. So muss der Lehrer selbst Testfragen entwickeln, die sich für eine Multiple-Choice-

Abfrage eignen. In einigen deutschen Universitäten werden die Umfragesysteme bereits in Vorlesungen erfolgreich eingesetzt.

Folgende Produkte werden von unterschiedlichen Herstellern angeboten:

Hersteller/Firma	Produkt
Promethean	ActiVote, ActivExpression
SMART Technologies	SMART Response
eInstruction	Cricket, CPS IR, CPSPulse
Hitachi	VerdICT Plus
Mimio	MimioVote

Note- und Netbooks im Klassenzimmer

Erst in der Kombination mit mobilen PCs, Notebooks oder den kleineren Varianten, den Netbooks, können die Möglichkeiten eines Unterrichts mit digitalen Medien in Verbindung mit einem interaktiven Whiteboard und sogenannten virtuellen Klassenzimmern voll ausgeschöpft werden.

virtuelles Klassenzimmer

Die Schüler/innen erhalten dabei ihre Unterrichtsmaterialien und Aufgaben vom Lehrer und können diese individuell bearbeiten und im Internet nach ergänzenden Materialien recherchieren. Verschiedene Feedback-Funktionen und Kommunikationsmöglichkeiten werden dabei über den virtuellen Klassenraum im Netz angeboten. Die Schüler/innen dürfen, wenn freigegeben, untereinander kommunizieren und stehen ebenfalls in Kontakt mit dem Lehrer. Es können Lerntagebücher und Lernpfade angelegt und verschiedenste Medien für die Schüler/innen über entsprechende Dateiablagesysteme angeboten werden. Kleine Wissenstests stellen den Lernstand des Schülers fest, und der Lehrer kann entsprechend darauf reagieren.

Lerntagebücher und Lernpfade

Die mobilen Schüler-Notebooks sind dabei alle untereinander vernetzt, und die Ergebnisse jedes Einzelnen können mit entsprechender Software rasch auf dem Whiteboard präsentiert und diskutiert werden. Zudem lassen sich die im Unterricht gemeinsam erstellten Tafelbilder abspeichern und sind für alle Schüler/innen der Klasse erneut zugänglich. Die Note- und Netbooks gibt es mit klassischer Tastatureingabe, sie werden aber auch mit Touchscreens angeboten, die eine Stifteingabe mit Handschrift erlaubt.

Zusammenfassung
Machen Sie sich vor der Anschaffung Ihres interaktiven Whiteboards ein umfassendes Bild der vorhandenen Board-Lösungen und Peripheriegeräten. Probieren Sie die entsprechenden interaktiven Whiteboards aus und überlegen Sie sich, für welche Anwendungen Sie das Board häufig einsetzen möchten. Machen Sie sich Gedanken über die Vor- und Nachteile der Finger- und Stiftbedienung. Welche Variante ist für Sie hilfreich und anwendbar? Treten Sie in Kontakt mit Schulen und Lehrern, die bereits interaktive Board-Lösungen einsetzen und lassen Sie sich von deren Erfahrungen berichten. Beurteilen Sie sowohl Board als auch die mitgelieferte Boardsoftware und das Angebot an bereits vorhandenen Materialien. Betrachten Sie das Board auch unabhängig von der jeweiligen Boardsoftware, denn stattdessen können auch alternative Software-Lösungen genutzt werden. Versuchen Sie auch, beim Kauf eines interaktiven Whiteboards einen Visualizer anzuschaffen, der Ihnen zusätzliche Präsentationsmöglichkeiten eröffnet. Denken Sie auch an eine gute Audiolösung.

5 Methodik und Didaktik am Board

5.1 Aller Anfang ist schwer

Der Kauf eines interaktiven Whiteboards für Ihre Schule steht bevor, oder Sie haben bereits ein Board geliefert und installiert bekommen. Freuen Sie sich über die neuen Möglichkeiten und Chancen, die Sie nun in Ihrem Unterricht nutzen können. Ihr Unterricht wird zeitgemäßer, Sie können flexibler auf Fragen der Schüler/innen eingehen, das Internet nutzen und Tafelbilder in bester Qualität einsetzen.

Doch wie bei allen Neuanschaffungen müssen Sie sich erst einmal mit dem Neuerwerb auseinandersetzen – technisch und inhaltlich. Neben all den technischen Dingen, die bei der Anschaffung interaktiver Whiteboards berücksichtigt werden müssen, sollte eines nicht außer Acht gelassen werden: Die Einführung einer digitalen Tafel in der Schule sollte Hand in Hand mit einer methodisch-didaktischen Fortbildung der Lehrer/innen gehen.

methodisch-didaktische Fortbildung

Oftmals kommt dieser Aspekt zu kurz, und die Schulungen konzentrieren sich zu sehr auf den Umgang mit der Software und deren einzelnen Funktionen. Diese »Featuritis« kommt oft bei reinen Softwareschulungen zum Tragen, wenn jede Funktion gezeigt und erklärt, aber dabei der Unterrichtsalltag nicht mit einbezogen wird. Nach einem erfolgreich besuchten Schulungstag wissen Sie zwar dann, was alles möglich ist, doch können Sie die einzelnen Funktionen und Optionen nicht mehr richtig zuordnen, geschweige denn wiederholen und in Ihrer Unterrichtsstunde anwenden.

Diese Schulungen sollten von Beispielen leben, die Sie in ähnlicher Form auf Ihren Unterricht übertragen können. Organisieren Sie sich in Lernpartnerschaften oder in kleinen Arbeitsgruppen, in denen Sie gemeinsam beispielhafte Unterrichtsthemen für das interaktive Whiteboard erstellen und darüber beratschlagen, welche Methoden sich für Ihren Unterricht bzw. Ihr Thema eignen.

Lernpartnerschaften

Nicht nur die Vermittlung des Umgangs mit der Board-Software ist wichtig, sondern auch die Frage nach (sinnvollen) Methoden. Welche Werkzeuge stehen mir dazu zur Verfügung, und wann macht es Sinn, diese einzusetzen? Wie kann ich die Schülerinnen und Schüler mehr in die Arbeit am Board einbeziehen, und wie können sie selbst am Board tätig werden? Wie bereite ich meinen Unterricht bzw. meine Tafelbilder so vor, dass mein Unterricht darauf aufbaut, möglichst flexibel mit den Tafelinhalten umgegangen werden kann und somit ein dynamisches Tafelbild entsteht. Es bedarf dazu einer gewissen Systematik, welches Repertoire an Werkzeugen Sie zur Verfügung haben und wann dieses eingesetzt werden kann. Welche Fächer eignen sich besonders dafür und welche Möglichkeiten haben Sie, die Schüler/innen so zu aktivieren, dass diese am interaktiven Whiteboard selbst tätig werden können?

Die ersten Schritte am Board

Geben Sie sich nicht der Illusion hin, dass Sie von einem Tag auf den anderen der interaktive Whiteboard-Lehrer sind und alle Möglichkeiten, die Ihnen die Boardsoftware bietet, bereits einsetzen können – was zudem auch nicht sinnvoll ist. Schritt für Schritt werden Sie sich allmählich beim Arbeiten mit dem neuen Medium vortasten. Sie werden dabei die Tafel zunächst als ganz normales Schreibgerät nutzen und Vertrauen schaffen – Vertrauen zum neuen Medium und Vertrauen zu sich selbst, um dieses Medium souverän in Ihrem Unterricht einsetzen zu können.

Denn ebenso wie beim alten Overhead-Projektor, auf dem Sie Ihre Folie oftmals schon falsch aufgelegt oder nicht richtig positioniert haben, werden Sie ab und zu auch mal die falsche Funktion auswählen, einen Schritt zu schnell sein oder den falschen Link oder das falsche Dokument aufrufen. Doch all das ist normal und passiert selbst den professionellsten Whiteboard-Anwendern.

Routine und Leichtigkeit

Die Frage ist immer, wie selbstverständlich gehen Sie mit diesem Medium um? Eine gewisse Routine und Leichtigkeit gewinnen Sie nur, wenn Sie die digitale Tafel mit in Ihren Unterrichtsprozess einbeziehen und dieses Medium wie jedes andere auch tagtäglich nutzen. Schritt für Schritt haben Sie damit auch Erfolg und werden sehen, dass Sie immer mehr Routine im Umgang mit der digitalen Tafel gewinnen.

Ich habe bei meinen zahlreichen Schulungen immer wieder von Lehrer/innen gehört, dass ihr größtes Problem darin liegt, unsicher bei der Bedienung des Boards und der Software zu sein. Doch dieser Unsicherheit können Sie lediglich entgegenwirken, wenn Sie täglich die digitale Tafel im Unterricht einsetzen und zudem zu Hause mehr und mehr Tafelbilder vorbereiten, die Sie auf Ihrem USB-Stick mit in die Schule nehmen. Erst durch die Routine werden Sie sicher am interaktiven Whiteboard. Wenn Sie sich einmal zurückversetzen in Ihr Referendariat, dann können Sie sich sicherlich noch daran erinnern, wie schwierig es zunächst war, auf der großen Kreidetafel ein vernünftiges Tafelbild zu erstellen.

Die Überschrift sollte richtig passen, die Aufteilung der Inhalte sollte aufeinander aufbauen und gut strukturiert sein, und letztendlich sollten die Schüler/innen Ihre Tafelanschriebe auch richtig lesen können. Das war zunächst Stress und Unsicherheit für Sie, bis Sie sicherer wurden und die Kreidetafel nach und nach als selbstverständlich ansahen und mit ihr arbeiteten. Genauso verhält es sich mit dem interaktiven Whiteboard. Allerdings steckt hier der Computer dahinter, der ebenfalls viel Erfahrung mit den Programmen und Bedienungen voraussetzt.

Stress und Unsicherheit

Das »Werkzeug« Computer sollte zwischenzeitlich von jedem Lehrer auch als normales Arbeitsgerät verstanden und entsprechend routiniert benutzt werden. Dennoch setzen immer noch kaum Lehrer den Computer in Ihrem Unterricht ein. Eine repräsentative Umfrage des TNS-Infratest im Auftrag der »Initiative D21« hat ergeben, dass 30 Prozent der Schüler/innen Schul-Computer nur im Informatikunterricht nutzen. 35 Prozent nutzen die Schul-Computer mindestens ein weiteres Mal pro Woche. In einer Umfrage im Winter 2007 durch Forsa im Auftrag der »Initiative IT-Fitness« (vgl. Abb. 31) wurde festgestellt, dass zwei Drittel der Schüler/innen an deutschen Schulen im Unterricht kaum mit dem Computer arbeiten. 28 Prozent der Befragten arbeiten im Unterricht gar nicht mit dem Computer, weitere 36 Prozent weniger als zwei Schulstunden in der Woche.

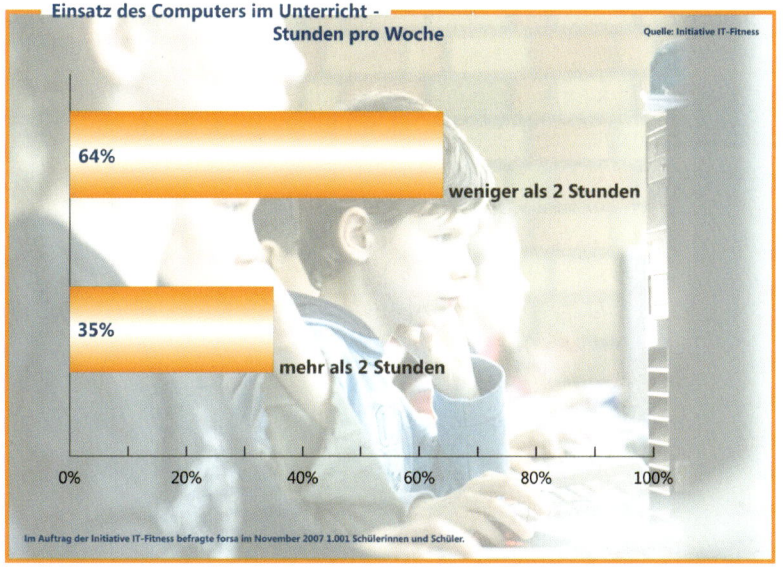

Abb. 31: Wie oft wird der Computer in der Woche im Unterricht eingesetzt?

Entsprechend steht es mit den Kenntnissen im IT-Bereich bei den Lehrer/innen (vgl. Abb. 32). Laut Aussage der Schüler/innen sind diese verbesserungswürdig. Bei der Benotung im Umgang mit Computer und Internet erhalten gerade mal ein Drittel der Lehrer/innen die Note »gut«

und vier Prozent die Note »sehr gut«). Im Durchschnitt werden die Kenntnisse der Lehrer eher als »befriedigend« eingestuft. Besonders den Lehrer/innen der älteren Generation werden eher wenige Kenntnisse im Umgang mit dem Computer zugetraut. Hier besteht also ein hoher Handlungsbedarf, was die Vermittlung von Computerkenntnissen, aber auch den Umgang mit dem Computer im Unterricht anbelangt.

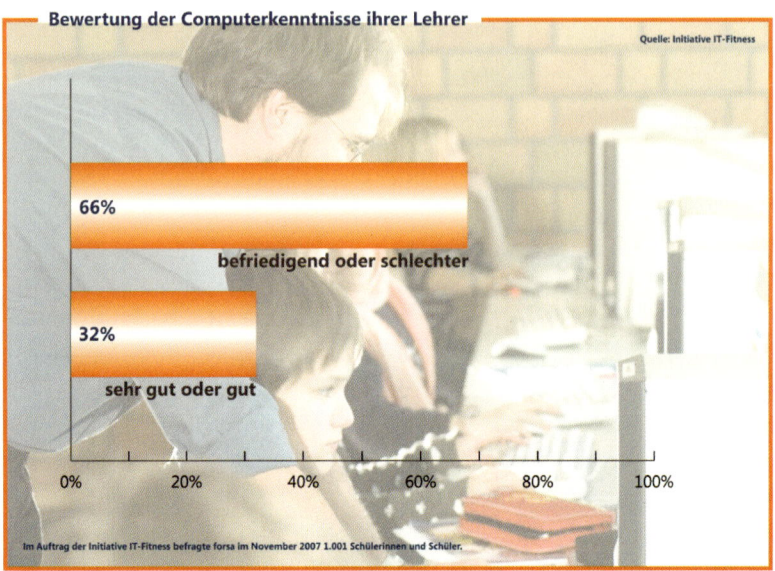

Abb. 32:
Wie werden die Computerkenntnisse der Lehrer bewertet?

Aus der Umfrage geht auch hervor, dass sich jüngere Kolleg/innen eher zutrauen, mit dem Computer im Unterricht zu arbeiten, als ältere Kolleg/innen, was der Einführung des interaktiven Whiteboards an unseren Schulen mithin eher hinderlich entgegenwirken kann, wenn im Bereich der Aus- und Weiterbildung für diese Kolleg/innen keine entsprechenden Schulungen angeboten werden, die die Lehrer/innen mit weniger Kenntnissen im Umgang mit IT dort abholen, wo sie gerade stehen (vgl. Abb. 33).

Nach wie vor wird der Computer im Unterricht zu wenig eingesetzt. Lediglich im Fach Informatik ist der Computer und der Umgang mit dem Internet ein Thema. Alle anderen Fächer werden vernachlässigt. Doch gerade wenn wir an den Einsatz des interaktiven Whiteboards denken, macht dieses Medium im Fach Informatik wenig Sinn. Es sollte vielmehr direkt im Unterricht – und das regelmäßig – als selbstverständlich in Verbindung mit dem Computer und dem Internet eingesetzt werden. Die folgende Grafik verdeutlicht aber, dass nach wie vor der Umgang mit dem Computer Schwerpunkt des Informatikunterrichts ist und die Schüler/innen wenig in den anderen Fächern damit arbeiten.

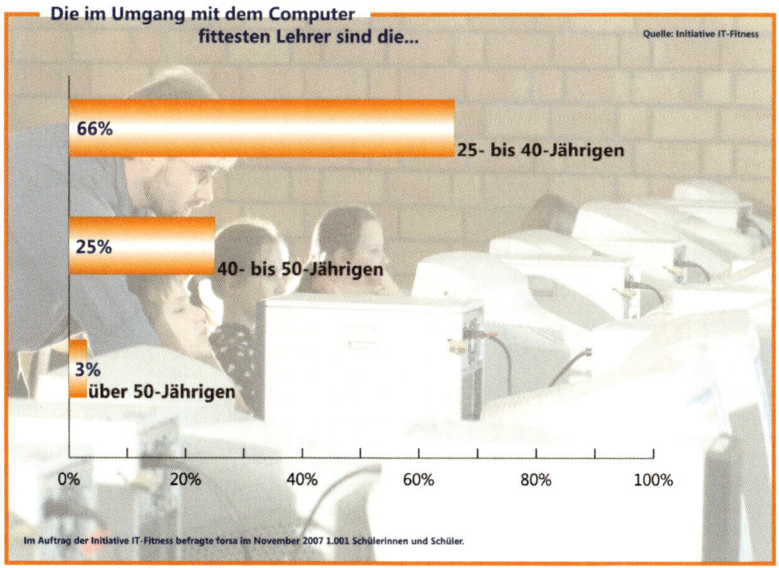

Abb. 33: die fittesten Lehrer im Umgang mit dem PC

Seit der Umfrage Ende 2007 hat sich nicht viel getan. Nach wie vor werden die Computer zu wenig in den einzelnen Unterrichtsfächern eingesetzt. Dies liegt einerseits an der fehlenden Ausstattung der Klassenzimmer mit Computern und Laptops, aber auch daran, dass viele Kolleginnen und Kollegen immer noch keine Notwendigkeit sehen, den Umgang mit dem Computer in jedem Fach als hilfreiche Ergänzung zum herkömmlichen Unterricht zu betrachten.

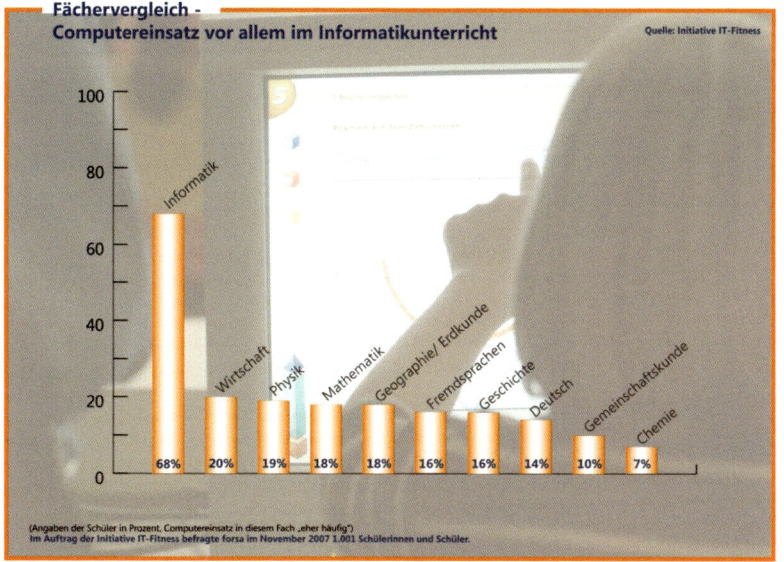

Abb. 34: In welchen Fächern wird der Computer am meisten eingesetzt?

Zu diesen Argumenten kommt noch hinzu, dass viele Kolleginnen und Kollegen immer noch Angst davor haben, sich vor der Klasse zu blamieren, wenn etwas am Computer oder der interaktiven Tafel mal nicht so klappt wie es geplant war. Dieses Argument höre ich immer wieder bei meinen Schulungen und Workshops bei der Einführung in den Umgang mit dem interaktiven Whiteboard.

Es ist klar, dass uns einige Schüler/innen, was den Umgang mit dem Computer anbelangt, um einiges voraus sind. Nutzen Sie die Chance, und lassen Sie sich von Ihren Schülern helfen oder an der digitalen Tafel etwas zeigen, was sie gerne machen. Recherchieren Sie gemeinsam nach Material für Ihren Unterricht, und lassen Sie sich von Ihren Schüler/innen Film-Links zum Thema auf *YouTube* geben oder Internetseiten zeigen, die diese für wichtig erachten. Je mehr Sie Ihre Schüler/innen einbinden, desto mehr Erfahrungen sammeln Sie und desto mehr Medienkompetenz wird dabei für beide Seiten erworben.

> **TIPP** Arbeiten Sie sich Schritt für Schritt in die Boardsoftware ein, und nutzen Sie zunächst nur die einfachsten Funktionen wie das Schreiben und Markieren von Texten.

Arbeiten Sie zunächst mit dem Board wie auf einer herkömmlichen Kreidetafel. Nutzen Sie den Stift oder Finger und unterschiedliche Farben, Strichstärken, Schriftarten und Darstellungsmöglichkeiten, und wählen Sie geeignete Hintergründe mit Linien und Karos aus. Machen Sie sich vertraut mit der Möglichkeit, Objekte auf Ihrem Tafelbild frei zu positionieren.

Sie werden Ihre Tafelanschriften, ähnlich wie Ihre Arbeitsblätter, größtenteils zu Hause vorbereiten und erstellen. Über einen USB-Stick werden Sie dann die Tafelbilder und Texte mit in den Unterricht nehmen und aufrufen. Allmählich werden Sie die Tafelbilder bebildern und erste Inhalte so geschickt verbergen, dass Sie diese einzeln nacheinander in beliebiger Reihenfolge einblenden können.

Erst dann überlegen Sie sich, wie Sie Ihr Tafelbild so gestalten, dass eine gewisse Dynamik entsteht und die Inhalte nach und nach erscheinen, ob und wie Links integriert oder Medien eingebunden werden können und wie das Augenmerk der Schüler auf ganz bestimmte Aspekte gelenkt werden kann. Letztendlich werden Sie den Schüler/innen verschiedene Interaktionsmöglichkeiten und Übungen am Board zur Verfügung stellen.

Interaktionsmöglichkeiten

Geben Sie sich auch nicht der Illusion hin, dass Sie mit der Boardsoftware professionelle und komplexe interaktive Übungen entwickeln, die auch Feedback-Funktionen beinhalten. Diese Arbeit sollten Sie den Verlagen und Lernmittelanbieter überlassen, die mehr und mehr Materialien für das interaktive Whiteboard umsetzen werden und somit den Lehrer/innen digitale Arbeitsmaterialien für ihren Unterricht bzw. ihre Fächer zur Verfügung stellen werden.

Für den Einstieg am Board sollten Sie sich auch einmal auf den entsprechenden Internetportalen der Hersteller und deren Foren umsehen. Dort finden Sie jeweils zu Ihrem interaktiven Whiteboard passende Materialien für die unterschiedlichsten Fächer und Klassenstufen. Die meisten Materialien sind allerdings bislang noch in Englisch oder anderen Sprachen erhältlich.

Internetportale der Hersteller

Die Börsen für deutsche Unterrichtsmaterialien stehen noch nicht so lange zur Verfügung und werden sukzessive gefüllt. In der Regel sind es Lehrer, die dort ihre praxiserprobten digitalen Tafelbilder kostenlos zur Verfügung stellen. Sie müssen sich lediglich auf den jeweiligen Portalen registrieren und erhalten dann den Zugang für die entsprechenden Materialien. Bei einigen Anbietern haben zusätzlich auch Verlage einige Tafelseiten zu verschiedenen Themen eingestellt, um damit auf ihre Gesamtprodukte, welche käuflich zu erwerben sind, aufmerksam zu machen. Über die Qualität und gestalterische Aufmachung der Tafelbilder lässt sich manchmal streiten, doch können Ihnen diese Materialien auch als Anregung dienen. Selbstverständlich lassen sich die einzelnen Materialien auch individuell ändern und für Ihren Unterricht anpassen. Nutzen Sie diese Angebote, bevor Sie selbst an die Arbeit gehen und eigene Tafelbilder erstellen.

praxiserprobte Tafelbilder

In der Regel gibt es zu den jeweils angebotenen Tafelbildern auch methodisch-didaktische Hinweise und Hilfen, die Ihnen die Nutzung des Materials erklären. Oftmals ist nicht gleich auf den ersten Blick ersichtlich, was der Autor des entsprechenden Tafelbildes beabsichtigt hat, wenn kein Erklärungstext vorhanden ist. Die methodisch-didaktischen Hilfen stehen meist auf der ersten oder letzten Seite der Tafelbilder oder sind über einen Info-Knopf im Tafelbild selbst als Text aufzurufen.

methodischdidaktische Hinweise

Selbst wenn Sie nicht die entsprechende Whiteboardsoftware nutzen, können Sie die Materialien verwenden. Entweder stellen die Hersteller dafür einen geeigneten Player frei zur Verfügung, mit dem Sie die Tafelbilder aufrufen und Übungen durchführen können (die Software steht kostenlos zum Download zur Verfügung und kann frei genutzt werden) oder Sie können die Materialien über die Importfunktion in der jeweiligen Whiteboardsoftware einlesen und gegebenenfalls nutzen.

Nutzen Sie zudem für Ihr eigenes Training die auf den jeweiligen Portalen kostenlos angebotenen Schulungsmaterialien bzw. Trainingsvideos, die Sie auch in *YouTube* finden können. Dort finden Sie sowohl Erklärungen zu einzelnen Bedienungselementen der Software an Beispielen als auch methodisch-didaktische Erklärungen, wie Sie die verschiedenen Features im Unterricht anwenden können.

> Hier die wichtigsten Adressen von Portalen und Seiten der Whiteboard-Hersteller, auf denen Unterrichtsmaterialien zum Download bereitgestellt werden:
> *eInstruction:* https://www.eicommunity.com
> *Hitachi:* http://resourcecenter.hitachisoftware.de
> *Promethean:* http://www.prometheanplanet.com
> *SMART Technologies:* http://exchange.smarttech.com
> *Mimio:* http://www.mimioconnect.com/
> *myBoard:* www.myBoard.de

5.2 Das Tafelbild

Alter Wein in neuen Schläuchen?

»Hätte ich unter den alten und neuen Unterrichtsmitteln ein einziges zu wählen, ich wählte Tafel und Kreide«, bekennt Hartmut von Hentig (1984). Doch damals gab es noch keine interaktiven Whiteboards in den Klassenzimmern und die vielseitigen Möglichkeiten, solch ein Medium im Unterricht einzusetzen, waren völlig unbekannt. Man hätte nicht zu glauben gewagt, dass man jemals Tafelinhalte über Computer, Beamer und eine interaktive Tafel präsentieren und damit interaktiv und situationsabhängig arbeiten könnte.

Wenn mich heute jemand fragen würde, welches Medium ich für die Visualisierung von Unterrichtsinhalten bevorzugen und wählen würde, so würde ich die alte Kreidetafel gerne gegen die digitale Tafel tauschen und damit auch Abschied nehmen von Staub, verschmierten Tafeln und stinkenden Schwämmen.

Ganz im Ernst: Die alte Schultafel ist nicht mehr zeitgemäß und bietet keinerlei Vorteile gegenüber den heutigen Möglichkeiten eines interaktiven Whiteboards. Damit zu unterrichten bedeutet auch, dass man sich zeitgemäß mit den Möglichkeiten der Unterrichtsvermittlung auseinandersetzt und die uns zur Verfügung stehenden Medien sinnvoll nutzt und mit in den Unterricht integriert.

So schön ein selbstgemaltes Tafelbild, eine aussagekräftige Skizze oder eine Schemazeichnung auch sein mögen, wenn sie mit verschiedenen Kreidefarben auf der Tafel erstellt wurden – letztendlich sind sie nicht mehr zeitgemäß und schon lange nicht mehr in der Form zu realisieren, wie es von den ehrenwerten Pädagog/innen und Reformpädagog/innen Ende des 19. und Anfang des 20. Jahrhunderts angedacht und propagiert wurde. Dafür fehlen uns schlichtweg die Zeit und meist auch das Talent.

Abb. 35: handgemalte Tafelbilder aus dem Buch »Technik des Tafelzeichnens«, Dr. Ernst Weber 1912

Arbeitsgerät des 21. Jahrhunderts

Wir leben im 21. Jahrhundert, und ein Arbeitsgerät, das in fast jedem Beruf verwendet wird, ist nun mal der Computer. Deshalb sollten wir unseren Schüler/innen die Möglichkeit geben, damit zu arbeiten, zu üben, zu spielen und vor allem Unterricht ansprechender für sie zu gestalten. Auch für unsere Schüler/innen gehört der alltägliche Umgang mit MP3-Player, Mobiltelefonen, DVD, Satelliten-Fernseher, *Playstation*, *Gameboy*, *DS*, *Wii*, chatten, smsen, surfen und vieles mehr zum täglichen Umgang.

Die Schüler/innen wachen morgens oft auf, weil ihr »Handy-Wecker« klingelt, sie hören Musik über ihr Handy oder den MP3-Player und vereinbaren ihre Treffen über SMS oder Chats. Warum sollten wir dieses neue Medium nicht nutzen, um zu zeigen, dass man damit sinnvoll und verantwortungsvoll umgehen und arbeiten kann, was gleichzeitig den Schüler/innen auch Medienkompetenz vermittelt und motivierender ist, als die alte Overhead-Folie oder die Kreidetafel?

Die Arten eines Tafelbildes

Zunächst besteht ein Tafelbild aus einer Vielzahl von strukturellen Darstellungen, die bereits vorbereitet waren und/oder die Ergebnisse eines Unterrichts darstellen. Die einzelnen Komponenten – im Fall des interaktiven Whiteboards Objekte wie Text, Grafik, Bilder, Film, Animation, Zahlen, Zeichen etc. – machen das Gesamttafelbild aus. Die Realisierung des Tafelbildes kann sowohl vom Lehrer als auch von Schüler/innen alleine oder in Zusammenarbeit mit dem Lehrer erfolgen.

Die folgenden Arten von Tafelbildern werden prinzipiell unterschieden:

Das statische Tafelbild
Dieses Tafelbild beinhaltet Anschriften, Skizzen und Zusammenfassungen, die während des Unterrichts stets präsent und unverändert bleiben. Was einmal geschrieben wurde, wird somit nicht mehr verändert. Auch die klassische Overhead-Folie gehört dazu.

Das dynamische Tafelbild
Das Tafelbild entsteht während des Unterrichts vor den Augen der Schüler/innen. Diese Tafelbild-Form kommt dem interaktiven Whiteboard sehr entgegen.

Das interaktive Tafelbild
Hier sollen die Schüler/innen selbstständig Elemente in das Tafelbild einbringen und sich an dem Aufbau des Tafelbildes beteiligen. Auch diese Form unterstützt das interaktive Whiteboard in höchstem Maße. Diese Art des Tafelbildes ist auch im Folgenden vorhanden.

Das Arbeitstafelbild
Dieses Tafelbild soll der Wiederholung und Kontrolle dienen und ist zudem für Schülerübungen gedacht. Diese Art des Tafelbildes finden wir – unter dem Gesichtspunkt der digitalen Tafel betrachtet – bereits im dynamischen und interaktiven Tafelbild wieder.

Das dynamische Tafelbild ist mehrdimensional

In Hinblick auf die Eindimensionalität der oben beschriebenen Arten der klassischen Kreidetafelbilder und den beschränkten Schreibflächen-Möglichkeiten an der Tafel, kann auf einer herkömmlichen Kreidetafel eben nur eine Auswahl von Tafelbildarten eingesetzt werden. Doch das ist eines der Alleinstellungsmerkmale des interaktiven Whiteboards. Mit ihm ist der Lehrer in der Lage, situativ das Tafelbild in seinem Unterricht zu verwenden oder entstehen zu lassen – je nachdem, was gerade gefordert wird. Er kann aus einem Repertoire an Tafelbildern und Elementen schöpfen und Sachverhalte aus den unterschiedlichsten Blickwinkeln heraus vermitteln.

Allein durch diese mehrdimensionale Form der Darstellung ist der Lehrer in der Lage, auch die unterschiedlichsten Sinneskanäle der Schüler/innen anzusprechen und somit ihre Aufmerksamkeit über die dargebotenen Inhalte im Tafelbild besser zu steuern. Selbst komplexeste Sachverhalte können über ein interaktives Whiteboard so verständlich

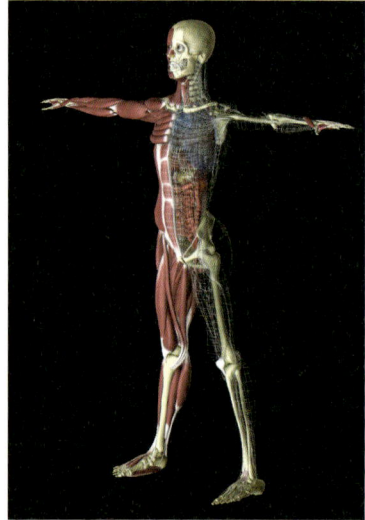

Abb. 36: 3-D-Modell eines menschlichen Körpers frei im Raum bewegbar

dargestellt und präsentiert werden, dass es sogar der Schüler »in der letzten Reihe« auch mitbekommt und es spannend finden kann.

Es macht Eindruck und ist äußerst anschaulich, wenn Sie z. B. im Biologieunterricht den Knochenaufbau einer menschlichen Hand in einer übergroßen 3-D-Darstellung auf dem interaktiven Whiteboard zeigen, das Objekt in jede Lage drehen und zudem Details vergrößern können. Sehnen und Muskeln können eingeblendet und Handbewegungen veranschaulicht werden.

Um diese Art von Tafelbildern erstellen zu können, benötigen Sie eine Reihe von Werkzeugen und Handlungsanweisungen, wie diese Möglichkeiten gewinnbringend im Unterricht eingesetzt werden können. Der Unterricht steht und fällt mit der Art Ihrer Präsentation, Vermittlung und der Einbeziehung Ihrer Schüler/innen in den Entstehungsprozess einer Stunde bzw. eines Tafelbildes.

An dieser Stelle möchte ich noch einen Aspekt kurz ansprechen: den häufigen Vorwurf des lehrerzentrierten Unterrichts durch den Einsatz eines interaktiven Whiteboards. Nicht das interaktive Whiteboard ist lehrerzentriert, sondern der Lehrer. Es obliegt ganz allein dem Lehrer, wie oft und regelmäßig er seine Schüler/innen mit einbindet, sie zum aktiven Handeln aufruft und welche Sozialformen er für seine Stunden wählt.

lehrerzentrierter Unterricht

Das Motivieren und Aktivieren der Schüler/innen sind die Grundvoraussetzungen eines guten Unterrichts. Auch von der Auswahl der Methoden des Lehrers hängt es ab, wie er die Unterrichtsinhalte präsentiert und wie seine Schüler/innen sich mit den Inhalten auseinandersetzen können, ob der Unterricht eher zentriert oder interaktiv verläuft. Unterricht soll nicht zwingend nur am Board stattfinden, doch bietet es eine gute Möglichkeit für viele verschiedene Arbeitsmöglichkeiten. Wir alle wissen, dass Unterricht möglichst praxis- und handlungsorientiert sein sollte, und – wenn möglich – auch am realen Objekt erlebt werden kann. Doch können wir die Realität in der Regel nicht immer im Klassenzimmer abbilden. Hier gibt uns das interaktive Whiteboard in Verbindung mit dem Internet die einmalige Chance der virtuellen Darstellung.

Chance der virtuellen Darstellung

Gestaltungsprinzipien für eine gute Tafelarbeit

Bevor ich Ihnen einen Überblick über die verschiedenen Methoden am interaktiven Whiteboard gebe, möchte ich zunächst kurz darauf eingehen, wie Sie bei der Gestaltung von Tafelbildern vorgehen sollten. Anders als bei der klassischen Kreidetafel, haben Sie es hier auf der einen Seite mit verschiedenen Medienobjekten wie Text, Foto, Film, Schaubild, Animation, Ton und Grafik zu tun. Diese können Sie beliebig auf Ihrem Tafelbild positionieren. Mit anderen Worten: Die Elemente auf der Tafel sind nicht fix, wie Sie das von Ihrer klassischen Tafel her kennen, sondern können in ihrer Lage und Größe jederzeit geändert werden. Sie können das Tafelbild Ihren Anforderungen und den Anforderungen Ihrer Schüler/innen anpassen.

Somit entsteht eine gewisse Dynamik. Ihr Tafelbild kann stets neu gestaltet werden – entsprechend der Dynamik im Unterrichtsprozess. Auch können Sie mit beliebigen Hintergründen und Farben arbeiten, die Sie für Texte und Grafikelemente festlegen können. Doch auch hier gilt der Grundsatz: Weniger ist mehr. Dies gilt natürlich auch für die Inhalte der digitalen Tafelbilder.

Tafelseiten, die zu sehr mit Text und Bildern überfrachtet sind, sind im Lernprozess eher hinderlich. Achten Sie also darauf, dass nur wenige Aussagen auf einem Tafelbild erscheinen, diese aber in deutlich lesbarer Schriftgröße. Ähnlich wie in einer PowerPoint-Präsentation können Sie hier mit beliebigen Aufzählungszeichen arbeiten, die es dem Schüler erleichtern, die einzelnen Punkte deutlich voneinander zu unterscheiden.

Grafiken oder Bilder lockern das Tafelbild auf, doch sollten Sie daran denken, dass Ihre Schüler/innen diese Bilder bei einem Hefteintrag nicht selbst übernehmen können und diese Elemente somit nur zur reinen Auflockerung dienen sollten. Erklärende Skizzen sollten Sie, wenn diese in das Schülerheft mit übernommen werden, entweder so einfach halten, dass diese von den Schüler/innen selbst nachgezeichnet werden können, oder dass Sie diese Zeichnung selbst zum vorgefertigten Text handschriftlich ergänzen.

| TIPP | Verwenden Sie nie mehr als drei verschiedene Schriftgrößen auf einer Seite und auch nie mehr als zwei verschiedene Schriftarten. Alles andere verwirrt das Schülerauge. |

Der methodisch-didaktische Hinweis

methodisch-didaktischer Hinweis

Prinzipiell sollten Sie jede Tafelbilddatei, die Sie erstellen, auch mit einem methodisch-didaktischen Hinweis versehen. Dieser kann auf einer Extraseite stehen, die am Ende oder am Anfang Ihrer Tafelbildsequenz eingefügt oder als aufrufbares eigenes Fenster in eine Seite eingebaut wird, sofern Ihre Boardsoftware das zulässt. Darin sollten Sie das entsprechende Thema, die Klassenstufe und auch einige Lernziele festhalten. Wenn Sie diese Materialien dann später mit Ihren Kolleg/innen austauschen oder auf eine Tauschbörse stellen, hat dies den Vorteil, dass jeder sofort Bescheid weiß und durch kurze Hinweise auch erklärt bekommt, wie er die Tafelbilder oder interaktiven Übungen in seinem Unterricht einzusetzen hat.

Zudem können Sie darin auch urheberrechtliche Notizen eingeben, wenn Sie Bildmaterial verwendet haben. Besonders bei der Weitergabe von Tafelbildern sollten Sie von vornherein darauf achten, dass Sie bei verwendetem Fremdmaterial in Form von Bildern oder Grafiken das Urheberrecht beachten. Es gibt eine Menge Bilddatenbanken, auf denen Fotografen die Bilder kostenlos zur Weitergabe und Verwendung zur Verfügung stellen. Einzige Bedingung hierbei ist allerdings, dass Sie die Quelle und den Fotografen angeben.

Urheberrecht beachten

Die Cliparts, die in der jeweiligen Boardsoftware angeboten werden, können Sie ohne Bedenken nutzen und auch zusammen mit Ihren Tafelbildern weitergeben. Wie Ihre didaktischen Hinweise aussehen könnten, soll Ihnen folgendes Beispiel zeigen:

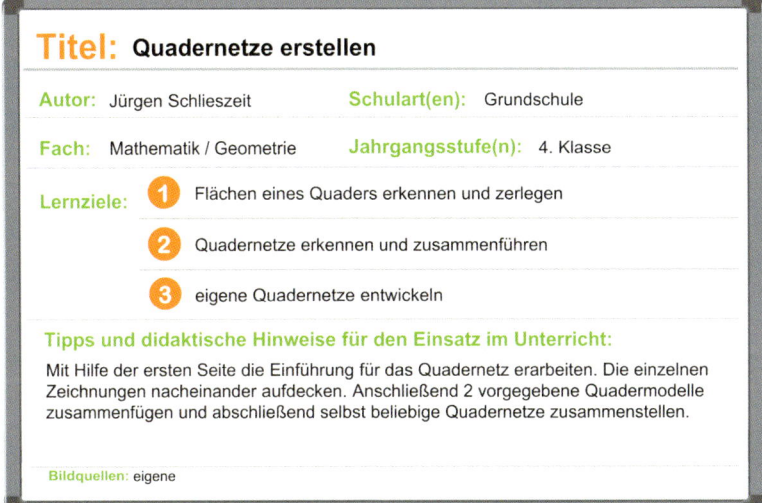

Abb. 37: methodisch-didaktischer Hinweis am Anfang oder Ende von Tafelbildern

Kein Gemischtwarenladen bei Tafelbildern

Alle Tafelbilder, die Sie erstellen, sollten prinzipiell einem einheitlichen Layout folgen, damit die Schüler/innen eine gewisse visuelle Orientierung haben. Es genügt dabei, wenn Sie immer wiederkehrende Elemente nutzen, die auf jeder Tafelbildseite vorkommen. Das können einfache Symbole oder Linien sein, die das Tafelbild begrenzen.

Auch Sie selbst tun sich leichter, wenn Sie immer mit dem selben Layout arbeiten. Dabei sollten Sie auch einheitliche Schriftarten wählen, die Sie immer anwenden.

In der Grundschule bietet es sich an, mit den entsprechenden Schreibschriften zu arbeiten. Diese sind allerdings nicht in den Windows-Standardschriften vorhanden, können aber von verschiedenen Anbietern erworben werden und stehen dann in jeder Windows-Anwendung zu Verfügung.

| TIPP | Achten Sie darauf, dass die von Ihnen zu Hause verwendeten Schriftarten auch auf dem Schulrechner installiert sind, sonst können diese nicht richtig dargestellt werden.

Bei der Auswahl der Hintergrundfarbe hat sich gezeigt, dass man nicht mit zu starken Kontrasten arbeiten sollte. Zwar lässt sich das Schriftbild bei einem weißen Hintergrund mit schwarzer Schrift bei einem kurzzeitigen Blick auf die digitale Tafel sehr gut erkennen und der Text ist gut lesbar. Dennoch wäre es besser, wenn Sie ein wenig abgetönte Farben als Hintergrund nutzen und dafür kontrastreiche Farben bei der Schrift und den Grafiken einsetzen. Auf Dauer ist das für das Schülerauge angenehmer, wenn es sich länger auf das Tafelbild konzentrieren muss. Ein weißer Hintergrund wirkt bei einem lichtstarken Projektor sehr hell und strengt das Auge unnötig an. Neben den einheitlichen Hintergrundfarben sollten Sie sich auch ein Repertoire an Linien und Rechenkaros anlegen, die Sie jederzeit aufrufen können. Je nachdem, welche Schriftgröße Sie wählen, sollten Sie auch die passenden Linien zur Hand haben. Leider lassen sich die Linien- und Karohintergründe in den verschiedenen Software-Versionen der Board-Anbieter nicht frei skalieren und nicht für die gewünschte Schriftgröße anpassen, sodass Sie stets mit vorgefertigten Einheitsabständen arbeiten müssen.

abgetönte Farben als Hintergrund

| TIPP | Linienhintergründe für die Grundschule und Wortkarten zum Grundwortschatz in allen Jahrgangsstufen und für die wichtigsten Boardanbieter finden Sie auf www.myBoard.de zum Download.

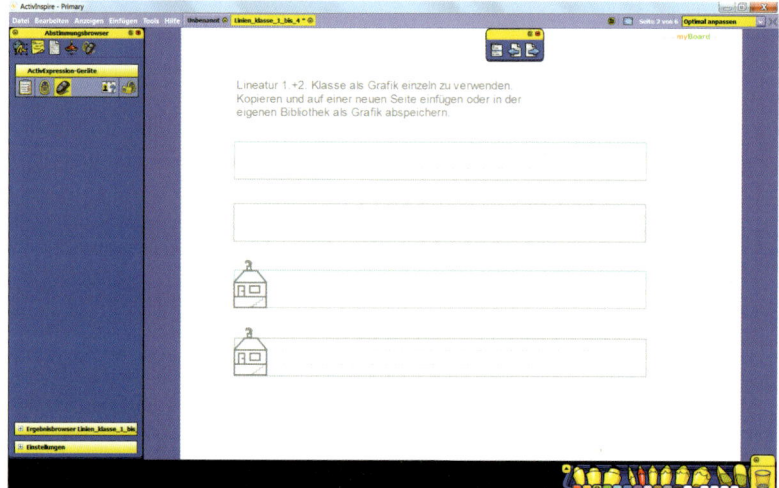

Abb. 38: Schreiblinien für das erste Schuljahr

Dennoch können Sie sich selbst behelfen, indem Sie sich eigene Hintergründe erstellen, diese speichern und einfach in Ihrer Galerie ablegen. Je nach Raumgröße ist es sinnvoll, entsprechend angepasste Linien oder Karos einzusetzen. Die interaktiven Whiteboards geben uns die einmalige Chance, das Tafelbild stets an die entsprechende Raumsituation anzupassen, sodass auch der Schüler in der letzten Reihe ein sauberes und gut leserliches Schriftbild erhält. Fragen Sie auch die Schüler/innen, ob die Schriftgröße für sie angenehm ist. Bei Bedarf können Sie diese durch einfaches Markieren und Mausziehen auf eine optimale Größe ändern.

Mit Schrift und Farbe arbeiten

Bei der Entwicklung eines Tafelbildes gibt es generell zwei Arten von Schrifttypen, die Sie verwenden. Das sind zum einen die einfache Handschrift und zum anderen die Computerschrift. Bei der Auswahl der Computerschrift sind Sie nicht festgelegt, sollten sich aber auf eine Standardschrift einigen, die immer wieder in Ihren Tafelbildern vorkommt. Ungünstig sind dabei Schriften mit sogenannten Serifen. Die Schriftart »Times« oder »Times New Roman« sollten Sie auf keinen Fall einsetzen. Das sind klassische Schriftarten für Bücher, sie haben aber in Präsentationen und auf Tafelbildern nichts zu suchen.

> Testen Sie die verwendeten Farben am Beamer aus, denn oftmals werden die hellen Farben nicht so dargestellt, wie Sie sie auf Ihrem Monitor sehen.

TIPP

Verwenden Sie bei Ihren Tafelbildern eindeutige Schriften, die mit wenig Schnörkeln und Verzierungen auskommen. Die beste Schrift, die auf allen Rechnern zur Verfügung steht, ist die Schriftart »Arial«. Damit können Sie alle Ihre Tafelbilder erstellen. Es sei denn, Sie möchten in der Grundschule die entsprechende Grundschulschrift verwenden. Diese müssen Sie eigens erwerben. Nach deren Installation können Sie diese in jeder Windows-Anwendung verwenden und natürlich auch in Ihrer Boardsoftware als Standardschrift festlegen.

Handschriftenerkennung

Jede handschriftliche Notiz lässt sich über die Handschriftenerkennung auch in eine Computerschrift umwandeln. Die kann dann – wie in einem Textverarbeitungssystem – über die Tastatur weiterbearbeitet werden. Fast jede Boardsoftware bietet die Funktion der Handschriftenerkennung an. Dabei schreiben Sie mit dem Stift oder Finger auf dem Board ein Wort oder einen ganzen Satz. Anschließend markieren Sie das Objekt, also Ihre Anschrift, und rufen über das kontextsensitive Menü oder ein spezielles Symbol die Handschriftenerkennung auf.

überbewertetes Feature

Die Handschriftenerkennung ist ein oftmals viel zu überbewertetes Feature, nach dem zuerst gefragt wird, wenn eine Boardsoftware begutachtet werden soll. Mit ihr ist es zwar möglich, jede auf dem interaktiven Whiteboard notierte Notiz sofort, aber auch nachträglich, in Computerschrift umzuwandeln. Doch in der Praxis verwenden Sie diese Funktion nur bei ganz bestimmten methodischen Arbeitsweisen. Besonders beim Brainstorming oder bei Wortkarten bietet sich die Handschriftenerkennung an.

Auch im Fremdsprachenunterricht ist es sinnvoll, den zuerst handgeschriebenen Text einer neuen Vokabel für alle gut lesbar in Computerschrift umwandeln zu lassen.

Abb. 39: Handschriftenerkennung vorteilhaft bei Wortkarten

Wenn Sie diese Funktion z.B. im Fremdsprachenunterricht nutzen möchten, muss Ihre Handschriftenerkennung natürlich auch die jeweilige Sprache unterstützen, sonst wird der Accent im Französischen genauso wenig erkannt wie das »ñ« im Spanischen. Nicht alle Boardsoftware-Programme unterstützen dies. Wenn Sie diese Funktion unbedingt benötigen, erkundigen Sie sich darüber im Vorfeld, bevor Sie sich für ein Produkt entscheiden.

TIPP Setzen Sie die Handschriftenerkennung bei der Verwendung von Wortkarten ein oder wenn Sie Stichpunkte in einem Brainstorming erstellt haben.

Seit der Einführung von *Windows Vista* bietet »Microsoft« zu seinem Betriebssystem zusätzlich ein eigenes Software-Tool an, mit dem Handschrifterkennung über einen Tablet-PC, aber auch über jedes beliebige interaktive Whiteboard, eingesetzt werden kann. Falls Ihre Boardsoftware keine Handschriftenerkennung anbietet, können Sie dieses Tool direkt nutzen.

Arbeiten Sie stets mit kontrastreichen Farben bei Ihren hand- oder maschinengeschriebenen Texten, die sich deutlich vom Hintergrund abheben. Nutzen Sie Farben sparsam und nur dann, wenn es auch Sinn macht. Merksätze und Hinweise können farbig hervorgehoben werden, doch reicht es bei Überschriften aus, wenn Sie diese wie herkömmlich unterstreichen und auf Farbe verzichten. Zusätzlich können Sie einer Überschrift auch noch das Textattribut »fett« zuweisen, damit die Textpassage deutlich vom Rest des Textes hervorgehoben wird. Farben sollten nur dann eingesetzt werden, wenn diese einen unmittelbaren didaktischen Zweck verfolgen – also dann, wenn ein immer wiederkehrendes Element eingesetzt wird, wie z. B. in Merksätzen das »Merke:« oder bei Zusammenfassungen, Formeln oder Antwortsätzen. Beim Einsatz von Farben bei Schriften sollten Sie auch darauf achten, dass die Schriftfarbe im Kontrast zum Hintergrund steht. Einfach zusammengefasst: helle Schriften auf dunklem Hintergrund und dunkle Schriften auf hellem Hintergrund. Denken Sie auch daran, dass die verwendeten Farben sich deutlich voneinander unterscheiden sollten. Prinzipiell sollten Sie zum Schreiben die Farben Schwarz oder Blau einsetzen.

Abb. 40: Handschrifteneingabe mit Texterkennung unter *Windows*™

Schriftfarbe im Kontrast

Für besondere Hervorhebungen können Sie verschiedene auffällige Farben nutzen. Korrekturhinweise sind bei Lehrern meist rot oder grün. Einige Boards, wie das *SMART Board*, das *Qomo Board* oder das *Panaboard* bieten bereits standardmäßig farbige Stifte oder eine Farbauswahl am Stift an, die Sie gleich nutzen können. Bei anderen Boards, wie z. B. beim *Starboard* von »Hitachi«, wird die Farbstiftauswahl über die seitlichen »hard keys« angeboten. Bei allen anderen Boards erfolgt die Farbwahl über die Software. Hier ist es auch von Vorteil, wenn z. B. über die rechte Mausfunktion gleich passend zum Textobjekt eine Farbauswahl angeboten wird.

In der Regel reichen Ihnen bei der Arbeit am Board die Grundfarben, die *Windows* standardmäßig zur Verfügung stellt. Falls Sie spezielle Farben nutzen möchten, sollten Sie diese in Ihrer individuellen Farbpalette zurechtlegen, damit Sie diese immer gleich im Zugriff haben. Sie können alle Farben individuell in ihrer Sättigung, Helligkeit und im Ton anpassen. Dennoch hat sich gezeigt, dass zu viele Farben eher hinderlich sein können, weshalb es sich anbietet, nur mit den nötigsten Grundfarben zu arbeiten.

Grundfarben nutzen

Ausnahmen sind der Kunstunterricht, aber auch allgemeine Grafiken und Schaubilder in unterschiedlichen Fächern, in denen die Verwendung vieler Farben notwendig und auch sinnvoll ist. Besonders im

Kunstunterricht können über die Farbpalette besonders gut Farbtöne und Kontraste visualisiert werden. Bei Übersichtsgrafiken im Geografie-Unterricht können beispielsweise statistische Auswertungen und topografische Abbildungen mit Farbnuancen gut veranschaulicht werden. Hier dient der Einsatz von ähnlichen Farbtönen dazu, dem Auge einen Halt zu geben und weniger für Verwirrung zu sorgen. Prinzipiell sollten Sie bei topografischen Abbildungen auch verstärkt mit »leichten«, kontrastarmen Farbtönen arbeiten, etwa Pastelltönen. Durch Veränderung der Helligkeit eines einzigen Farbtons können Sie verschiedene Abstufungen in ein- und demselben Farbton erzeugen.

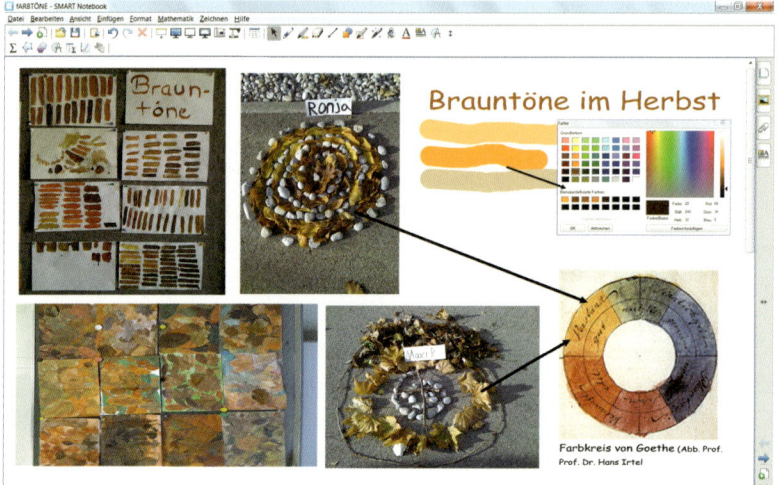

Abb. 41: Beispiel für den Kunstunterricht mit Brauntönen

Texte über die Tastatur eingeben

virtuelle Tastatur

Um rasch eine Textstelle zu verbessern oder ein kurzes Wort einzugeben, können Sie eine sogenannte virtuelle Tastatur aufrufen und verwenden. Jede Boardsoftware verfügt über dieses virtuelle Tastaturfeld, das Sie über Softwaresteuerung, über eine sich am Board befindliche Schaltfläche oder einen sogenannten »hard key«, der sich am Bildschirmrand des Boards befindet, aufrufen können. Für die Eingabe von längeren Texten ist diese eingeblendete Tastatur allerdings völlig unhandlich und zudem aufgrund ihrer Größe zu unübersichtlich.

Wenn Sie als Schüler/innen oder Lehrkraft vor dem interaktiven Whiteboard stehen und die jeweiligen Buchstaben über die Tastatur eingeben möchten, sehen Sie zunächst oftmals den »Wald vor lauter Bäumen nicht«, denn die Tastaturen sind im Allgemeinen zu groß und damit unübersichtlich. Für die Schüler/innen im Klassenzimmer ist diese zwar gut erkennbar, doch kümmert sie es recht wenig, welche Buchstaben hier nacheinander getippt werden müssen – es sei denn, Sie möchten anhand dieser Abbildung die Tastatur als solche erklären. Besser wäre hier eine minimierte Tastatur, auf der Lehrer/innen und Schüler/innen sofort ihre Eingabebuchstaben finden. Diese wäre wesentlich vorteilhafter und zudem wäre die Texteingabe schneller durchzuführen. Bei der Eingabe von längeren Texten sollten Sie allerdings Ihre Tastatur direkt am PC nutzen. Wenn Sie einen Laptop als Board-Rechner angeschlossen haben, können Sie über die integrierte Tastatur Ihre Texte eintippen. Es ist von Vorteil, wenn Sie eine Funktastatur an den Rechner angeschlossen haben, auf dem Ihre Boardsoftware und die anderen Anwendungen laufen.

Abb. 42: virtuelle Tastatur für kurze Eingaben am Whiteboard

Wörter und Begriffe hervorheben und ordnen

Oft bietet es sich an, dass handschriftliche Texte zunächst in vergrößerter Form auf der Tafel geschrieben, dann entsprechend verkleinert oder an die gewünschte Position im Tafelbild geschoben werden. Dabei sind Sie völlig frei in der Gestaltung der Tafelseite und können diese sogar während des Entstehungsprozesses im Unterricht stets ändern. Diese Änderungen sollten Sie allerdings während der Durchführung auch Ihren Schüler/innen kommentieren, damit diese den Prozess nachvollziehen können. Einzelne Wörter lassen sich auch rasch zu einer einzigen Gruppe zusammenfassen. Diese Wörter können dann gemeinsam geändert werden. Jedes einzelne Wort auf der Tafel stellt dabei ein Objekt dar. Durch das Drücken der Strg-Taste und einen Mausklick auf das jeweilige Wort können diese einzeln markiert und zu einer Gruppe zusammengefasst werden. Diesen Wörtern können Sie gleichzeitig auch ein gemeinsames Textattribut zuordnen, sodass alle z. B. die gleiche Farbe, die gleiche Schriftart oder Schriftgröße besitzen.

Objekte gemeinsam ändern

> Arbeiten Sie viel mit Farben, um Sinnzusammenhänge und Beziehungen visuell hervorheben. Sie unterstützen damit das Lernverhalten der Schüler.

TIPP

So können Sie beispielsweise Wörter, die einer Wortfamilie angehören, aus einer Reihe anderer Wörter farblich hervorheben und diese dadurch zugleich ordnen. Die Wörter lassen sich so durch eine einheitliche Schriftart und/oder Schriftgröße optisch voneinander unterscheiden. Dadurch findet bei der Betrachtung durch den Schüler eine automatische Selektion statt, die Sie sich in Ihren nach diesen Gestaltungskriterien erstellten Tafelbildern zunutze machen sollten. Auch durch das Unterstreichen gemeinsamer Begriffe mit der gleichen Farbe wird diese visuelle Merkhilfe gefördert.

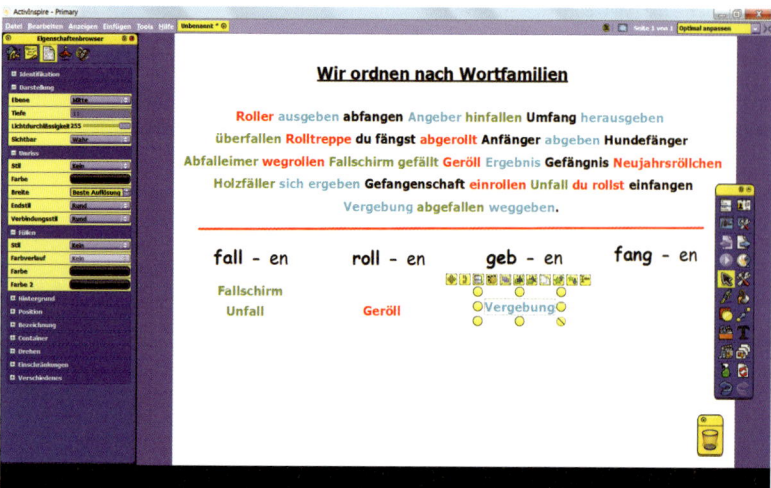

Abb. 43:
Wörter in Farbe im Deutschunterricht

grafische Hervorhebungen einzelner Objekte

Neben der Änderung des Erscheinungsbildes des Wortes haben Sie zudem die Möglichkeit, durch Verbinden und grafische Hervorhebungen einzelne Objekte zu ordnen oder einander zuzuordnen. Wie bei einem klassischen Arbeitsblatt wenden Sie hier unterschiedliche Arten von Verbindungslinien, die sich in Farbe und Strichart unterscheiden können, an. Objekte, die zusammengehören, werden z. B. mit verschiedenen Stricharten miteinander verbunden, damit dabei keine Verwechslung bei der Strichführung entsteht. Zum anderen können Sie durch Einkreisen von Objekten mit unterschiedlichen Farben die Zusammengehörigkeit von Gruppen grafisch gut verdeutlichen.

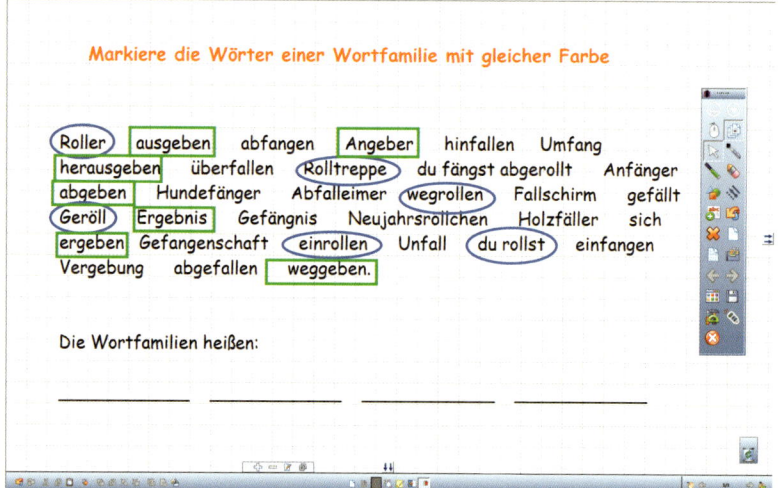

Abb. 44:
Farbmarkierungen im Deutschunterricht

Textmarker für die Textarbeit

Gerade die Übernahme von Textpassagen aus dem Internet auf ein Tafelbild oder die Darstellung von fertigen Textdokumenten einer beliebigen Textverarbeitung bieten die Möglichkeit, intensiv mit Texten zu arbeiten. Neben der bereits beschriebenen Möglichkeit, Textpassagen farblich durch Unterstreichen, Einkreisen oder Farbveränderung der Buchstaben hervorzuheben, bietet jede Boardsoftware eine Markerfunktion an. Das sind Farbstifte, die beim Übermalen von Objekten und Texten eine gewisse Transparenz zeigen.

Sobald Sie damit über eine Textstelle zeichnen, wird diese mit der Leuchtfarbe hervorgehoben, und der darunter liegende Text bleibt nach wie vor gut lesbar. In der Regel werden für die Textmarker zwei bis vier Farben vorgegeben, die Sie beliebig ändern können. Sie sollten analog zu Ihren Schüler/innen die gleichen Farben nutzen, die auch standardmäßig zum Kauf als Stiftmarker angeboten werden.

TIPP Verwenden Sie den Marker nur einmal zum Markieren. Beim wiederholten Übermalen nimmt die Transparenz bei mancher Boardsoftware ab, und der Text kann schlechter gelesen werden.

> **Hier die wichtigsten Gestaltungsprinzipien für ein gutes Tafelbild noch einmal im Überblick für Sie:**
> - Arbeiten Sie mit den Kontrasten hell und dunkel.
> - Wählen Sie die Schriftgröße so, dass sie von allen gut gelesen werden kann.
> - Setzen Sie Linien und Karos in der richtigen Größe ein, damit jeder Schüler Ihre Anschrift richtig lesen kann.
> - Vermeiden Sie zu viele Farben bei Tafelanschriften.
> - Wählen Sie nicht immer einen weißen Hintergrund.
> - Standardisieren Sie Ihre Tafelbilder durch methodisch-didaktische Hinweise und ein grundsätzlich wiedererkennbares Layout.
> - Arbeiten Sie mit Texthervorhebungen, und setzen Sie dazu Farbe oder Marker ein.
> - Meiden Sie zu helle Farbtöne, da diese am Projektor nicht richtig angezeigt werden können.
> - Wandeln Sie handschriftliche Wörter, Notizen und Sätze nur um, wenn es Sinn macht.

- Arbeiten Sie viel mit Farben und grafischen Elementen für die Gliederung und Gruppierung von zusammengehörenden Elementen.
- Verwenden Sie Farbnuancen nur in dafür geeigneten Anwendungen.

Tafelbilder richtig organisieren

Wie Sie bereits wissen, wird jedes interaktive Whiteboard mit einer eigenen Boardsoftware ausgeliefert. Diese dient Ihnen u.a. dazu, Tafelbilder und einfache interaktive Übungen zu erstellen, abzuspeichern und jederzeit wieder verwenden zu können. Sie können die Reihenfolge der einzelnen Seiten in einer Datei beliebig ändern, sortieren und verschiedene Versionen Ihrer Tafelbilder abspeichern.

Das kommt dann zum Tragen, wenn Sie ein vorbereitetes Tafelbild im Unterricht beschriften und zusammen mit den Schülern am interaktiven Whiteboard zusätzliche Inhalte erarbeiten. In der Regel erstellen Sie die fertigen Tafelbilder zu Hause an Ihrem Rechner und bringen diese auf einem USB-Stick mit, speichern diese zentral auf einem Rechner an der Schule oder schicken sich die Datei per E-Mail an die Schule.

Alle Ergänzungen, schriftlichen Notizen, vervollständigte und neu im Unterricht ergänzte Tafelbilder speichern Sie dann unter einem neuen Dateinamen ab, den Sie der entsprechenden Stunde wieder zuordnen können. Es bietet sich an, die Datei mit den Tafelseiten der aktuellen Stunde dann zusätzlich mit dem Datum neu zu speichern. Dadurch können Sie die Tafelbilder schnell wieder finden. Entweder über das Datum der Datei oder über das Klassenbuch, in dem jeder Lehrer die Inhalte seiner Stunde einträgt. Legen Sie sich auch verschiedene Ordner für Ihre Fächer und Themen dazu an.

TIPP | Gewöhnen Sie sich für das Abspeichern Ihrer Tafelbilder gleich eine richtige Systematik an, anhand derer Sie Ihre Materialien auch wieder finden. Trennen Sie das Original-Tafelbild von den Unterrichtsergebnissen.

Die beiden Ebenen jeder Whiteboardsoftware

Jede Boardsoftware hat generell zwei Ebenen, auf denen Sie arbeiten können. Die erste Arbeitsebene ist die normale Oberfläche der Boardsoftware, also eine leere oder mit Inhalt gefüllte Tafelseite Ihrer Tafel-Software. Hierauf schreiben Sie und binden Bilder, Animationen, Links, Filme und Grafiken ein. Die Objekte auf dieser Seite können Sie frei positionieren und bearbeiten.

erste Arbeitsebene

Jede Tafelseite kann mit einem individuellen Hintergrund dargestellt werden und wird zusammen mit den Notizen darauf abgespeichert. Die Hintergründe können Sie selbst bestimmen. In der Regel arbeiten Sie mit Linien oder Karos oder einem zum Thema passenden Hintergrundbild, welches Sie leicht transparent einblenden, damit es nicht zu sehr im Vordergrund steht und den eigentlichen Objekten dadurch weniger Gewichtung zukommt: Die Hintergründe können auf jeder Seite gleich aussehen oder individuell pro Seite eingestellt werden.

TIPP

Wenn Sie gleiche Hintergrundseiten mehrmals nutzen, brauchen Sie nicht immer einen neuen Hintergrund zu erstellen. Kopieren Sie einfach eine Seite mit dem gewünschten Hintergrund mehrmals.

Die zweite Arbeitsebene ist letztendlich jede Anwendung, die unter *Windows*, *Apple* oder *Linux* läuft. Das kann Ihr Desktop, ein Lernprogramm, ein Textverarbeitungsprogramm oder eine beliebig andere *Windows*-Anwendung sein. Über diese Anwendung wird dann von Ihrer Boardsoftware eine Art Folie gelegt, auf der Sie schreiben und zeichnen können. Damit können Sie alle Zeichenfunktionen der Boardsoftware auch über anderen *Windows*-Anwendungen nutzen.

zweite Arbeitsebene

Abb. 45: Overlay-Funktion: Anmerkungen auf dem Desktop

Sie entscheiden sich anschließend, ob Sie die verschiedenen Annotationen und Zeichnungen verwerfen möchten oder diese Notizen zusammen mit der gezeigten Windows-Anwendung als ein gemeinsames Bild in Ihrer Boardsoftware als ein Tafelbild einfügen und später speichern möchten. Diese Funktion können Sie sich einfach beim Ausfüllen von Arbeitsblättern in Ihrer Textverarbeitung oder als PDF-Dokument machen. Öffnen Sie dazu Ihr Dokument, schreiben Sie darauf wie in der Boardsoftware und speichern Sie das fertige Arbeitsblatt als Bild in Ihrer Whiteboardsoftware ab.

> **Overlay & Screenshot**
> Der Fachbegriff für die Folienfunktion über einer *Windows*-Anwendung ist »Overlay«. Der Fachbegriff für das Aufnehmen einer kompletten Bildschirmseite zusammen mit Ihren Notizen heißt »Screenshot«. Dabei werden ganze Bildschirmseiten oder auch nur Ausschnitte wie abfotografiert als Grafik abgebildet. Der Fachbegriff hierfür ist »Capturen«.

Die auf der Folie erstellten Notizen lassen sich in der Regel nicht mehr ändern und sind zusammen mit dem Hintergrund fest als Bild gespeichert. Bei verschiedenen Herstellern ist es auch möglich, dass man die Objekte, die zusammen mit dem Hintergrund »abfotografiert« wurden, noch innerhalb der Tafel-Software bearbeitet.

Arbeiten in *Office*-Produkten

Wenn Sie das interaktive Whiteboard ganz neu benutzen, möchten Sie vielleicht zunächst mit Ihren bisher erstellten Materialien aus Ihrem gewohnten Textverarbeitungsprogramm arbeiten. Wenn Sie mit dem Textverarbeitungsprogramm *Microsoft Word* arbeiten, können Sie dieses wie gewohnt über das Board verwenden und mithilfe der Tastatur gewünschte Texte eingeben.

Mit der Overlay-Funktion sind Sie jetzt in der Lage, handschriftlich in Ihrem *Word*-Dokument zu arbeiten. Mit anderen Worten: Auch hier können Sie Ihre bisherigen Kopiervorlagen weiterhin verwenden und beispielsweise Lückentexte, Schaubilder oder Diagramme über die Whiteboard-Funktionen beschriften.

Im Normalfall würden Sie jetzt Ihr Dokument zusammen mit den handschriftlichen Ergänzungen als einfache Grafik in Ihrer Tafel-Software abspeichern, wie dies mit jeder *Windows*-Anwendung möglich ist. Die *Office*-Produkte *Microsoft Word*, *PowerPoint* und *Excel* besitzen eine sogenannte *Ink-Aware*-Funktion. Sobald ein Stifteingabesystem oder ein interaktives Whiteboard angeschlossen ist, steht diese *Ink-Aware*-Funktion zu Verfügung.

Beim Schreiben und Zeichnen auf der jeweiligen *Office*-Anwendung wird dabei eine eigene kleine Symbolleiste eingeblendet. Bisher unterstützt lediglich die *SMART-Notebook*-Software diese Funktion in allen drei *Office*-Produkten. Sobald Sie nun auf der jeweiligen *Office*-Anwendung schreiben oder zeichnen, erscheint eine Icon-Leiste. Darauf finden Sie drei verschiedene Symbole. Die Icon-Leiste lässt sich beliebig auf Ihrer Bild- oder Board-Oberfläche positionieren und erschein in der Regel am linken oberen Bildschirmbereich.

Sie können sich nun entscheiden, ob Sie den aktuellen Ausschnitt des Dokuments zusammen mit Ihren Notizen oder Zeichnungen über ein kleines Foto-Symbol »abfotografieren« und direkt als Bild in die Whiteboardsoftware einfügen. Diese Funktion ist die normale Screenshot-Funktion. Über die beiden anderen Schaltflächen können Sie wählen, ob Sie die handschriftlichen Notizen nun an der aktuellen Position als Grafik einfügen möchten oder ob Sie den handgeschriebenen Text in Computerschrift umwandeln möchten. Der umgewandelte Text wird dann ab der aktuellen Cursor-Marke im Text in der Farbe eingefügt, in der Sie Ihren handgeschriebenen Text auch verfasst haben.

Abb. 46: Ink Aware Symbole – Schreiben mit digitalem Stift in Office-Programmen

Die eingefügten Grafiken lassen sich im Dokument, in der *PowerPoint*-Präsentation oder auf einer *Excel*-Seite beliebig verschieben, vergrößern bzw. verkleinern und zusammen mit dem jeweiligen Dokument abspeichern.

Bei der Handschrifterkennung werden Wörter und Sätze übersetzt in Computerschrift und in der aktuellen Textgröße des jeweiligen Abschnitts eingefügt. Dabei spielt es keine Rolle, wie groß oder wie klein Sie Ihren Text geschrieben haben.

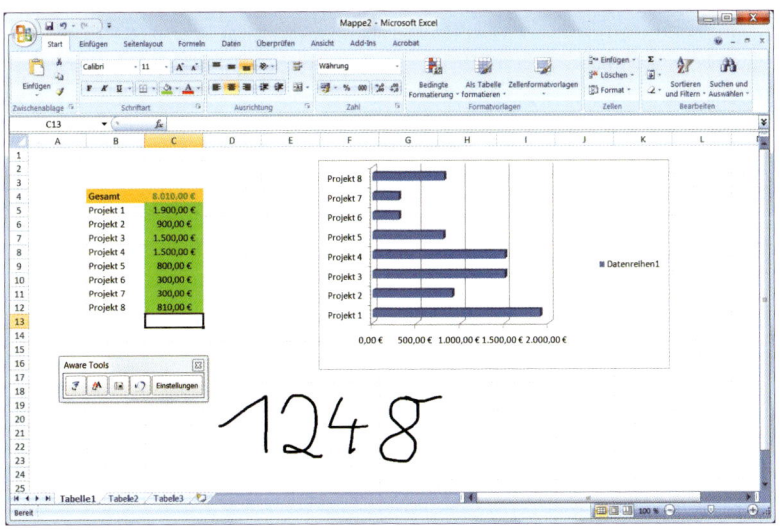

Abb. 47: Übernahme von Zahlen in Excel™ durch Handschrift

Besonders nützlich ist diese Funktion bei Präsentationen, in denen Sie einfach Ihre Notizen machen und alle Notizen zusammen mit der Präsentation abspeichern. Im Tabellenkalkulationsprogramm Excel können Sie gezeichnete Grafiken über alle Zellen als Bild speichern, aber auch Text und Zahlen erkennen lassen. Handschriftlich umgewandelter Text oder Zahlen werden dann in der jeweiligen Farbe in die aktuell markierte Zelle eingefügt.

handschriftlich umgewandelter Text oder Zahlen

Diese Funktion kann z. B. im Mathematikunterricht Verwendung finden, wenn mehrere Zahlen untereinander notiert werden und damit gerechnet werden soll. Für die Schüler/innen ist das natürlich sehr eindrucksvoll, wenn ihre handschriftlichen Zahlen in Computerzahlen umgewandelt werden, mit denen dann automatisch in der Tabelle weitergerechnet wird. Damit lassen sich auch schön Einmaleinsreihen erstellen oder Additionsrechnungen durchführen.

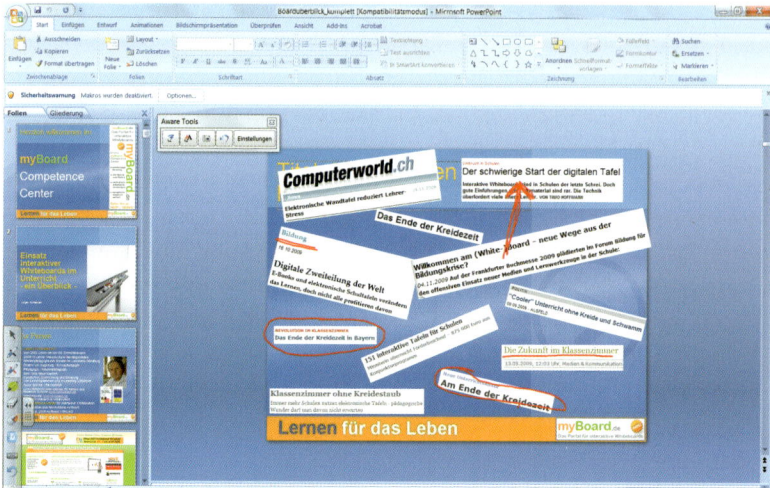

Abb. 48:
Anmerkungen
in *PowerPoint*™
übernehmen

Alte Unterrichtsmedien neu am Board   6

6.1 Altes und Neues

Sie benutzen in Ihrem täglichen Unterricht bereits eine Vielzahl von klassischen, traditionellen Medien unterschiedlichster Art. Je nach Unterrichtsmethode, Vermittlungsvorhaben und Voraussetzungen setzen Sie diese regelmäßig ein. Oftmals sind technische oder organisatorische Hürden zu nehmen, wenn Sie z. B. der Klasse einen Film vorführen oder bestimmte Modelle und Versuche für alle gut sichtbar präsentieren möchten.

Das interaktive Whiteboard bietet die Möglichkeit, einen Großteil der im Unterricht benötigten und eingesetzten Medien auf ein Präsentationsmedium zu beschränken und bietet zugleich die größte Medienintegration für den Unterricht. In diesem Abschnitt möchte ich die verschiedenen Unterrichtsmedien betrachten, die in unserem Schulalltag vorkommen, und sie unmittelbar mit dem interaktiven Whiteboard in Verbindung bringen. Dabei soll gezeigt werden, wie Sie die bisher genutzten traditionellen Medien einzig und allein auf dem interaktiven Whiteboard nutzen und auch multifunktional einsetzen können. Gerade dadurch, dass Sie es mit digitalen Ausgangsmaterialien zu tun haben, werden Ihnen eine Vielzahl von Präsentations- und Weiterverarbeitungsmöglichkeiten gegeben, die Sie so nicht mit den klassischen Medien vollziehen können.

traditionelle Medien auf dem interaktiven Whiteboard

Doch was ist eigentlich ein Unterrichtsmedium? Ein Medium im klassischen Sinne ist ein Hilfsmittel, um Informationen zu veranschaulichen, weiterzugeben oder letztendlich Wissensinhalte zu transportieren. Dazu können Schrift, ein Bild, ein Modell, Ton oder Film als Hilfsmittel herangezogen werden. Und diese sind technische Instrumente bzw. Gerätschaften, mit denen Aufzeichnungen gemacht und gespeichert werden können.

Die klassischen Unterrichtsmedien sind vielfältig. Sie dienen in erster Linie dazu, den Lernprozess durch die verschiedenen Anschauungsmöglichkeiten zu fördern. Wenn wir uns einmal die unterschiedlichen Funktionen eines Unterrichtsmediums anschauen, dann wird schnell klar, dass das Medium während der Nutzung stets im Zentrum des Un-

Zentrum des Unterrichtsgeschehens

terrichtsgeschehens steht. Es ist für die, die Wissen vermitteln sollen, ein Hilfsmittel, um den Unterricht zu optimieren und eine bestmögliche Präsentation der Lerninhalte zu ermöglichen.

Die Funktionen dieses Hilfsmittels können ganz unterschiedlicher Art sein:
- Veranschaulichung von komplexen und abstrakten Abläufen
- Veranschaulichung von Lerninhalten allgemein
- Veranschaulichung von Detailaspekten
- Individualisierung von Lernprozessen
- Motivation der Schüler/innen
- Veranschaulichungshilfen für den Lehrer
- Arbeitserleichterung für den Lehrer

Unsere Schulbücher und Arbeitsblätter sind den klassischen Printmedien zuzuordnen. Alles, was in der Realität der Veranschaulichung dient, gehört zu den realen Objekten und Gegenständen. Das für den Unterricht zur Verfügung stehende Lehr- und Lernmaterial bildet eine ganz eigene Kategorie. Zu den technischen Medien gehören letztendlich all die, die mit Strom arbeiten, oder Gerätschaften, die als Hilfsmittel zu sehen sind, um etwas besser zu veranschaulichen. Ein Mikroskop wäre in diesem Fall ein technisches Medium.

Ein Großteil dieser Medienkategorien lässt sich mithilfe des interaktiven Whiteboards abbilden und einsetzen. Im Folgenden sollen die einzelnen Unterrichtsmedien, ohne einer bestimmten Kategorie zugeordnet zu werden, einzeln kurz in Ihrer Anwendung und Handhabung im Unterricht umschrieben und dann unmittelbar der Bezug zum interaktiven Whiteboard aufgezeigt werden.

6.2 Die klassischen Medien im Unterricht – auch am Whiteboard?

Das Bild
Um Bilder in Ihrem Unterricht in ansprechender Größe präsentieren zu können, blieben Ihnen bislang nur wenige, recht umständliche Möglichkeiten. Diaprojektoren stehen zwar noch in allen Schulen, und ein schönes Dia an einer Wand präsentiert, schaut gut aus, doch bis Sie das Gerät aufgebaut haben und entsprechend Ihr passendes *Dia* gefunden haben, vergeht in der Regel schon einige Zeit. Und wer macht heute noch Dias? Die Diasammlungen an Schulen und Medienzentren werden kaum noch genutzt.

Poster gibt es nicht zu allen Themen, und sie halten auch nur so lange, wie man damit sorgfältig umgeht. Mit Magneten an die Tafel gebracht, zunächst umgedreht und dann aufgedeckt, ist ein Poster ein gängiges Anschauungsmedium, doch umständlich in der Archivierung und Vorhaltung. Einen Vorteil hat das Poster allerdings: Sie können es im Klassenzimmer so aufhängen, dass es für längere Zeit sichtbar bleibt.

Bunte Bilder auf *Farbfolien* sind schön, doch brauchen Sie dazu auch das entsprechende Equipment. Auf dem Tageslichtprojektor wirken Farbfolien oft unschön. Bleiben noch die *Landkarten* und *Kunstdrucke*, die an manchen Schulen im Medienraum archiviert liegen, viel Geld gekostet haben und letztendlich nur für einen kurzen Zeitraum genutzt werden können. Bilder, die zwar hervorragend für Ihren Unterricht wären und in tollen Sach- und Bilderbüchern zu sehen sind, lassen sich niemals einem großen Klassenverband so präsentieren, dass alle gleichzeitig davon etwas haben. Wenn Sie allerdings in Ihrem Medienraum noch ein Epidiaskop und zwei kräftige Schüler/innen zur Hand haben, lässt sich dies mit etwas Verdunkelung bewerkstelligen.

Alle angeführten klassischen Medien, die bildliche Inhalte darstellen, lassen sich – abgesehen von der Folie – weder bearbeiten noch beschriften und bieten auch keine Möglichkeit, Teile daraus zu entnehmen.

Das Bild am interaktiven Whiteboard

Bildmaterial für das interaktive Whiteboard gibt es in unendlicher Zahl kostenlos, wenn es ausschließlich im Unterricht präsentiert werden soll. Hier gilt es, die richtige Auswahl aus dem Überangebot im Internet zu treffen. Wenn Sie einmal in der Suchmaschine zu einem Begriff unter den Bildern suchen, erhalten Sie mit aller Wahrscheinlichkeit eine hohe Trefferquote.

Überangebot im Internet

6.3 Beste Qualität

Bilder am interaktiven Whiteboard können in bester Qualität und entsprechender Größe für alle Schüler/innen gut sichtbar präsentiert werden, wenn Sie in entsprechender Auflösung gespeichert wurden. Jedes Bild aus einer Internetseite lässt sich über die Kopier- und Einfügefunktion sofort in Ihr Tafelbild übernehmen. Vorhandene Bilder, die Sie nur kleinformatig vorliegen haben, wie etwa Postkarten mit alten Ansichten, können Sie einscannen und im Großformat präsentieren. Jede Art von Foto, das Sie digital erzeugt haben, lässt sich als Bild auf der gesamten digitalen Tafelfläche zeigen, und Sie können auch mehrere Einzelbilder nebeneinander platzieren. Das ist mit Dias und den beschriebenen analogen Möglichkeiten der Bildpräsentation nicht möglich. Zudem können Sie jedem Bild ein eigenes Tondokument und einen Link zu einer bestimmten Seite im Internet hinzufügen.

im Großformat präsentieren

Ausschnitte aus Buchseiten

Illustrationen oder Bilder aus anschaulichen Sach- und Bildbüchern lassen sich sehr einfach über Dokumentenkameras am interaktiven Whiteboard zeigen. Dabei können ganze Seiten, aber auch kleinste Ausschnitte aus einer Buchseite gezielt gezeigt werden. Der Fokus liegt dabei auf dem im Ausschnitt gezeigten Bild und bietet dem Schüler keine Ablenkung von anderen Inhalten der Seite.

Doch neben der reinen digitalen Präsentation der Bilder aus den unterschiedlichsten Quellen, ist der wichtigste Vorteil, dass diese Bildobjekte verändert und bearbeitet werden können. Zunächst lässt sich jedes Bild in seiner Größe und Lage auf der digitalen Tafel ändern. So können Sie ein optimales Tafelbild entwickeln.

6.4 Schreiben und Zeichnen auf Bildern

Bilder wie Gemälde, Karten oder Detailaufnahmen sind beschreibbar und können markiert werden. Einzelne Ausschnitte aus einem Bild können entnommen, kopiert und als Ausschnitt an anderer Stelle oder auf einem neuen Tafelbild eingefügt werden. Damit sind ganz andere methodisch-didaktische Möglichkeiten vorhanden, mit Bildmaterialien und Originalabbildungen zu arbeiten.

Bilder im Tafelbild integrieren

Letztendlich können Sie auf dem interaktiven Whiteboard jede Art von Bild einsetzen, z. B. Fotos – Momentaufnahmen, die mithilfe von digitalen Fotoapparaten festgehalten wurden. Diese können zudem als Bild am interaktiven Whiteboard in das Tafelbild integriert werden, was besonders motivierend für die Schüler/innen ist. So können die Schüler/innen ihr ganz persönliches, selbst fotografiertes Bild an der Tafel präsentieren.

Für Schüler/innen bietet sich hier eine neue Möglichkeit, Bildmaterial für Referate oder Arbeitsaufträge mit in den Unterricht zu bringen und vor der Klasse zu zeigen. Die Bildmaterialien lassen sich dann gegenüberstellen, bewerten und bearbeiten.

Das Buch

Neben der Kreidetafel gehört das Buch zu den wichtigsten Medien im täglichen Unterricht (z. B. Schulbuch, Lehrbuch, Handbuch, Lexikon, Nachschlagewerk, Klassenbuch). Schülerbücher werden zum Lernen und Üben genutzt, und zumeist arbeiten Fachlehrer/innen durchgängig mit einem Lehrwerk. Kopiervorlagen dürfen zwar begrenzt vervielfältigt werden, doch erweist sich die Vervielfältigung zuweilen als umständlich.

Zudem gibt es sehr schöne Lehr- und Nachschlagewerke, die gut im Unterricht eingesetzt werden könnten. Doch die Inhalte der Bücher –

sowohl die Texte und Skizzen als auch Bilder – sind schwer einer ganzen Klasse auf einmal zu präsentieren. Das Herumreichen eines einzelnen Buches innerhalb der Klasse zur Betrachtung eines einzigen Bildes führt oft zu Unruhe, was die Konzentration der Schüler/innen auf die gewünschte Abbildung erschwert. Auch besteht für Schüler/innen meist nicht die Möglichkeit, besonders kreative oder plausible Hefteinträge ihrer Mitschüler/innen einsehen zu können. Schüler/innen sollen lernen, regelmäßig mit Nachschlagewerken zu arbeiten. Wörterbücher im Fremdsprachenunterricht gehören genauso dazu wie das Nachschlagewörterbuch für die richtige Schreibung oder Grammatik. Doch leider sind diese nicht immer im vollständigen Klassensatz an den Schulen vorhanden, sie sind in der Regel veraltet und meistens gerade in einer anderen Klasse im Einsatz. Zudem ist das Hin- und Herschleppen der Bücher extrem umständlich. Bis die Wörterbücher den Schüler/innen einsatzbereit vorliegen, ist bereits ein Teil der Stunde verloren.

Das Buch am interaktiven Whiteboard

Das Nachschlagen einer richtigen Schreibung oder die passenden Übersetzung mit entsprechender Aussprache findet im Zeitalter des Internets am Computer statt. In Bruchteilen von Sekunden haben Sie die passende Antwort auf eine Suchanfrage und können damit sogar direkt auf dem interaktiven Whiteboard weiterarbeiten. Gerade die nachkommende Generation wird sich nicht mehr mit Lexika und Wörterbüchern abgeben, sondern gleich im weltweiten Netz nachschlagen. Mittlerweile gibt es zahlreiche professionelle Nachschlagewerke, die frei verfügbar im Netz abrufbar sind und zudem einen Mehrwert haben, wie etwa das zusätzliche Angebot von Audiodateien für die richtige Aussprache, passende Bilder oder Querverweise zu Wortfamilien und Wortfeldern. Das kann ein klassisches Wörterbuch in dieser Form nicht leisten – weder inhaltlich noch im Hinblick auf den Umfang.

Lexika und Wörterbücher im Netz

Wenn Schüler/innen selbstständig an ihrem Computer oder am interaktiven Whiteboard nach dem passenden Begriff suchen, wird gleichzeitig für alle die Arbeitstechnik des Nachschlagens im Internet geschult. Das wird auch die zukünftige Arbeitsweise unserer Schüler/innen sein – schnell, passende Informationen auf die aktuelle Frage zu finden und damit weiterzuarbeiten.

> Lassen Sie Ihre Schüler/innen sooft wie möglich mit digitalen Nachschlagewerken und Suchmaschinen arbeiten. So können sie den gezielten Umgang damit üben und selbstverständlich diese Form des Nachschlagens nutzen.

TIPP

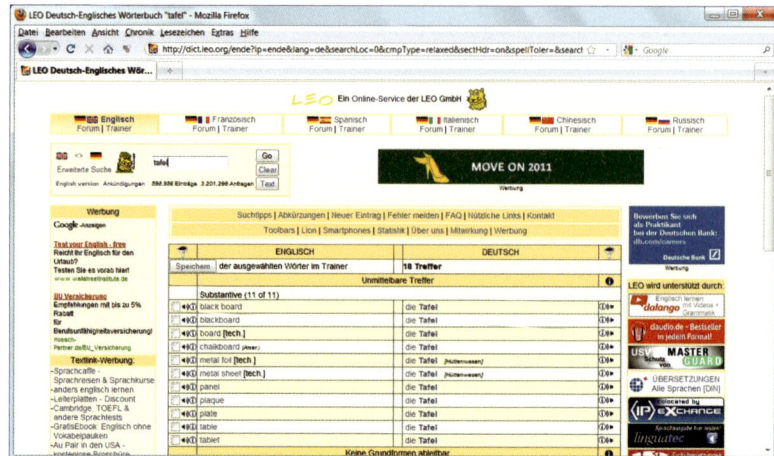

Abb. 49:
schnelle
Übersetzung mit
Sprachausgabe

Vollständig digitalisierte Bücher finden Sie bislang noch selten im schulischen Einsatz. Zwar gibt es mittlerweile einige Tausend digitale Bücher, aber nur eine kleine Menge wird davon als *E-Book* angeboten. *E-Book-Reader* und Endgeräte bieten eine komfortable Möglichkeit, die digitalisierten Inhalte zu lesen und mit einigen Zusatzoptionen zu bearbeiten, doch sind kaum Lehrbücher für den Unterricht – geschweige denn Schülerbücher – im digitalen Format, erhältlich. Erste *iPad*-Klassen gibt es bereits im österreichischen Burgenland. Hier wird versucht, einen Großteil der Arbeit mit Büchern und Unterlagen digital durchzuführen.

kaum digitale Lehrbücher

Abb. 50:
Dokumentenkamera im
Einsatz im
Klassenzimmer

6.5 Schreiben mit dem digitalen Stift im Buch

Sie selbst dürfen Bücher aus urheberrechtlichen Gründen nicht digitalisieren, um auf dem interaktiven Whiteboard damit arbeiten zu können. Mithilfe einer Dokumentenkamera können Sie jedoch Bücher oder auch nur kleinste Ausschnitte auf dem interaktiven Whiteboard zeigen und dabei sogar mit »digitalen Stiften« arbeiten. Mit Textmarkern unterstreichen Sie Textpassagen und mit Linien heben Sie Satzteile hervor.

Besonders vorteilhaft ist es, wenn Sie selbst verschiedene Schulbücher von unterschiedlichen Verlagen besitzen oder diese in der Lehrerbücherei vorhanden sind, um der Klasse Beispiele zeigen zu können, die nicht im eigenen Schülerbuch zu finden sind.

Der Visualizer, eine besondere Dokumentenkamera für Projektionen, ist letztendlich ein multifunktional einsetzbares Präsentationsgerät in Kombination mit einem Beamer, das am interaktiven Whiteboard seine Möglichkeiten erst richtig entfalten kann. Selbst das klassische Arbeitsblatt lässt sich darüber präsentieren und »live« über die Kamera ausfüllen.

Kassettenrekorder und CD-Player

Kassettenrekorder und CD-Player stehen in jedem Klassenzimmer mehr oder weniger funktionsbereit. Die klassische Kassette hat mittlerweile fast ausgedient, doch werden hin und wieder noch Hörspiele und Kinderlieder damit abgespielt. In der Regel ist es die Audio-CD, die im Sprachunterricht, im Musikunterricht und manchmal als Tonträger für Tondokumente in anderen Fächern genutzt wird.

Auf welcher Tonspur sich Ihr Hörbeispiel, begleitend zum Fremdsprachenbuch, befindet, lesen Sie meist in einem kleinen Beiheft, dem Booklet, nach. Oder Sie haben sich die Tonspur gleich in Ihr Lehrerbuch mit Bleistift notiert, da Sie das Begleitbuch, in dem die Audiohinweise zum Verlauf der Stunde aufgelistet sind, nicht jede Stunde mitschleppen möchten. Es kommt nicht selten vor, dass die falsche CD eingelegt oder die Tonspur nicht gleich getroffen wurde. Und so mancher CD-Player liest nicht immer selbst gebrannte Audio-CDs, die Sie oder Ihre Schüler/innen mit in den Unterricht gebracht haben. Zudem kommt hinzu, dass so manche Audio-CD verlegt wird oder manchmal auch ganz verschwindet.

Audio am interaktiven Whiteboard

Audio-CDs lassen sich in jedem Computer-CD-ROM-Laufwerk abspielen. Wenn Sie dabei – wie beim klassischen CD-Player – lediglich von einer Spur zur anderen springen möchten, dann wird Ihnen automatisch der standardmäßig eingestellte Audio-Player präsentiert. Von dort aus springen Sie über die Vor- und Rückwärtstasten von einem Stück zum anderen. Das kennen Sie bereits von Ihrem herkömmlichen CD-Player.

Audio-Player für Audio-CDs

6.6 Individuell Audio-Stellen ansteuern

Ungewohnt dürfte es für Sie sein, dass Sie innerhalb der verschiedenen Titelspuren hin- und herspringen können, ohne erstmal alle einzelnen anderen Titelspuren zu durchlaufen. Hinzu kommt, dass Ihnen bei neueren Audio-CDs die komplette Play-Liste, also die einzelnen Titel mit einer inhaltlichen Beschreibung, angezeigt wird. Somit benötigen Sie in erster Linie schon mal keine umständliche Suche und haben alle Tracks mit Beschreibung auf einen Blick vor sich.

Es ist Ihnen zudem möglich, Bereiche einer Tonspur zu markieren und nur diesen Bereich abzuspielen oder innerhalb eines Titels an eine ganz bestimmte Stelle zu springen, die Sie markiert haben. Wenn Sie nun mit der Software Ihres interaktiven Whiteboards arbeiten, können Sie sogar einzelne Grafik- oder Bildobjekte mit einem entsprechenden Audio-Titel oder einer ganz bestimmten Position auf Ihrem Audio-Dokument verknüpfen.

Abb. 51: Audioplayer mit Abspielliste

Natürlich geht alles wesentlich einfacher, wenn Sie das Tonmaterial gleich auf Ihrem Rechner für den direkten Zugriff bereitstellen. Zum einen ist das der schnellere Weg, und beim Ansprechen der Tondatei gibt es keine Verzögerungen, zum anderen haben Sie die Audio-Dokumente ständig im Zugriff, und so können sie nicht beschädigt werden. Dabei sind hier wiederum Urheberrechtsbestimmungen zu bedenken, die in der Regel das Digitalisieren von erworbenen Tondokumenten nicht zulassen (es sei denn zur Datensicherung und für den privaten Gebrauch).

In der Regel werden Audiodaten für die Verwendung am Computer – und somit auch am interaktiven Whiteboard – im MP3-Format gespeichert. Dieses Format hat den Vorteil, dass es recht wenig Speicherkapazität benötigt und mit jedem Standard-Player abspielbar ist. Am interaktiven Whiteboard lassen sich selbst kürzeste Audiosignale mit Objekten verknüpfen. Sobald Sie oder Ihre Schüler/innen auf das jeweilige Objekt klicken, wird der Ton oder die Sequenz gespielt.

Audiosignale mit Objekten verknüpfen

6.7 Töne sichtbar machen

Was neben dem reinen Abspielen und Verknüpfen der Audiomaterialien für die Schüler/innen sehr eindrucksvoll sein kann, ist die Visualisierung und Bearbeitung von Audio-Dokumenten. Mithilfe von kostenlosen Audio-Schnittprogrammen, wie z. B. dem Programm *Audacity*, ist es möglich, Töne in Form von Amplituden zu visualisieren, Teile davon zu verändern, herauszunehmen, zu vervielfältigen und zu ganz neuen Tondokumenten zusammenzustellen.

So lassen sich eigene Hörspiele erstellen, mehrere Audio-Dateien nebeneinander zeigen und den Schüler/innen vieles visualisieren, was durch ein rein sequenzielles Abspielen über einen Kassettenrekorder nicht möglich wäre. Eigene Spracheingaben lassen sich dann z. B. auch mit den Vorgaben im Sprachenunterricht vergleichen. Der Vergleich kann sowohl grafisch dargestellt als auch gleichzeitig vom Schüler erneut abgehört werden. Das sind Möglichkeiten, die Sie nur mithilfe des Computers über ein interaktives Whiteboard mit geeigneter Software umsetzen können.

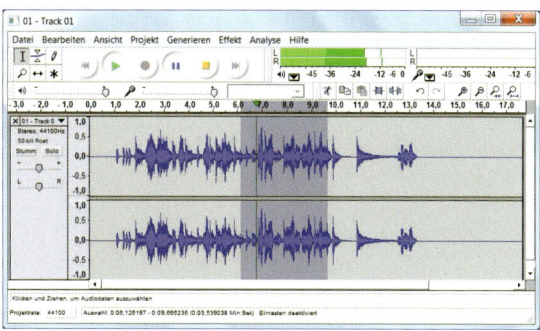

Abb. 52: Tonspuren bearbeiten im Schnittprogramm

> Nutzen Sie auch digitale Aufnahmegeräte für die Spracheingabe, mit denen die Schüler/innen täglich umgehen (etwa MP3-Player, Mobiltelefon). Auch die MP3-Player oder Mobiltelefone der Schüler/innen haben meist eine digitale Aufnahmefunktion. Damit können eigene Spracheingaben erstellt und später darüber oder nach der Dateiübertragung am interaktiven Whiteboard genutzt werden. Damit lassen sich unterschiedliche Arbeitsaufträge und auch Teile von Hörspielen erstellen, die die Schüler dann später am Computer zusammenstellen können.

TIPP

6.8 Sprache als Text

Neben der reinen Visualisierung von Tönen in Form einer grafischen Darstellung gibt es zudem die Möglichkeit, Sprache in Text umzuwandeln. Auf die gleiche Weise, wie die Erkennung der Handschrift und ihre Umsetzung in Computerschrift am interaktiven Whiteboard funktioniert, können Sie oder Ihre Schüler/innen auch eine gesprochene Worte in Schrift umsetzen lassen. An der Stelle, an der die Textmarke auf dem Tafelbild steht, erscheint automatisch das gesprochene Wort in Computerschrift – groß und deutlich für alle lesbar. In der Praxis tragen Sie ein kabelloses Headset oder nur ein kabelloses Mikrofon, das beispielsweise via Bluetooth mit dem Rechner verbunden ist. Sobald Sie Ihre Spracherkennungssoftware aktivieren, können Sie Ihre gesprochenen Sätze in Computertext übersetzen lassen. Dazu verwenden Sie am besten ein lernfähiges Spracherkennungssystem. Diese Programme sind recht günstig und lassen sich in verschiedenen Fächern einsetzen.

Besonders sinnvoll erscheint diese Methode im Fremdsprachenunterricht. Für alle Fächer gilt: Besonders beim Brainstorming, bei dem

lernfähiges Spracherkennungssystem

schnell ein paar Begriffe gut leserlich an die Tafel geschrieben werden sollen, ist diese Umsetzung sehr hilfreich.

Bei Bildbetrachtungen können Sie Musik mit dem Bild auf Ihrer digitalen Tafelseite verknüpfen und automatisch beim Start der Seite abspielen lassen. Musik eignet sich z. B. auch bei Meditationen, Bildbetrachtungen im Kunstunterricht oder auch in einer Phase, in der die Schüler/innen aus mehreren Bildern bestimmte Informationen entnehmen sollen. Die Musik dient hier mehr als Hintergrundmusik und soll passend zum Bild eine bestimmte Stimmung erzeugen.

Die Kopiervorlage mit Folie

Unterricht ohne Kopiervorlagen ist fast nicht mehr denkbar. Mit dem Einzug des Kopierers vervielfältigte sich das Angebot an Übungen für unsere Schüler/innen und natürlich auch das Angebot an Informationen in Form von Arbeitsblättern bzw. Kopiervorlagen, Informationstexten und Anleitungen. Arbeitsblätter im herkömmlichen Gebrauch werden kopiert, den Schüler/innen zum Bearbeiten ausgehändigt. Parallel dazu gibt es noch eine Folie, auf der ein Schüler oder der Lehrer mit wasserlöslichen Folienstiften arbeitet. Kleine Fehler während des Schreibens werden bestenfalls mit einem bereitgelegten feuchten Papiertaschentuch oder Lappen entfernt, doch in den meisten Fällen muss

Abb. 53: Das sollte der Vergangenheit angehören.

dafür die Fingerkuppe, oftmals mit Speichel angefeuchtet, herhalten, damit das Abwischen auch rückstandslos gelingt. Farbige Fingerkuppen einiger Kolleg/innen gehören zur Tagesordnung. Falls Übungen oder Einträge auf Folien in einer Stunde nicht beendet wurden, wird diese eingepackt und für die nächste Stunde erneut mitgebracht – vorausgesetzt, die darauf vermerkten Notizen sind leserlich und zwischenzeitlich nicht unfreiwillig verwischt worden.

Nach erfolgter Übung oder dem Ausfüllen des Arbeitsblattes auf der Folie wird diese im schlechtesten Fall im Mülleimer entsorgt. Andernfalls wird sie unter dem Wasserhahn vom Folienstift befreit, zum Trocknen aufgehängt oder mit dem Klassenzimmerhandtuch getrocknet. Gekachelte Wände oder Fensterscheiben eigenen sich besonders gut zum »Aufhängen«. Sobald die Folie wieder trocken ist, kann sie erneut genutzt werden.

Tafelarbeit auf Folie

Mit Einführung des Overhead-Projektors in den Schulen verlagerte sich ein Großteil der Tafelarbeit auf die Folie. Mittlerweile sind einige Jahrzehnte vergangen, seitdem die ersten Overhead-Projektoren an die Schulen kamen. Einige Geräte wurden zwischenzeitlich durch neue ersetzt, doch nicht selten sind die Lüfter sehr laut oder die Objektive verfügen nicht über eine ausreichende Qualität. Schwache oder verstaubte Lampen und verschmutzte Glasoberflächen sind dafür meist Gründe. Für das regelmäßige Reinigen der Geräte fühlt sich meist niemand verantwortlich. Die Kabel für die Stromzufuhr müssen ebenfalls in bestimmten Abständen erneuert werden, und die fahrbaren Tischchen, auf denen die Projektionsgeräte stehen oder manchmal integriert sind, zeigen nach jahrelangem Hin- und Herschieben so manche Ermüdungserscheinung. Teilweise sind sie auch nicht mehr ganz verkehrssicher.

Arbeitsblätter und Folien am interaktiven Whiteboard

Etwas einfacher gestaltet sich die Sache an der digitalen Tafel. Auf den Overhead-Projektor im Klassenraum können Sie ganz verzichten, denn das übernimmt nun Ihr interaktives Whiteboard. Die Folien sind digital und stets auf Ihrem USB-Stick oder Ihrem Rechner zur Hand. Wenn Sie ihre alten Arbeitsblätter, die Sie vielleicht nur noch als Ausdruck haben, am interaktiven Whiteboard nutzen möchte, sollten Sie diese erst einmal alle digitalisieren und systematisch in verschiedenen Ordnern, nach Klassenstufe und Fach getrennt, auf Ihrem Rechner ablegen.

digitale Folien

Das werden Sie später dann auch mit Ihren vorbereiteten Tafelbildern so machen. Die Arbeitsblätter lassen sich am besten im platzsparenden und mittlerweile zum Standard gehörenden PDF-Format abspeichern. Entweder scannen Sie jedes Arbeitsblatt einzeln und speichern dieses auch einzeln ab, oder Sie fassen alle Arbeitsblätter, die zu einem Thema gehören, zu einer Datei zusammen und haben dann mehrere PDF-Seiten für das jeweilige Thema ständig im Zugriff. Sie sollten alle Arbeitsmaterialien gleich im Vorfeld immer in bester Qualität einscannen. Speicherplatz kostet heute fast kein Geld mehr, und für den späteren Ausdruck sollten die Dateien in einer hochauflösenden Qualität vorgehalten werden.

Um ein Arbeitsblatt am interaktiven Whiteboard zu bearbeiten, müssen Sie nicht innerhalb der mitgelieferten Boardsoftware arbeiten. Mit der standardmäßig angebotenen Overlay-Funktion Ihres Whiteboards sind Sie in der Lage, mit den Werkzeugen Ihrer Boardsoftware direkt auf jeder Anwendung von *Windows* oder eines anderen Betriebssystems zu schreiben. Sie rufen einfach Ihre PDF-Dokumente auf und aktivieren Ihre Schreib- und Zeichenwerkzeuge der Boardsoftware.

Über das PDF-Dokument wird nun, für Sie nur grafisch hervorgehoben, aber nicht sichtbar, eine Art Folie auf Ihr PDF-Arbeitsblatt gelegt, auf der Sie schreiben und zeichnen können. Nach dem Ausfüllen speichern Sie das Dokument unter einem neuen Namen als Bild innerhalb der Boardsoftware ab und können das Dokument zu einem späteren Zeitpunkt erneut aufrufen bzw. daran mit den Schüler/innen weiterarbeiten.

Folie über dem Arbeitsblatt

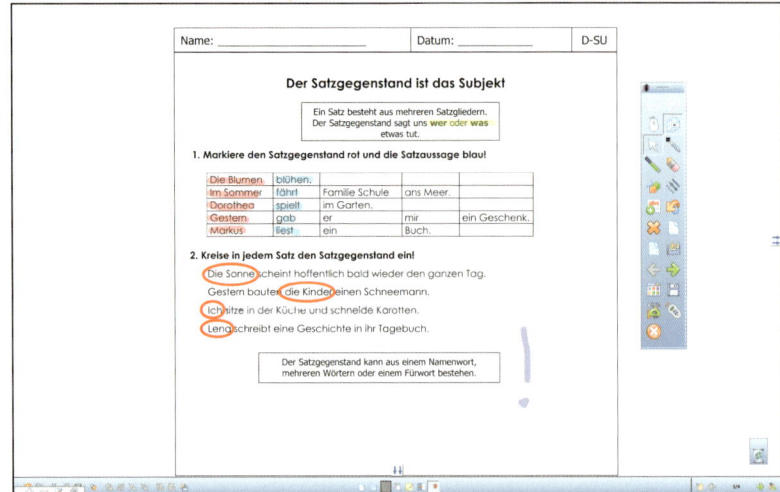

Abb. 54: einfaches Arbeitsblatt zum Ausfüllen am interaktiven Whiteboard

Sie können Arbeitsblätter aber auch in jedem anderen Format bearbeiten. Selbstverständlich haben Sie Zugriff auf alle beliebigen Farben und Strichstärken und können auch beliebige Pfeile und geometrische Figuren verwenden, um auf Ihrer virtuellen Folie zu arbeiten. Falls Sie Ihre Arbeitsvorlage als Textdokument einer *Office*-Software vorliegen haben und Ihre Boardsoftware das *Ink-Aware*-Format unterstützt, ist es Ihnen sogar möglich, Ihre handschriftlichen Notizen zusammen mit dem Textdokument als Grafik oder als übersetzten Text in Computerschrift abzuspeichern. Alle fertigen Arbeitsblätter lassen sich natürlich ausgefüllt ausdrucken oder den Schüler/innen online als erneute Überprüfungshilfe zur Verfügung stellen.

6.9 Arbeitsblatt interaktiv

Richtig interessant wird es aber erst, wenn Sie Ihre alten Arbeitsblätter interaktiv nutzen möchten. Es ist dabei egal, ob es sich um ein *Word*- oder PDF-Dokument handelt. Sie können mit nur wenigen Handgriffen jedes digitale Arbeitsblatt auch zu einem interaktiven Arbeitsblatt umwandeln. Dabei müssen Wörter, die in das Arbeitsblatt eingefügt werden sollen, als einzelne Grafik- oder Textobjekte bereitgestellt werden. Diese können dann von den Schüler/innen durch Verschieben und Zuordnen bzw. durch Drag-and-Drop an die passende Stelle gestellt werden.

Feedback ist aufwendig

Natürlich erhalten Sie dabei kein Feedback, wie bei aufwendigen Lernprogrammen, sondern müssen den Schüler/innen durch angebotene Lösungsvorschläge eine Überprüfungsmöglichkeit geben. Mit jeder Boardsoftware können Sie aus einem bestehenden, einfachen Arbeitsblatt ein interaktives Arbeitsblatt machen. Manche Boardsoftware ermöglicht zudem die Erstellung von Feedback-Funktionen. Doch dies ist sehr aufwendig und für die rasche Umsetzung im Unterricht zu umständlich.

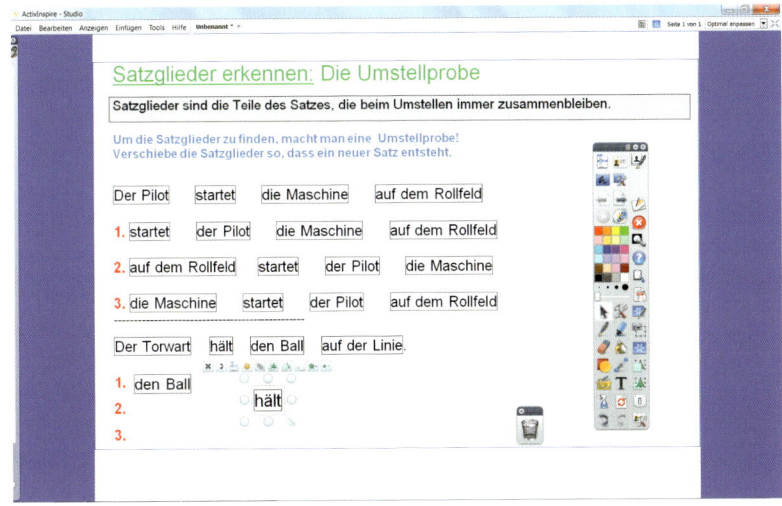

Abb. 55: interaktives Arbeitsblatt mit Wortkarten

Einfach ist es in diesem Fall, dafür speziell konzipierte Autorentools wie *Hot Potatoes*, *Mediator* oder das speziell für interaktive Whiteboards konzipierte *Master Tool* zu verwenden. Damit können Sie rasch interaktive Arbeitsblätter umsetzen und diese auch für die Schüler/innen auf Papier ausdrucken.

Der Film

Wenn Sie mit Ihrer Klasse einen Film anschauen möchten, erfolgt dies meist im Klassenzimmer mithilfe eines Medienwagens, zu dem ein großer, schwerer Fernseher hinter einer verschlossenen Schranktür gehört. Bis der Medienwagen ins Klassenzimmer kommt, dauert es eine Weile, denn in der Regel beschränkt sich der Bestand auf einen Medienwagen pro Stockwerk. Zwei Schüler/innen schieben diesen in Ihrer Begleitung ins Klassenzimmer und müssen dabei sehr aufpassen, nicht an die Türrahmen zu stoßen. Alles richtig angeschlossen, müssen meist auch noch die Videokabel zum Fernsehgerät festgedrückt werden, denn sie lösen sich gern beim Verrücken der Zuspielgeräte. Haben Sie dann endlich den richtigen Fernsehkanal, die passende Lautstärke und das richtige Abspielgerät ausgewählt – denn in der Regel sind DVD-Player und ein Videorekorder für VHS-Kassetten unterhalb des Fernsehers als lose Einzelgeräte vorzufinden – gilt es, den Raum möglichst optimal zu verdunkeln, damit jeder Schüler einen spiegelfreien Blick auf das kleine Bild im vorderen Bereich des Klassenzimmers erhaschen kann.

Falls Sie bereits einen eigenen Filmvorführraum haben, in dem ein Beamer für eine Großprojektion angebracht ist, und sowohl ein DVD-Player als auch ein VHS-Rekorder mit manueller Umschaltung je nach Abspielquelle betätigt werden muss, kann es sein, dass dieser Raum belegt ist, da eine andere Klasse auch gerade einen Film anschauen möchte und Sie vergessen haben, sich rechtzeitig in den Raumbelegungsplan einzutragen. Dann geht der Marsch mit der ganzen Klasse unter lautstarken Enttäuschungsgeräuschen wieder zurück in das Klassenzimmer. Alles nicht schön, aber Alltag.

Video am interaktiven Whiteboard

Wenn Sie nicht gerade eine didaktische DVD einsetzen, auf der eine geeignete Menüführung für das Anspringen einzelner Filmsequenzen vorhanden ist, dann werden Sie einen Film in sequenzieller Folge zeigen. Mit anderen Worten: Vom Anfang bis zum Ende in einem Stück, da Sie den Ablauf nicht unterbrechen möchten. Viele Schulen, die überraschend und ohne fundierte Schulung mit interaktiven Whiteboards ausgestattet wurden, verwenden dieses lediglich als *große Projektionsfläche*, wenn es um das Abspielen von Filmen geht. Das ist zwar schon ein Fortschritt gegenüber den oben beschriebenen Filmvorführmöglichkeiten, reizt aber bei Weitem nicht die Möglichkeiten aus, die Sie tatsächlich am interaktiven Whiteboard haben, wenn Sie einen Film zeigen und mit ihm arbeiten möchten.

Gerade über den Computer – und insbesondere am interaktiven Whiteboard – haben Sie die Möglichkeit, jeden Videofilm über einen eigenen *Software-Player* abzuspielen und zu steuern (gekaufte oder verliehene DVDs oder andere Videoformate, selbstgebrannten CD-ROMs, USB-Stick, Filme, die direkt aus dem Internet geladen werden). Wie bei einer Audio-CD können Sie in jedem Video-Player über einen Verlaufsbalken genau auf eine bestimmte Position innerhalb des Films springen und ab diesem Punkt den Film dann abspielen. Komfortable Player lassen auch das Markieren eines Abschnitts zu, sodass Sie auch nur einen festgelegten Abschnitt aufrufen können, wenn Sie Ihren Schüler/innen einen ganz bestimmten Ausschnitt zeigen möchten. Ein kostenloser Player, der mit jedem Videoformat zurechtkommt, ist der *VLC-Player*, mit dem Sie auch DVDs abspielen können.

Mittlerweile werden aber auch eine Vielzahl von *Filmen im Online-Verleih* der Medienzentren als Online-Variante angeboten, sodass Sie in jedem Klassenzimmer, in dem ein Beamer, Rechner und Internetanschluss vorhanden ist, diese Filme abrufen und anschauen können. Je nach System stehen Ihnen diese Filme direkt zur Verfügung und müssen nur noch freigeschaltet werden. Die Filme werden dann über das Schulhausnetz in Ihr Klassenzimmer übertragen. Die Technologie, die diese

Betrachtungsweise möglich macht, ist das sogenannten Streaming-Verfahren.

> **Streaming**
> Beim Streaming-Verfahren werden kleine Datenpakete nacheinander geladen und zwischengespeichert. Zum Abspielen dieser Daten ist ein eigener Player notwendig. Es gibt sowohl Audio- als auch Videostreams, die über das Inter- oder Intranet übertragen werden können.

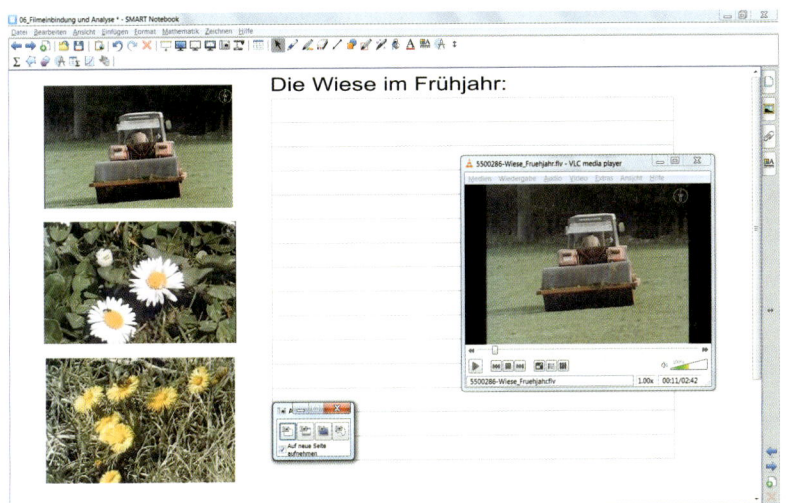

Abb. 56: mit Videofilmen am Whiteboard arbeiten

Interessant wird die Sache erst dann, wenn Sie den Film am interaktiven Whiteboard zeigen und gleichzeitig auch darüber steuern. Mit verschiedenen Werkzeugen der Boardsoftware sind Sie dann in der Lage, z. B. über das Videobild zu zeichnen, darauf zu schreiben und aus dem Videofilm Einzelbilder aufzunehmen, die Sie wiederum in Ihrem Tafelbild verwenden können. Mit diesen Funktionen sind der Filmanalyse am interaktiven Whiteboard keine Grenzen gesetzt. Damit können z. B. genaue Abläufe kommentiert und ergänzend mit Markierungen verdeutlicht werden. Bewegungsabläufe können in optimaler Darstellung gezeigt und mit den eigenen Aufnahmen verglichen werden. So lassen sich beispielsweise im Sportunterricht Aufzeichnungen von einzelnen Schüler/innen mit einer einfachen Digitalkamera rasch durchführen, am Whiteboard zeigen und bestimmte Optimierungen besser verdeutlichen, die der Schüler oder die Schülerin ohne eine solche Analyse so schnell nicht verstehen würde. Erst durch die Visualisie-

Filmanalyse am interaktiven Whiteboard

rung, wie das im Profisport seit vielen Jahren aufwendig realisiert wird, kann jetzt jeder Schüler seine ganz individuelle Beratung über eine Videoanalyse bekommen.

Zeitlupenaufnahme

Die Schritte können dabei einzeln oder in einer Zeitlupenaufnahme wiedergegeben und gegebenenfalls mit der ganzen Klasse besprochen werden. Dies bedeutet eine sehr große Hilfe für den Lehrer, der plötzlich eine ganz neue Möglichkeit der didaktischen und methodischen Arbeit mit den Schüler/innen erhält, um individuelle Förderungen auch im Fach Sport zu ermöglichen. Diese Art von Videoanalyse kann natürlich auch in anderen Fächern genutzt werden, und zwar immer dann, wenn es um Vergleiche oder Optimierungen eines Handlungsablaufes geht.

Abb. 57: Filmanalyse im Sportunterricht

Schüler/innen können z. B. Storyboards aus einem Film durch das Abfotografieren von Einzelbildern erzeugen. Diese Einzelbilder können dann als Schlüsselszenen einzeln am interaktiven Whiteboard beschrieben werden. Spannend wird es, wenn Sie z. B. eine Szene aus zwei verschiedenen Filmen zu einem Thema vergleichen können. Es lassen sich auch mehrere Player gleichzeitig öffnen und sogar Filmsequenzen gleichzeitig abspielen. Mit dem interaktiven Whiteboard haben Sie eine Vielzahl von Möglichkeiten, das Medium Film neu zu entdecken und direkt damit zu arbeiten.

mehrere Player gleichzeitig öffnen

Das Modell

Modelle verwenden Sie im Unterricht, um den Schüler/innen den genauen Aufbau eines Teilaspekts oder der Gesamtheit detaillierter zu erklären. Modelle gehören zu den ältesten Unterrichtsmedien, die für die Veranschaulichung eingesetzt wurden. Am Modell zu lernen, ist auch eines der ältesten Methoden, Dinge im isolierten und nichtrealen Zusammenhang zu präsentieren und gegebenenfalls damit zu experimentieren. Komplexere Zusammenhänge können bei einem Modell auf das Wesentliche reduziert werden. So kann dem Schüler eine gewisse Überschaubarkeit der Komplexität eröffnet werden. Experimentieren am Modell erlaubt zudem das Ausprobieren im gefahrlosen Bereich.

Ausprobieren im gefahrlosen Bereich

Modelle helfen aber auch, abstrakte Dinge konkreter zu veranschaulichen. Dinge, die so nicht darstellbar sind, werden beispielsweise durch eine starke Vergrößerung über ein Modell erst visualisier- und erklärbar. Modelle helfen, komplexere Dinge besser zu begreifen. Zwar können sie nicht den gemeinten Gegenstand in seiner realen Darstellung ersetzen, dennoch helfen sie, Dinge besser zu veranschaulichen und zu erproben. Modelle können auch nichts beweisen, sondern helfen etwas zu erklären. Modelle setzen sich in einer vereinfachten Form mit den Inhalten der Wirklichkeit auseinander. Sie helfen, etwas kognitiv zu strukturieren und sind damit eine Erleichterung für den Schüler, wenn es um komplexe Zusammenhänge geht.

Optimal für den Unterricht wäre es, wenn jeder Schüler sein eigenes Modell hätte, um damit eigene Erfahrungen und Entdeckungen zu machen. Doch leider sind Modelle für Schulen aller Art sehr teuer und benötigen viel Platz und einen sorgfältige Behandlung. Nicht selten kommt es vor, dass Fingerknochen von Skeletten fehlen, ein Beuger und Strecker am Arm nicht mehr funktioniert oder dem Blütenmodell der Stempel abhanden gekommen ist. Auch der nur noch selten eingesetzte Sandkasten gehört zur aussterbenden Generation der Modelle, um geografische Gegebenheiten nachzubauen, indem im Sand Erdhügel modelliert, Farbkreide verstreut und kleine Häuschen aufgestellt wurden.

Moleküle und Atome lassen sich zwar mithilfe von Modellen gut zeigen, doch sind diese etwas unflexibel in der Änderung ihrer Zustände. Skelette werden eindrucksvoll in Lebensgröße ins Klassenzimmer gestellt, doch oftmals reicht ein Skelett an einer Schule nicht aus und geht deshalb auf Wanderschaft im Schulhaus. Augen und Ohren werden in überdimensionaler Größe präsentiert mit der Möglichkeit, das jeweilige Objekt in seine Einzelteile zu zerlegen. Ebenso können Blüten eines übergroßen Blütenmodells in ihre Einzelteile zerlegt, beschrieben und benannt werden.

Modelle am Whiteboard

Modelle über den Computer gesteuert, am interaktiven Whiteboard präsentiert, bieten zunächst einmal die Möglichkeit, in einer prägnanten Darstellung und für den Schüler in optimalen Größen präsentiert zu werden. Je nachdem, wie aufwendig das Modell programmiert wurde, lassen sich damit eine Reihe von Interaktionen am Modell zeigen und durchführen. Ich möchte Ihnen nur ein paar beeindruckende Möglichkeiten der virtuellen 3-D-Modelle zeigen, die eine Vielzahl von Interaktionen und Darstellungsmöglichkeiten zulassen. Eine Vielzahl dieser Modelle gibt es kostenlos im Internet. Aufwendigere Modelle hingegen werden von verschiedenen Verlagen oder Software-Anbietern zum Kauf angeboten.

6.10 Würfelmodelle interaktiv

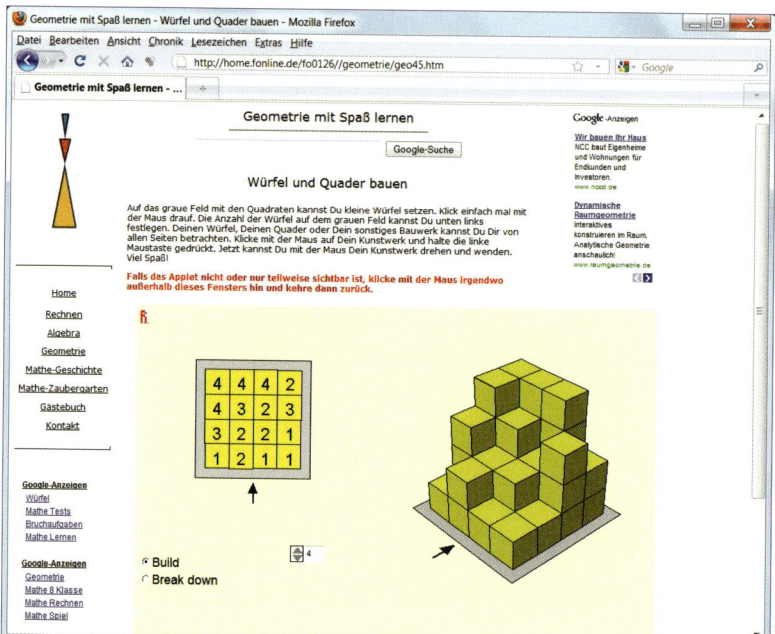

Abb. 58:
Würfel- und Quadermodelle interaktiv bauen und bewegen

Zunächst einmal bietet die Darstellung von Modellen, die dreidimensional entwickelt wurden, am interaktiven Whiteboard die Möglichkeit, sie im dreidimensionalen Raum in jeder Lage zu verändern. Somit sind unterschiedlichste Ansichten möglich. Würfelmodelle lassen sich beispielsweise von allen Seiten betrachten. Mit den kleinen Würfelmodellen, die in der Grundschule dafür eingesetzt werden, ist das oft verwirrend und wenig nachvollziehbar, wenn das Modell in seiner Lage verändert wird.

Gleichzeitig können bei einem 3-D-Würfelmodell auch die verschiedenen Würfelnetzmodelle mit dem 3-D-Modell angezeigt und zugleich individuelle Würfel erstellt werden. Die Schüler/innen dürfen sich z. B. ihren eigenen Würfel und Baupläne zusammenstellen.

6.11 Chemie interaktiv

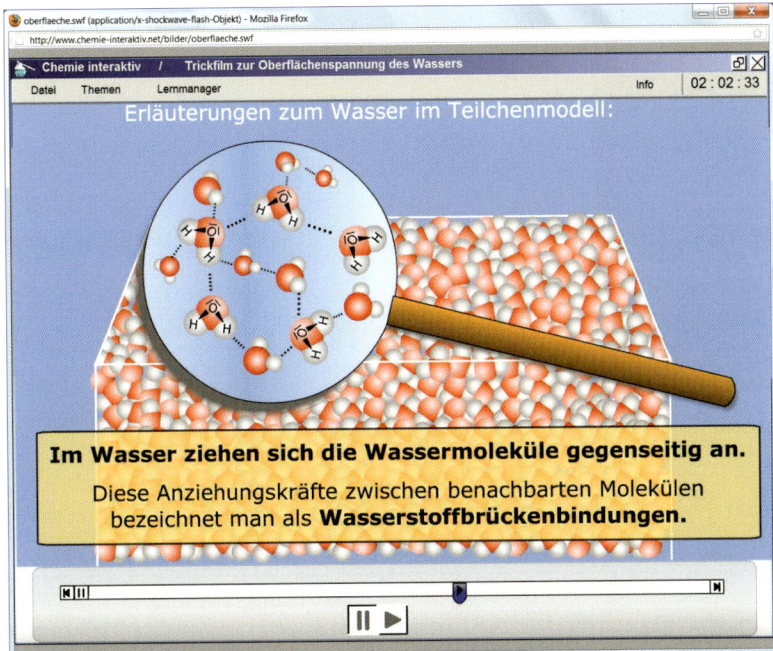

Abb. 59: interaktive Chemiestunde zum Teilchenmodell

Sehr anschaulich für den Biologie- und Chemieunterricht der Oberstufe sind 3-D-Modelle von Molekülen und verschiedenen DNAs, die frei im Raum bewegt werden können. Hier kann den Schüler/innen sehr anschaulich gezeigt werden, wie die Struktur eines Moleküls aufgebaut ist, wie verschiedene Moleküle zusammenpassen und miteinander verbunden werden können. Eine sehr gute Internetseite dazu finden Sie zum Beispiel unter www.chemieinteraktiv.de.

6.12 Unser Körper in 3-D

Für die Darstellung des menschlichen Körpers in 3-D-Modellen gibt es zahlreiche interaktive Programme, die eine detaillierte Ansicht liefern. Auch hier kann der Körper im Raum frei bewegt werden. Zudem können in einigen Programmen einzelne Körperteile im Detail angezeigt und diese ebenfalls frei im Raum bewegt werden. Um die Funktion der einzelnen Knochen, Muskeln, Nerven und Sehnen zu veranschaulichen, können diese einzeln zugeschaltet und in einer Animation des entsprechenden Körperteils, wie etwa Hand oder Fuß, im Bewegungsablauf gezeigt werden. Die Schüler erhalten dadurch eine sehr gute räumliche Vorstellung und können jede Position einnehmen.

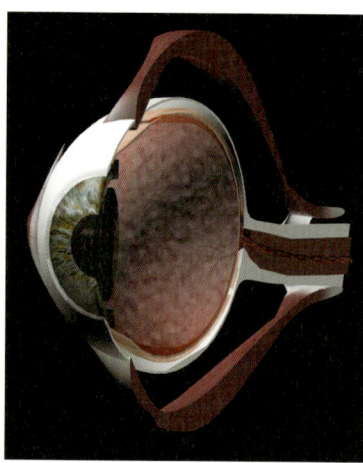

Abb. 60: interaktives Augenmodell in 3-D

Diese Möglichkeit kann weder das herkömmliche Modell noch ein Lehrfilm leisten. 3-D-Modelle werden meist sehr aufwändig entwickelt und können eine gute Ergänzung zum traditionellen Modell sein.

Versuche und Experimente

Streng genommen sind Versuche und Experimente keine Medien, sondern für die Durchführung eines Nachweises methodisch aufgebaute Versuchsanordnungen, die oftmals nur eine modellhafte Darstellung der Wirklichkeit zeigen. In den verschiedenen Jahrgangsstufen werden während des Schuljahres eine Reihe von Versuchen im Physik-, Chemie- oder Biologieunterricht durchgeführt. Einige Versuche, die früher noch durchgeführt werden durften, gelten gegenwärtig als zu gefährlich, aber auch gesundheitsschädlich. Andere Versuche, z. B. im Physikunterricht, können manchmal nicht durchgeführt werden, da es entweder an der Ausstattung fehlt oder der Versuch innerhalb des Physiksaals nicht nachgebaut werden kann. Ähnlich verhält es sich im Fach Biologie, wenn etwa anatomische Aufbauten erklärt werden, doch die direkte Anschauungsmöglichkeit fehlt oder aus Kosten- oder auch ethischen Gründen nicht durchgeführt werden kann.

Versuche am Whiteboard

Abb. 61: virtuelles Sezieren eines Frosches

Gerade bei Versuchen, die als zu gefährlich und gesundheitsschädlich eingestuft werden oder sogar als lebensgefährlich gelten, ermöglichen die digitale Simulation und das digitale Experiment eine ganz neue Art, Versuche sehr anschaulich und beeindruckend zu zeigen. Auch hier können die Schüler/innen selbst den Versuch durchführen, ohne sich irgendeiner Gefahr auszusetzen. Das Ergebnis wird Ihnen dennoch eindrucksvoll gezeigt. Das geht sogar so weit, dass mit radioaktivem Material in einem virtuellen Labor experimentiert und Frösche seziert werden können.

Das Schöne daran ist, dass die Schüler/innen diese Versuche und Experimente mehrmals gefahrlos durchführen können und zudem Dinge ausprobiert und evaluiert werden können, die so nicht in der Realität durchführbar wären.

Mittlerweile gibt es sogar Programme für das Experimentieren mit physikalischen Gesetzen, die einen Versuchsaufbau und dessen Ablauf rein durch das Zeichnen der benötigten Objekte auf das interaktive Whiteboard ermöglichen.

Die Software interpretiert dann die Gegenstände, setzt diese je nach Beschaffenheit in Bewegung um und zeigt die daraus resultierenden Folgen. Somit können spielerisch physikalische Gesetze ausgetestet und erarbeitet werden. Das dafür im Moment einzigartige Programm nennt sich *Phun* und wurde aus einer Diplomarbeit entwickelt. Inzwischen wird es unter dem Namen *Algodoo* vermarktet, ist aber für nichtkommerzielle Anwendungen, also für die Schule, völlig kostenlos.

Abb. 62: Physik interaktiv am Whiteboard mit Algodoo

7 Software-Überblick

7.1 Jedem Board seine Software?

intuitiv und praxistauglich

Die wichtigste Frage – neben der Board-Technologie – sollte für Sie sein: Wie intuitiv und praxistauglich ist die jeweilige Boardsoftware? Einen gewissen Lernaufwand haben Sie bei jeder Software, doch gibt es da große Unterschiede. Einige der Hersteller halten sich an das klassische *Windows*- bzw. *Office*-Konzept und arbeiten mit Menüs und eindeutigen Symbolen. Andere wiederum arbeiten ausschließlich mit der symbolischen Darstellung und stellen ihre Funktionalitäten nur über Icons zur Verfügung. Es gibt aber auch Hersteller, die ein ganz neues Navigationskonzept entwickelt haben. Dabei muss das Werkzeug, mit dem Sie arbeiten sollen, erst einmal in seiner Funktionalität und Arbeitsweise verstanden werden, bevor Sie es sicher und souverän im Unterricht am interaktiven Whiteboard einsetzen können.

überfrachtet oder einfach

Je nachdem, welcher Lerntyp und Anwender Sie sind, machen Sie sich zunächst ein ausführliches Bild über die Software und prüfen Sie, ob Ihnen die einzelnen Schritte, die Ihnen die Software quasi aufzwingt, auch klar sind. Sind beispielsweise die Symbole nach einer einmaligen Erklärung einleuchtend oder eher verwirrend? Ist das Angebot an kontextsensitiver Auswahl zu überfrachtet oder einfach gehalten? Weniger ist in diesem Fall oft mehr. Denn wie viele der angebotenen Funktionalitäten benötigen Sie wirklich für Ihren täglichen Unterricht? Stellen Sie sich eine kleine Aufgabe und versuchen Sie, diese mit der jeweiligen Boardsoftware zu lösen. Testen Sie die Software vorab selbst. Die meisten Hersteller bieten ihre Software zu Testzwecken über ihre Homepage als Download an. Darüber hinaus kommen Drittanbieter auf den Markt, die Board unabhängige Software anbieten.

Die wichtigsten Funktionalitäten, die eine Whiteboardsoftware beinhalten sollte, finden Sie in der folgenden kurzen Übersichtsliste. Die meisten der in diesem Buch vorgestellten Boardsoftware unterstützen diese Funktionen. Dennoch sollten Sie die Handhabung und Umsetzung der jeweiligen Funktionalität in der jeweiligen Software genauer unter die Lupe nehmen:

Mit Objekten arbeiten
- Arbeiten mit mehreren Objektebenen
- Zuordnung von Links für markierte Objekte (Internet, Ton, Film, beliebige Datei öffnen)
- Gruppieren und Endgruppieren mehrerer Objekte auf einer Seite
- Verankern eines oder mehrerer Objekte auf einer Seite
- Aktivieren von Rasterfunktionen für das automatische Ausrichten von Objekten
- Einfaches Übernehmen von Texten und Bilder durch Drag-and-Drop aus anderen *Windows*-Anwendungen

Schreiben und zeichnen
- Auswahl von Stiften in verschiedenen Farben und Strichstärken
- Textmarker mit verschiedenen Farben, keine Textüberlagerung bei Mehrfachmarkierung
- Zeichnen von einfachen geometrischen Formen mit Farbfülloptionen und Unterscheidung zwischen Randfarbe und Füllfarbe
- Zeichnen von verschiedenen Linientypen mit unterschiedlichen Farben und Strichstärken
- Grundlegende Zeichenwerkzeuge wie Lineal, Geodreieck und Zirkel sollten vorhanden sein

Grundlegendes:
- Einfaches Aufrufen der Kalibrier-Funktion
- Individuelle Zusammenstellung der Icon-Werkzeuge
- Aufrufen eines kontextsensitiven Menüs für ein Objekt über die rechte Maustaste oder ein Symbol
- Abspeicherung der jeweiligen Werkzeugeinstellungen in einem individuellen Profil für verschiedene Nutzer
- Arbeiten in einem Fenster
- Schreiben und Zeichnen in anderen *Windows*-Anwendungen mithilfe der Overlay-Funktion mit anschließender Übernahme der Seite in die Boardsoftware
- Export der Tafelbilder in PDF und *PowerPoint*
- Import von *PowerPoint* und Seiten aus Fremd-Boardsoftware
- Speicherung von mehreren Seiten in einer Datei mit einer Seitenübersicht
- Ganzseitenansicht einer Tafelseite
- Vertausch- und Kopiermöglichkeiten einzelner Tafelseiten in der Seitenübersicht
- Einfügen von beliebigen Hintergründen und ein festes Angebot an Schreiblinien und Karo-Hintergründen

7.2 Boardsoftware zum Selbststudium

Mittlerweile bieten die verschiedenen Anbieter auch kleine Video-Trainingseinheiten im Internet an, mit deren Hilfe Sie sich besser in die Boardsoftware einarbeiten bzw. bestimmte Funktionen noch einmal auffrischen können. Zudem werden verschiedene Einsatzszenarien gezeigt, mit denen diese Funktionen sinnvoll im Unterricht eingesetzt werden können. Leider ist ein Großteil dieser Tutorials immer noch in englischer Sprache und einige auch nur für den englischen bzw. amerikanischen Markt umsetzbar. Dennoch können Sie einige gute Anregungen geben.

TIPP | Schauen Sie sich beim Erstellen Ihrer Tafelseiten immer wieder die hilfreichen Videotipps am Arbeitsplatz an. Somit können Sie sich schneller die einzelnen Arbeitsgänge einprägen.

Über die folgenden Link-Adressen finden Sie Video-Tutorials:
Für das *SMART Board*:
http://www.youtube.com/user/SMARTtechGermany
http://exchange.smarttech.com/forum.html
In *iTunes* unter Podcasts über den Suchbegriff: SMART Technologies
Für das *Promethean ActivBoard*:
http://www.youtube.com/user/prometheangerman
http://www.prometheanworld.com/toptips (in englischer Sprache)
In *iTunes* unter Podcasts über den Suchbegriff: Activtips (in englischer Sprache)
Für das *Interwrite Board* von *eInstruction*:
http://www.einstruction.com/support_downloads/training/resources/index.html
Für das *eBeam System* vertrieben durch »Legamaster«:
http://www.elegamaster.com/cnt/de/content/support/how_does_it_work und http://www.youtube.com/user/easisoft
Für das boardunabhängige Autorensystem *MasterTool*:
Hier werden drei grundlegende Tutorials für den Umgang mit der Software angeboten: http://www.cotec.de/mastertoolautorensystem.html
Für die boardunabhängige Software *easiteach*:
Hier werden verschiedene Funktionsweisen der einzelnen Tools erklärt.
http://www.easiteach.com/ger/featurevideos/

7.3 Eine Software für alle?

Die größte und noch immer nicht gelöste Schwierigkeit liegt wohl in dem Umstand, dass mithilfe einer spezifischen Boardsoftware erstellte Dateien (beispielsweise Tafelbilder) ausschließlich mit dieser vollständig genutzt werden können. Zwar bieten manche Anbieter Import-Funktionen an. Sofern die darin enthaltenen Funktionalitäten jedoch etwas komplexer sind, ist das Ergebnis des Imports niemals gänzlich mit dem Ursprungstafelbild identisch. Einfache Bilder und Texte lassen sich importieren. Doch das ist auch mit jeder beliebigen *PowerPoint*-Präsentation möglich. Schwierig wird es, wenn spezifische Elemente im Ursprungstafelbild enthalten sind, die eine andere Tafel-Software nicht interpretieren kann. Dazu gehören Animationen, Tabellenfunktionen, interaktive Übungen und Flash-Funktionalitäten. In einem solchen Fall werden Board unabhängige Tafelbilder interessant, da diese auch ohne die jeweilige Boardsoftware auf jedem beliebigen Whiteboard einsetzbar sind. Bisher eignen sich nur aufwendig erstellte Flash-Dateien dazu. Diese werden in der Regel von Verlagen angeboten, die dafür entsprechende Designer und Flash-Programmierer beschäftigen.

Becta, die Behörde für Bildungs-Technologie der Regierung in England, arbeitet schon seit längerer Zeit mit den führenden Anbietern von interaktiven Whiteboards an einem einheitlichen Standard. Dabei sollen die Beschränkungen beseitigt werden, die bisher verhindert haben, dass Unterrichtsmaterialien zwischen und innerhalb von Schulen und den unterschiedlichen interaktiven Whiteboard-Anwendern ausgetauscht werden können. Rückmeldungen von Lehrerverbänden in England bestätigen, dass ein allgemeingültiges Format einen enormen Nutzen für die Bildung mit sich bringen würde. Bisher liegen diesbezüglich keine Ergebnisse vor, sodass die Problematik verschiedener Boardsoftware-Formate nach wie vor bestehen bleibt.

Jedes Board beinhaltet eine eigene Boardsoftware. Wenn Sie also Materialien mit einer Boardsoftware erstellt haben und dann an eine Schule wechseln, an der ein anderes interaktives Whiteboard verwendet wird, haben Sie schlechte Karten. Entweder können Sie dann Ihre Materialien nur noch über einen Player abspielen, der in der Regel keine weiteren Bearbeitungsmöglichkeiten bietet, oder Sie müssen Ihre Materialien auf die andere Boardsoftware übertragen.

jedes Board mit eigener Software

Diesem Problem stellen sich die Hersteller bisher noch nicht. Vielmehr herrscht die Überzeugung, dass sich die eigene Boardsoftware zukünftig auf dem Markt behaupten wird. Doch ein Wettbewerb wie bei der einstigen Konkurrenz zwischen *Word* und *WordPerfekt*, *Excel* und *Lotus 1-2-3* oder *PowerPoint* und *Freelance Graphics* ist diesmal nicht zu erwarten.

Es gibt zwölf verschiedene Board-Anbieter mit dementsprechend zwölf verschiedenen Software-Versionen. Mit jeder Software kann ein Tafelbild erzeugt werden, doch keine Software liest das Tafelbild der anderen richtig. Dies ist vermutlich die Ursache für die anfangs recht schleppende Durchsetzung interaktiver Whiteboards in deutschen Schulen.

7.4 Wer liest schon Lizenzverträge?

jeder eine andere Lizenzpolitik

Neben den unterschiedlichen Dateiformaten kommt hinzu, dass jeder Hersteller eine andere Lizenzpolitik betreibt. Manche lassen zu, dass ihre Software beliebig kopiert und auch auf allen anderen interaktiven Whiteboards genutzt werden kann. Andere Hersteller gehen so weit, dass sie ihre Software nur auf einem oder nur ihrem interaktiven Whiteboard, und sonst auf keinem anderen Eingabegerät (mit Ausnahme des Computers) zulassen. Das schließt sowohl interaktive Beamer als auch stiftbasierte Tablet-PCs und mobile, touchsensitive Endgeräte aus.

Die Lizenzbedingungen der verschiedenen Board-Hersteller sind in der Regel nicht sehr kundenfreundlich. Vieles wird einem bei Präsentationen und Messen erzählt, doch wenn man sich einmal die Mühe macht, alle Lizenzverträge aller Board-Hersteller zu lesen und zu vergleichen, findet man doch einige Ungereimtheiten und Einschränkungen, die nicht so offensichtlich sind.

In der Regel werden Lizenzverträge vor der Einwilligung durch einen einfachen Mausklick kaum gelesen. Um nur ein paar Beispiele zu nennen: Einige Hersteller verlangen von ihren Kunden, dass sie die Software nur verwenden dürfen, wenn das entsprechende Board an den Computer angeschlossen ist. Bei keinem der Hersteller liegt der Gerichtsstandort bei etwaigen Auseinandersetzungen in Deutschland. Viele der Lizenzbedingungen enthalten Abschnitte, die im deutschen Rechtsraum nicht durchsetzbar sind.

pauschale Haftungsausschlüsse

Dies gilt beispielsweise für die pauschalen Haftungsausschlüsse der Hersteller. So wurden die Lizenzbedingungen bisher nicht an die deutsche Rechtslage angepasst. Umfangreiche Rechtsstreitigkeiten blieben bisher aus. Dennoch sollte mit zunehmenden zentralen Anschaffungen über Kommunen, Kreise und auch Länder darauf ein größeres Augenmerk gelegt werden. Es wäre wünschenswert, dass es auch hier, neben einem einheitlichen Board-Format, zu einer nahezu einheitlichen Lizenzpolitik kommt, damit diejenigen, die die interaktiven Whiteboards beschaffen, und diejenigen, die damit arbeiten dürfen, sich entsprechend sicher verhalten können.

7.5 Boardsoftware im Überblick

SMART Notebook Software von »SMART Technologies«

Jedes *SMART Board* der Firma »SMART Technologies« wird mit der *SMART Notebook* Software ausgeliefert. Die aktuelle Version trägt die Versionsnummer 10 mit entsprechenden Unterziffern, die jeweils für ein entsprechendes Update stehen. Die Updates der *SMART Notebook* Software erfolgen durch einfache Online-Prüfung über einen Menüaufruf. Anschließend gleicht das System die vorhandene Version mit der aktuellen Version ab und installiert automatisch die neuere Version auf dem Rechner.

Die *SMART Notebook* Software ist für Einsteiger sehr einfach und intuitiv aufgebaut und lässt sich rasch erlernen. Jeder, der mit den *Office*-Produkten bereits gearbeitet hat, findet sich schnell zurecht. Die Oberfläche der Boardsoftware teilt sich in vier Bereiche auf:

- Schreib- oder Arbeitsbereich (Tafelseite)
- Iconleiste / Symbolleiste
- Menüleiste
- Auswahlreiter

einfach und intuitiv

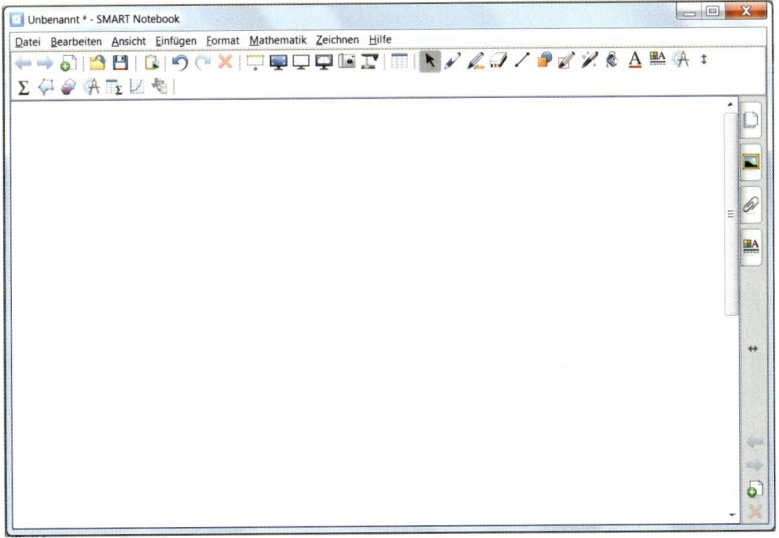

Abb. 63: Oberfläche der *SMART Notebook* Software Version 10

Alle Funktionen lassen sich bei der *SMART Notebook* Software über die sehr einfach gehaltenen, aber eindeutigen Symbole aufrufen. Jedes Objekt kann in seiner Lage durch Mausklick und Verschiebung verändert werden. Zudem wird das Objekt über einen einzigen »Ziehpunkt« proportional vergrößert oder verkleinert. Über einen weiteren eingeblendeten grünen Haltepunkt lässt sich das Objekt beliebig um die eigene Achse drehen.

Da eine Rechte-Maus-Funktion am *SMART Board* nicht unmittelbar über den Stift oder den Finger aufgerufen werden kann, wird nach dem Markieren eines Objektes immer eine Pfeilschaltfläche eingeblendet. Darüber können innerhalb eines Listenfeldes alle kontextsensitiven Funktionen zur Auswahl eingeblendet werden, die das markierte Objekt zulässt.

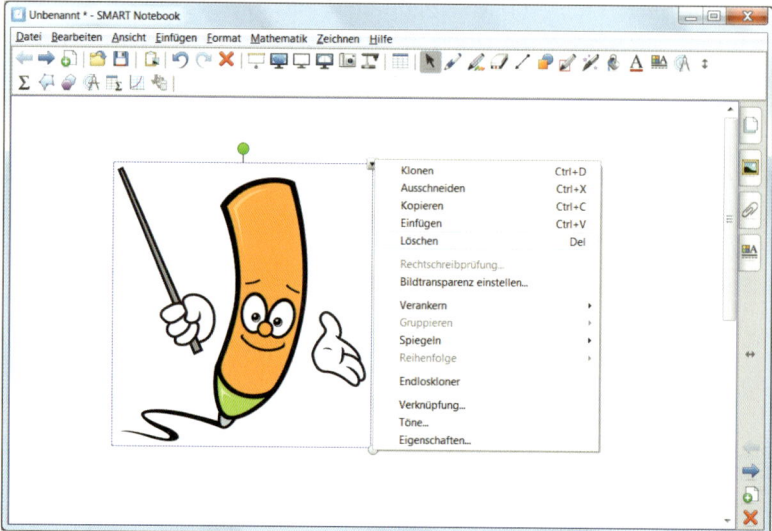

Abb. 64:
Kontextmenü
über Pfeilschalt-
fläche und
Auswahlmenü

Zusätzliche Werkzeuge, wie das konstenpflichtig erhältliche Mathematikwerkzeug *Math Tools*, werden als eigene Symbole in der Symbolleiste mit angezeigt. Beim genannten Werkzeug werden beispielsweise verschiedenste Anwendungen für den Mathematikunterricht sowie ein eigener Formeleditor angeboten. Zirkel, Lineal und Geodreieck sind bereits in der Standardversion der *SMART Notebook* Software enthalten.

Beim Öffnen mehrerer Tafelbilddateien wird jedes Mal eine neue *SMART Notebook* Software geöffnet. Ein Überblick aller Seiten innerhalb einer *SMART Notebook*-Datei wird über eines der Karteireiter seitlich aufgerufen. Tafelbilder werden im eigenen *SMART-Notebook*-Format als Datei abgespeichert. Sowohl Karteireiter als auch Symbolleiste können wahlweise rechts oder links bzw. oben oder unten angezeigt werden. Hier wurde an Links- und Rechtshänder gedacht sowie an groß- und kleingewachsene Lehrer/innen und Schüler/innen, sodass die Tafel nicht immer in der Höhe verstellt werden muss und das Auswahlmenü möglichst gut erreichbar ist. Neben der eigentlichen Boardsoftware wird eine Materialsammlung mit fünftausend Bildern, vierhundert interaktiven Übungen, teilweise Flash-Anwendungen (zumeist auf Englisch) und etwa tausend einzelne Notebook-Seiten oder Dokumente mit unterschiedlichen Hintergründen mitgeliefert.

ActivInspire von »Promethean«

Die *ActivInspire*-Software in der aktuellen Version *1.4* bietet grundsätzlich zwei Möglichkeiten der Nutzung: speziell für den Grundschulunterricht die Version *ActivInspire Primary* und in einer *Windows*-Standard-Ansicht mit der Bezeichnung *ActivInpsire Studio*. Innerhalb der Software kann festgelegt werden, in welcher Darstellungsform die Boardsoftware beim nächsten Start beginnen soll. Bei der Vorgängerversion wurden zwei voneinander getrennte Software-Produkte angeboten, die nun in einer Software zusammengefasst wurden.

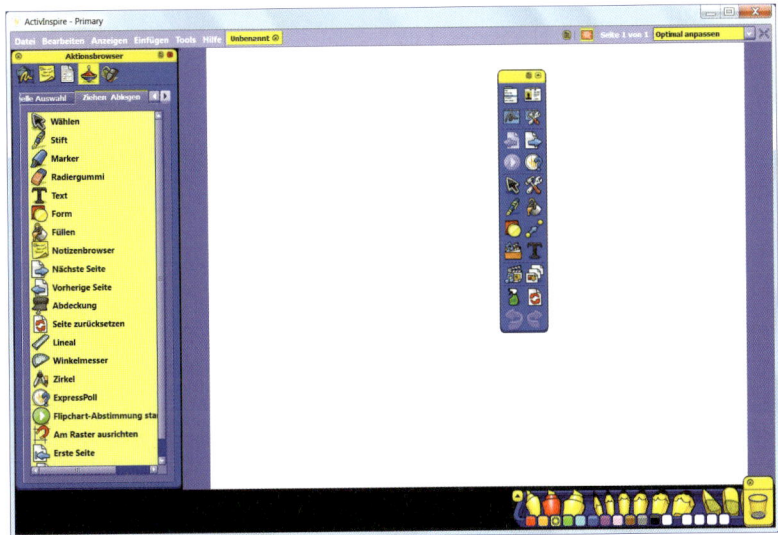

Abb. 65: Oberfläche von *ActivInspire Primary*

Die *ActivInspire Primary* unterscheidet sich von der *Studio*-Version nicht in der Funktionalität der Standarddarstellung, sondern in der kindgerechten Präsentation. Beispielsweise werden Stifte und andere Werkzeuge plakativer und bunter gezeigt. Die Werkzeuge erscheinen generell größer und in einer bunten Auswahl, die über den unteren Bildschirmrand möglich ist, sodass Grundschüler/innen diese auch gut erreichen können. Die Farbdarstellung ist sehr einfach in blau und gelb gehalten und soll die Kinder nicht zu sehr ablenken. An eine Standard-*Windows*-Oberfläche erinnert die Darstellung allerdings beim ersten Arbeiten nicht, da die Werkzeuge recht bildhaft erscheinen.

Da die Software in der *Primary*-Darstellung ein eher ungewohntes Erscheinungsbild zeigt und auch für den Lehrer zunächst etwas gewöhnungsbedürftig ist, sollten auch Grundschullehrer/innen gleich mit der Standardoberfläche von *ActivInspire Studio* arbeiten. Die Tafelbilder, die sogenannten *Flipcharts*, werden im *Flipchart*-Format abgespeichert. Die Dateien tragen die Endung »flp«. Es macht keinen Unterschied, ob das Tafelbild in der Grundschuloberfläche oder der Standardoberfläche von

ActivInspire entwickelt und gespeichert wurde. Beide verwenden das gleiche Dateiformat und können somit von beiden Software-Varianten geöffnet werden.

Die Board-Oberfläche der *ActivInspire Studio*-Software wird in folgende Bereiche unterteilt:

- Menüleiste
- Symbolleiste oder freischwebendes Symbolfeld der Werkzeuge
- Browserfenster für Aktionen, Notizen, Objekte, Eigenschaften, Optionen und Abstimmungen

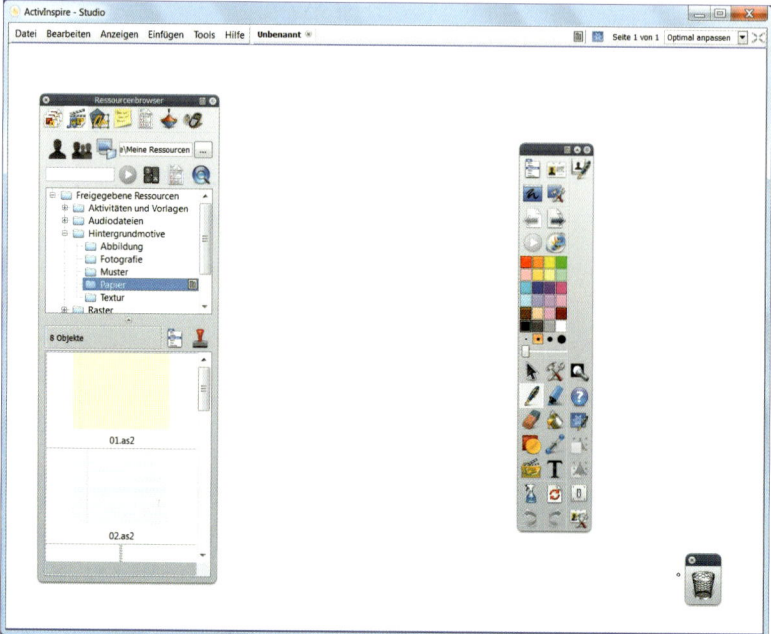

Abb. 66: Oberfläche von ActivInspire Studio

Die Menüleiste kann entweder am oberen oder unteren Bildschirmrand positioniert werden. Die Symbolleiste lässt sich mit den eigenen Symbolen belegen und frei auf der Oberfläche als sogenannte schwebende Werkzeugleiste bewegen. Wahlweise kann diese aber auch rechts oder links am Bildschirmrand positioniert oder fest unterhalb der Menüleiste angezeigt werden.

Jedem Objekt werden bestimmte Eigenschaften und Aktionen zugeordnet, die über das Browser-Fenster einzeln eingeblendet werden können. Objekte können nach dem Markieren über verschiedene Haltepunkte proportional vergrößert oder verkleinert und gestreckt oder gestaucht werden. Sobald ein Objekt markiert wurde, werden oberhalb verschiedene kleine Icons angezeigt, die einen Teil der kontextsensitiven Möglichkeiten, was mit dem Objekt gemacht werden kann, zeigen. Die entsprechenden Funktionen können darüber auch aufgerufen werden. Zusätzlich kann aber noch ein Listenfeld eingeblendet werden, in dem weitere Optionen für das Objekt wählbar sind.

Grundsätzlich wird bei der Boardsoftware von »Promethean« in zwei verschiedenen Ansichten gearbeitet. Eine davon ist die Designer-Ansicht, in der alles erstellt und festgelegt wird. Hier gestalten Sie Ihre Tafelbilder und weisen den Objekten bestimmt Aktionen zu. In der Board-Ansicht, die für den Unterricht gedacht ist, können Aktionen und bestimmte Einstellungen nicht mehr verändert werden. In dieser Ansicht wird auf der Tafel nur gearbeitet, es werden aber keine bestimmten Aktionen und Funktionen erstellt.

Das aktuelle Erscheinungsbild der *ActivInspire*-Software wurde vor zwei Jahren grundlegend verändert. Zuvor lief die Software nicht innerhalb eines *Windows*-Fensters, sondern arbeitete mit einer eigenen Oberfläche und unterschiedlichen Ansichten. Die Software erhielt daher ein völlig neues Re-Design und wurde an die *Windows*-Konventionen angepasst. Dabei musste natürlich auch darauf geachtet werden, dass ein Großteil der bekannten Symbole und Funktionalitäten ähnlich sein oder gar beibehalten werden mussten.

Die *ActivInspire Studio*-Software ist eine sehr mächtige Boardsoftware, deren Nutzerphilosophie sich einem nicht unmittelbar durch schlichtes Ausprobieren erschließt. Grundlegende Funktionalitäten, wie die Design-Ansicht und der Aktions-Browser, müssen zuerst verstanden werden, bevor mit dem Erstellen von Tafelbildern begonnen werden kann. Die Software *ActivInspire* ist sehr komplex und bietet zahlreiche Möglichkeiten. So können beispielsweise eigene interaktive Übungen mit Drag-and-Drop erstellt werden. Dennoch ist eine intensive Schulung für die Nutzung der Software unerlässlich. Einige Funktionen erklären sich nicht von selbst und müssen vermittelt oder in der Online-Hilfe nachgelesen werden. Als Nutzer der Software müssen Sie sich einige Symbole zunächst gut merken, um die Funktionalität zu verstehen.

mächtige Boardsoftware

intensive Schulung unerlässlich

ActivInspire Studio wird mit zahlreichen Bildern, Hintergründen und interaktiven Übungen ausgeliefert, die innerhalb des Ressourcen-Browsers systematisch in Ordnern abgelegt sind. Ein Großteil der interaktiven Übungen, ähnlich wie bei der *SMART Notebook*-Software, sind in englischer Sprache verfasst.

Workspace von *eInstruction*

Die Boardsoftware der Firma »eInstruction« geht einen ganz anderen Weg als alle anderen Software-Anbieter. Bei der *Workspace*-Software erhält der Nutzer ein frei auf dem Bildschirm verschiebbares Symbolfeld, über das die Bedienung der Software in erster Linie erfolgt. Darin befinden sich die Symbole, die Sie sich frei zusammenstellen können.

verschiebbares Symbolfeld

Die individuellen Einstellungen der Symbolleiste werden in den jeweiligen Benutzerprofilen gespeichert. Eine Menüleiste ist bei dieser Boardsoftware nicht vorhanden. Sie wird auch nicht innerhalb eines Fensters angezeigt, das in der Größe angepasst werden könnte. Es gibt also nur zwei Ansichten: die Benutzeroberfläche der Boardsoftware oder die Overlay-Funktion, bei der auf jeder *Windows*-Oberfläche mit den angebotenen Schreib- und Zeichenwerkzeugen gearbeitet werden kann.

Sobald ein Werkzeug innerhalb des Menüfeldes ausgewählt ist, wird am unteren Bildschirmrand die entsprechend kontextsensitive Auswahl des Werkzeuges eingeblendet. Da es sich beim *InterwriteBoard* der Firma »eInstruction« um eine elektromagnetische Technologie mit einem aktiven Stift handelt, kann zusätzlich die rechte Mausfunktion mit einer kontextsensitiven Auswahl auf der Stifttaste belegt werden. Es lassen sich darüber auch andere Programme öffnen oder nur ganz bestimmte Werkzeuge aufrufen, wie beispielsweise die Radierfunktion.

Die *Workspace*-Software bietet eine Vielzahl individueller Einstellmöglichkeiten, die sich dem Nutzer nicht gleich erschließen und eine vertiefte Schulung im Umgang mit der Software voraussetzen. Hat man einmal die verschiedenen Symbole gelernt, fällt es leicht, die Funktionen aufzurufen und über die Kontextleiste die entsprechenden Einstellungen für ein Objekt vorzunehmen.

Die *Workspace*-Software beinhaltet, wie alle anderen Boardsoftwares, eine eigene Bildersammlung, die frei genutzt werden kann. Zudem werden verschiedene interaktive Übungen im Flash-Format angeboten. Die Einstellungen der Symbolleiste werden für jeden Nutzer individuell abgespeichert.

Im Gegensatz zu allen anderen Boardsoftware-Produkten bietet *Workspace* eine Ebenenfunktion für die Tafelseiten. Damit können verschiedene Tafelseiten übereinander gelagert werden. Durch das Zu- und Abschalten der jeweiligen Ebene können neue Informationen zum bestehenden Tafelbild hinzugefügt werden. So lassen sich beispielsweise Lösungen einblenden oder schrittweise Beschriftungen eines Tafelbildes für die Schüler/innen sichtbar machen.

Hitachi-Software

Die mit dem *Starboard* mitgelieferte Boardsoftware der Firma »Hitachi« zeigt sich erst seit der aktuellen Version *9.2* in einem Fenster, ähnlich einer *Office*-Anwendung. Klar strukturiert werden eine Menüleiste und eine frei auf dem Bildschirm verschiebbare Werkzeugleiste mit individuell zusammenstellbaren Symbolen für die einzelnen Werkzeuge angeboten.

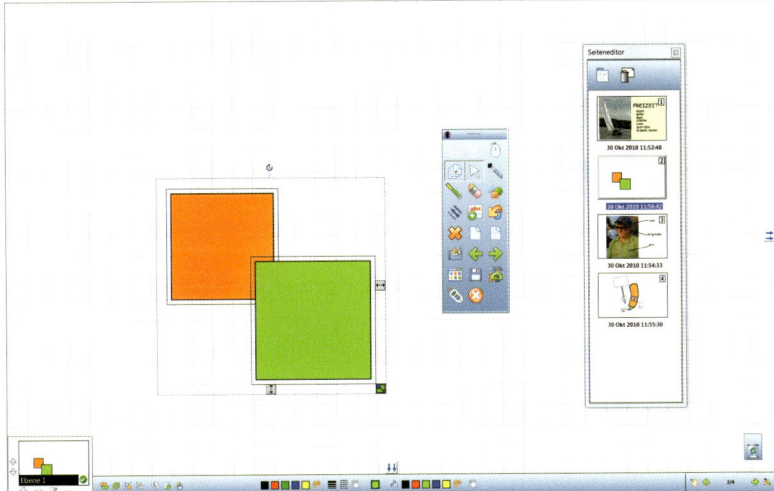

Abb. 67: Oberfläche der Workspace Software mit Symbolfläche

Seitliche Karteireiter, sogenannte Register, ermöglichen die Übersicht der Seiten, das Angebot der mitgelieferten Bilder der Galerie, Einstellungen der markierten Objekte und weitere Funktionen. Ähnlich wie bei der Software von »eInstruction« wird auch am unteren Bereich des Arbeitsfensters eine Kontextleiste eingeblendet, die das Festlegen der Einstellungen für das aktuell aktivierte Werkzeug erlaubt. Ein angezeigter Papierkorb ermöglicht es, dass markierte Objekte durch Mausziehen in den Papierkorb gelöscht werden können.

Die Symbole der *Starboard*-Software sind größer und plakativer in ihrer Darstellung als dies bei anderen Anbietern von Boardsoftware der Fall ist. Die Größe der Icons ermöglicht am *Starboard* ein einfacheres Arbeiten mit dem Finger. Wer nicht gerne über die Symbole arbeitet, der kann dafür auch die Menüs nutzen, in denen die Icons zusätzlich zur Textauswahl eingeblendet werden.

Abb. 68: Oberfläche der *Hitachi Starboard Software*

eBeam von »Legamaster«

Im Lieferumfang der *eBeam*-Software *Interact* finden sich zwei grundsätzliche Bedienungselemente: zum einen die simple Boardsoftware, in der seitenweise Inhalte erstellt, darin geschrieben und Objekte aus der Galerie hinzugefügt werden können, und zum anderen eine Art »Bedienungsrad«. Die Software trägt den Namen *Scrapbook* und wird automatisch bei der Installation der Treiber-Software installiert. Im Aufbau verhält sie sich ähnlich wie die Boardsoftware anderer Hersteller. Die Oberfläche setzt sich aus einer Menüleiste, einer festen Icon-Leiste und einem seitlichen Auswahlfeld mit verschiedenen Ordnern zusammen, über die die Inhalte der Galerie und bestimmt Vorlagen ausgewählt werden können. Zudem gibt es noch einen direkten Link zur Bilddatenbank *Flickr* und einen direkten Online-Zugriff auf die *Enzyclopaedia Britannica*.

Für die schnelle Auswahl verschiedener Board-Werkzeuge kann zusätzlich ein weiteres Bedienwerkzeug aufgerufen werden. In dieser Toolbar werden die wichtigsten Werkzeuge bzw. Funktionen angeboten. Das Besondere daran ist das Erscheinungsbild: Die Auswahl erfolgt in Form eines Rades, das in drei Kreise eingeteilt ist. Jeder Kreis beinhaltet wiederum verschiedene Segmente. Je nachdem, welches Werkzeug aufgerufen wurde, ändert sich das innere und mittlere Kreissegment. Über kleine eingeblendete Dreiecke können zudem ein Teilbereich des dritten Kreises und verschiedene Auswahlsegmente eingeblendet und aktiviert werden.

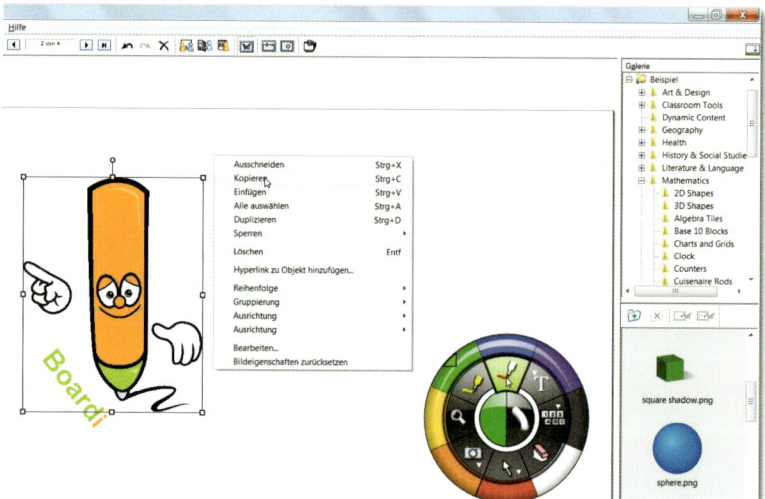

Abb. 69: Oberfläche der *Scrapbook* Sofware

Die Bedienung der Software ist zu Beginn etwas gewöhnungsbedürftig, da man zuerst ein wenig den Überblick verliert, welche der Funktionen nun aktiviert wurde. Ist das Konzept jedoch verstanden, kann eine

Auswahl des gewünschten Werkzeugs in entsprechender Darstellung schnell erfolgen. Das Bedienungsrad beinhaltet Werkzeugauswahl und kontextsensitive Einstellmöglichkeiten. Der Vorteil bei diesem Bedienungskonzept liegt darin, dass die Toolbar immer an gewünschter Stelle positioniert werden kann und man alle Werkzeuge und Auswahlmöglichkeiten umgehend im Zugriff hat. Von der klassischen *Windows*-Icon-Menübedienung hebt sich das Bedienungskonzept allerdings völlig ab und fordert zu Beginn ein gewisses Umdenken.

Abb. 70: die *ebeam Toolbar* (Benutzerrad) in verschiedenen Einstellungen

Mehr Boardsoftware

Auf den folgenden Seiten soll ein kurzer Überblick über verschiedene andere Software-Lösungen einen davon Eindruck geben, welche Vielfalt, aber doch auch Ähnlichkeiten die verschiedenen Software-Lösungen bereithalten:

TeamBoard

In der Gestaltung der Symbole eher etwas einfach gehalten, präsentiert sich die Software zum *TeamBoard*. Dennoch wird auch hier die klassische Icon- und Menüleistenbedienung angeboten.

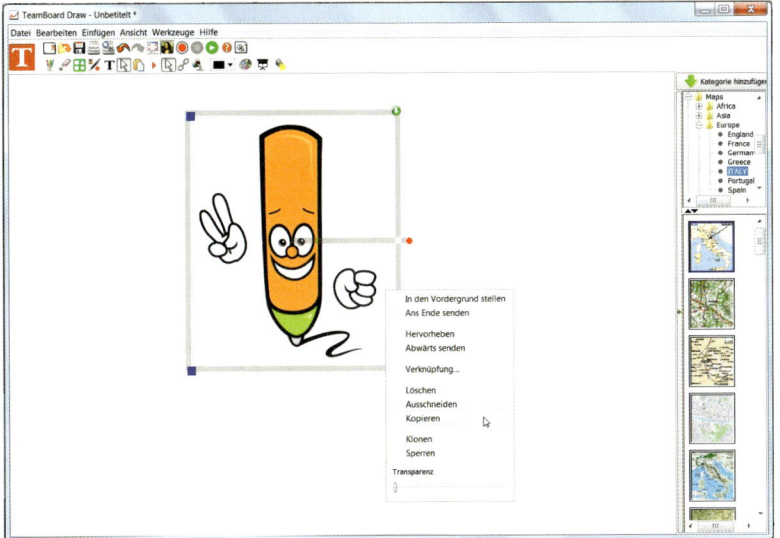

Abb. 71: Oberfläche der *TeamBoard Software Draw*

»Qomo« und Flow!Works

Das Board der Firma »Qomo« wird mit der *Flow!Works*-Software ausgeliefert. Diese Software wird einzig über Symbole bedient, die beliebig verschoben werden können. Über die Icons können Werkzeuge und Untermenüs aufgerufen werden. Die Darstellungen der Tafelseiten sind nicht fensterbasiert.

Abb. 72: Oberfläche *Flow!Works* von »Qomo«

Board unabhängige Software

Derzeit gibt es drei Anbieter Board unabhängiger Software, die ihr Produkt frei auf dem Markt anbieten, aber auch von einigen Board-Herstellern mitgeliefert werden. So liefert z. B. die Firma »Kindermann« das *eno Board* von »Polyvision« zusammen mit der Boardsoftware *WizTeach* der Firma »Quizdom« aus und »Panasonic« das *elite Panaboard*, neben ihrer eigenen Boardsoftware, mit der Board unabhängigen Software *Easiteach Next Generation* und dem *Master Tool*.

Alle drei Boardsoftware-Produkte haben ein sehr eigenwilliges Erscheinungsbild und halten sich auch nicht an die klassische *Office*-Darstellung und -Bedienungsstruktur mit Menüauswahl und Iconleiste. Die Boardsoftware *WizTeach* ermöglicht über ein zentrales Bedienertool, alle weiteren Werkzeuge und Funktionen schrittweise aufzurufen. Die Auswahl der Werkzeuge und Funktionen basiert rein auf Symbolen mit angebotenen Untermenüs.

Das Besondere an der *WizTeach*-Software ist, dass für verschiedene Fächer jeweils speziell geeignete Werkzeuge zusätzlich erworben werden können. So gibt es ein besonderes Mathematikwerkzeug, eines für Geografie und ebenso für den Literaturunterricht. Für Letzteren werden zudem verschiedene Spiele angeboten, die eine lebendige Vermittlung der Inhalte erlauben.

Abb. 73: Oberfläche *WizTeach* von »Quizdom«

Die *WizTeach Tool*-Sammlung für Mathematik umfasst beispielsweise über 50 Werkzeuge für den Mathematikunterricht, die es auf einfache Art ermöglichen, anspruchsvolle Aufgabenstellungen darzustellen und zu bearbeiten. Eine Vielzahl arithmetischer und geometrischer Anwendungen lassen sich damit dynamisch erzeugen und für den Unterricht individuell anpassen.

viele Tools zum Schreiben

Der zweite Boardsoftware im Bunde, die Sie frei auf dem Markt erwerben können, wird von der Firma »Lightbox Education«, einem Tochterunternehmen der britischen »RM«-Gruppe, angeboten. Das Produkt trägt den Namen *Easiteach Next Generation*. *Easiteach* ist schon länger auf dem Markt, jedoch wurde im Jahr 2010 ein komplettes Re-Design durchgeführt.

Easiteach Next Generation arbeitet ebenfalls ausschließlich basierend auf Symbolen, über die die entsprechenden Werkzeuge und Funktionen gewählt werden können. Das Produkt beinhaltet alle klassischen Funktionen, die auch aus anderen Software-Lösungen bekannt sind. Neu allerdings sind die Minianwendungen, sogenannte »Gadgets«, die für unterschiedliche Anwendungen angeboten werden. Das sind kleine Programme wie Uhren, Spiele oder Mathematikwerkzeuge. Diese Gadgets werden zukünftig ergänzend zum Download bereitgestellt.

Easiteach Next Generation kommt zudem mit über 800 kleinen »Activities«, die direkt im Unterricht eingesetzt werden können. Ein Großteil davon bezieht sich jedoch auf den englischen Schulalltag und ist im hiesigen Unterricht deshalb nur bedingt einsetzbar. Dennoch können diese Tools z. B. im Englischunterricht genutzt werden. Das Erscheinungsbild und die Navigation sind, ähnlich wie bei *WizTeach* oder dem Bedienungsrad von *eBeam*, etwas gewöhnungsbedürftig. Zunächst

sichtbare Arbeitsfläche reduziert

fällt die dunkle Bedieneroberfläche auf, die aber zukünftig individuell eingestellt werden kann. Nach dem Aufruf bestimmter Funktionen und Gadgets reduziert sich die sichtbare Arbeitsfläche, sodass die Auswahlsymbole im Vordergrund stehen.

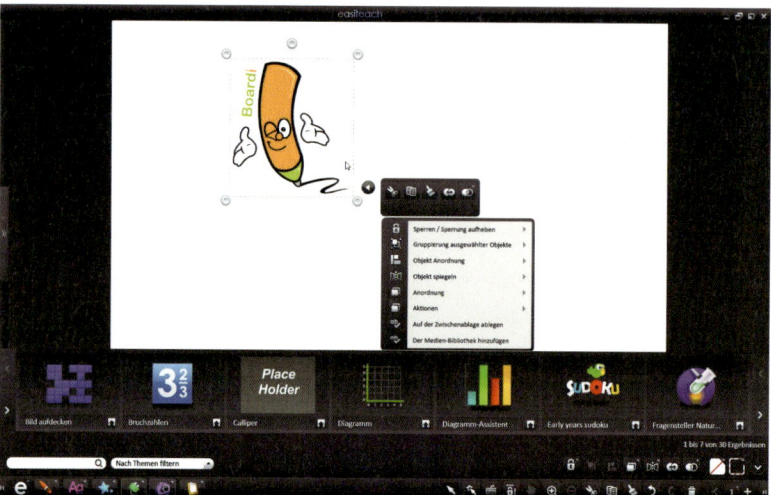

Abb. 74: Oberfläche von »easiteach«

Da die Boardsoftware sowohl für stift- als auch für touchbasierte Boards konzipiert wurde, wird bei einem markierten Objekt automatisch eine Pfeilschaltfläche, ähnlich wie bei der *SMART Board-Notebook*-Software oder der *Hitachi*-Software, eingeblendet, über die das kontextsensitive Menü aufgerufen werden kann. Die Bedienungsleiste der *Easiteach*-Software kann oben oder unten platziert und die Positionen der untersten Symbolgruppen können in ihrer Position vertauscht werden. Die Software ist fensterbasiert beinhaltet aber keine frei bewegliche Symbolleiste, was die Bedienungswege bei einem großen interaktiven Whiteboard etwas verlängert.

Bei den vorgestellten, käuflich erwerbbaren Boardsoftware-Produkten muss erst einmal beobachtet werden, wie der Nutzer das Bedienungskonzept annimmt. Der Alltag in der Schule lässt oft kein langes Suchen nach Funktionen und Werkzeugen zu, sodass es darauf ankommt, dass eine Software schnell erlernbar ist. Unabhängig davon, ob nun die eine oder die andere Boardsoftware mit den entsprechenden interaktiven Whiteboards ausgeliefert wird, ist es fraglich, ob die bisherigen Nutzer auf eine neue Boardsoftware umsteigen möchten, damit eine einheitliche Software in allen Schulen genutzt werden kann.

Das *Master Tool* ist mehr als eine reine Tafel-Software. Generell gibt es zwei Versionen, die die Firma »co.Tec« anbietet: das kostenlose *Master Tool* für das Arbeiten an der Tafel, das der Erstellung von einfachen

Tafelseiten dient. Über die angebotenen Werkzeuge kann auf einem frei wählbaren Hintergrund – Linien, Karos oder blank – geschrieben, gezeichnet und markiert werden. Zudem können alle Tafelbilder, die mit dem *Master-Tool*-Autorensystem erstellt wurden, mit dem *Master Tool* genutzt werden.

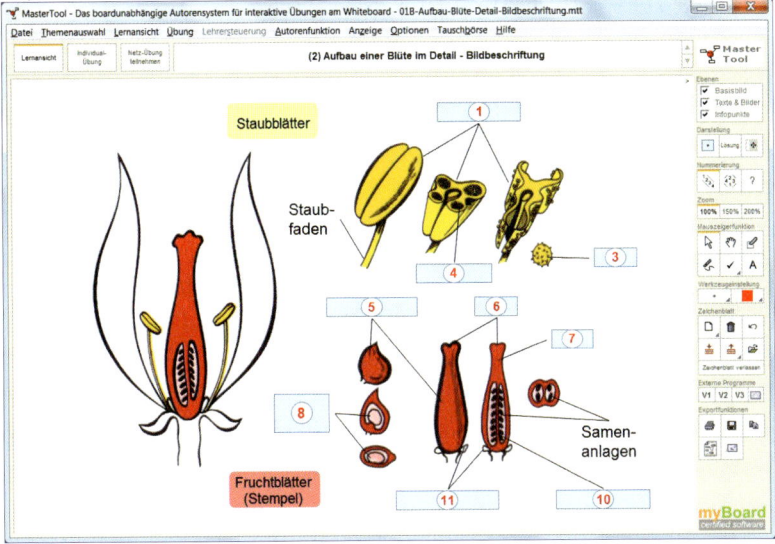

Abb. 75: *Master Tool* Tafelbildansicht – Beispiel Blütenaufbau

Das *Master-Tool*-Autorensystem ist ein Werkzeug für Lehrer/innen zur Erstellung von Lerneinheiten und Übungen zum Einsatz an interaktiven Whiteboards im Unterricht. Mit nur wenigen Mausklicks lassen sich damit Tafelbilder, Arbeitsblätter und interaktive Übungen gleichzeitig erstellen.

Zusätzlich wird über das *Master-Tool*-Autorensystem eine Tauschbörse angeboten, auf der Lehrer/innen ihre Tafelbilder für andere, die ebenfalls das Autorentool nutzen, zur Verfügung stellen. Grundsätzlich geht das Softwaretool von drei Anwendungen aus: Zunächst wird auf einem klassischen Tafelbild gearbeitet, das bereits vom Lehrer vorbereitet wurde. Verschiedene Beschriftungen von Grafiken oder Bildern sind darauf enthalten. Diese Beschriftungen lassen sich ein- und ausblenden.

Automatisch wird aus diesem Tafelbild ein Arbeitsblatt generiert, das ausgedruckt und von den Schüler/innen ausgefüllt werden kann. Identisch zum vorher bearbeiteten Tafelbild kann abschließend eine einfache interaktive Übung an der digitalen Tafel durchgeführt werden, bei der Zuordnungsaufgaben gestellt werden.

aus Tafelbild wird Arbeitsblatt

Einziger Wermutstropfen bei der Verwendung des *Master Tools* als reine Tafel-Software zum Schreiben und Zeichnen ist, das die darauf erstellten Objekte keine Vektorgrafiken, sondern Pixelgrafiken sind und es sich so nicht um Objekte handelt, die man frei auf der Tafelseite verschieben oder in ihrer Größe ändern kann.

7.6 Boardsoftware quo vadis?

Bei all den Hürden, die sich dem Endanwender durch die unterschiedlichen Software-Produkte der Hersteller stellen, und um möglichst mit allen erstellten Materialien auf allen interaktiven Whiteboards mit einer Software arbeiten zu können, schreit der Markt förmlich nach einer einheitlichen Lösung.

Boardsoftware künftig online

Diese Lösung wird aber keinesfalls von einem Board-Hersteller kommen, sondern ein reines Software-Angebot sein, das völlig Board unabhängig arbeitet und somit auf allen interaktiven Eingabegeräten genutzt werden kann. Erste Versuche in diese Richtung zeigen die beiden Anbieter »Qwizdom« mit der Software *WizTeach* und »RM« mit der Software *Easiteach*. Doch letztlich sind auch diese Lösungen nicht anwendergerecht, wenn sie nach wie vor auf den einzelnen Systemen installiert werden müssen und regelmäßig nach einer aktuellen Version für ein Update geschaut werden muss. Im Zeitalter des Internets werden die zukünftigen Softwarelösungen für interaktive Whiteboards komplett online zur Verfügung stehen und stets auf dem aktuellen Stand sein. Sie brauchen sich dann keine Gedanken mehr über Installationen oder Verbesserungen der Software zu machen. Sobald Sie online sind, stehen die neuesten Versionen zum Einsatz bereit. Erste Ansätze wurden bereits bei der online zur Verfügung stehenden *SMART-Notebook-Express*-Software gezeigt, die jeder unter http://express.smarttech.com/ einmal ausprobieren kann. Weitere zahlreiche kleine Programme in Form von Free- und Shareware tummeln sich bereits auf dem Markt, doch ist darunter bisher keine einzige Anwendung, die sich für das interaktive Whiteboard im Unterricht einsetzen lässt.

Selbst wenn die Hersteller bisheriger Boardsoftware sich entscheiden würden, diese online zur Verfügung zu stellen, würden Sie sich schwer damit tun, die Funktionalitäten der konventionellen Boardsoftware in einer Online-Anwendung abzubilden, sodass der Nutzer kein unnötiges Umlernen im Hinblick auf die Software und deren Bedienung in Kauf nehmen und zusätzliche Player installieren muss.

Würden Boardsoftwares online zur Verfügung gestellt werden, könnten durch diese Möglichkeit auch viel mehr Inhalte untereinander getauscht und gemeinsam für bestimmte Fächer und Jahrgangsstufen erstellt werden. Verlage wären eher bereit, Inhalte für eine Board unabhängige Software zu entwickeln, die jeder einfach und schnell im Zugriff haben kann, und müssten sich nicht an einen Board-Hersteller und dessen Boardsoftware binden.

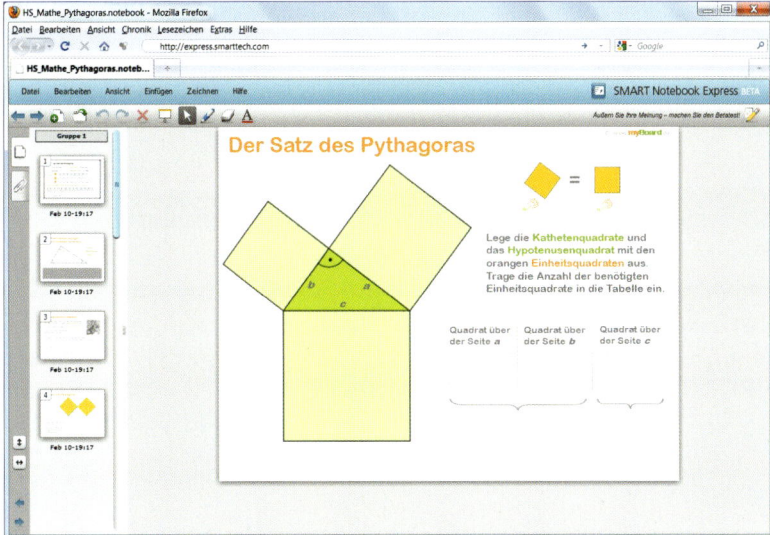

Abb. 76: flash-basierende Online-Version der *SMART Notebook Software*

Das Entwickeln flashbasierter Inhalte kostet viel Geld und macht die Produkte unnötig teuer. Sicherlich werden diesbezüglich noch einige Entwicklungen beobachtbar sein. Ferner ist davon auszugehen, dass das Internet zukünftig auch für die Bedienung der interaktiven Whiteboards eine wichtige Rolle spielen wird.

8 Der Methodik-Baukasten für Ihre Arbeit am Board

8.1 Systematisch arbeiten mit dem Methodik-Baukasten

Wenn Sie heute Ihr interaktives Whiteboard im Klassenzimmer installiert bekommen, erhalten Sie in der Regel eine kleine technische Einweisung und anschließend eine Schulung zur mitgelieferten Boardsoftware. Sie bekommen einen ersten Überblick, wie man mit dem Board arbeitet, welche verschiedenen Funktionen die Software beinhaltet, wie Sie Ihre Tafelbilder speichern und von zu Hause für den Unterricht wieder mitnehmen.

relevante Funktionen

Sie bekommen zumeist jede Menge Beispiele gezeigt, die vielleicht nichts mit Ihrem Unterricht zu tun haben. Das findet in halb- oder ganztägigen Schulungen statt. Danach sind Sie erst einmal »voll« mit Informationen und müssen später relevante Funktionen wieder neu entdecken – es sei denn, Sie arbeiten von diesen Moment an sofort mit der neuen Tafel, was in den seltensten Fällen der Fall sein wird.

Diesen Lernprozess durchlaufen Sie bei jeder Software, die neu gelernt werden muss. Wenn Sie verschiedene Funktionen aber nicht täglich einsetzen, haben Sie das Problem der nicht vorhandenen Routine. Je nach Aufmachung, Benutzerführung und logischen Schritten innerhalb der Durchführung von Arbeitsschritten, finden Sie sich schnell oder weniger schnell mit einer Software und der dahinter stehenden Benutzerphilosophie der Hersteller und Entwickler zurecht.

Vergleichen Sie die Software mit einem guten Textverarbeitungsprogramm, bei dem bei durchschnittlicher Anwendung nur zehn bis fünfzehn Prozent der Funktionalitäten genutzt werden. Ungefähr ähnlich verhält es sich bei den immer besser werdenden Boardsoftware-Varianten. Auch hier beschränkt sich der Normalanwender auf allenfalls dreißig, vielleicht vierzig Prozent aller Nutzungsmöglichkeiten im Unterricht. Generell ist meine Empfehlung hier: Lieber weniger, dafür aber sicher einsetzen.

methodisch-didaktischer Gebrauch

Einige der Werkzeuge, die in Ihrer Boardsoftware enthalten sind, können Sie auf unterschiedlichste Weise nutzen. Im Folgenden möchte ich Ihnen einen Baukasten verschiedenster Interaktionsmöglichkeiten und den methodisch-didaktischen Gebrauch von Werkzeugen mit an die Hand geben. All diese Werkzeuge und Handlungsmöglichkeiten finden Sie – mit Ausnahmen – in jeder Boardsoftware wieder. Dieser Baukasten soll Ihnen das Entwickeln und Nutzen von dynamischen und interaktiven Tafelbildern für Ihre Unterrichtsvorbereitungen leichter machen und zudem zeigen, wie das Interesse an der schrittweisen Entwicklung von Inhalten am interaktiven Whiteboard gesteigert werden kann.

Bei dem folgenden Methodik-Baukasten werde ich Ihnen zunächst die grundlegenden Funktionen für die Arbeit am interaktiven Whiteboard erklären und entsprechende Anwendungsbeispiele dazu geben. Die sichere Handhabung der verschiedenen Werkzeuge und Funktionen innerhalb Ihrer Boardsoftware ermöglicht Ihnen anschließend den Einsatz entsprechender methodisch-didaktischer Anwendungen, die Sie in Ihrem Unterricht am interaktiven Whiteboard realisieren können. Auch hierfür erhalten Sie weitere Anregungen im zweiten Teil dieses Methodik-Baukastens, wenn es um den Überblick der interaktiven Übungsmöglichkeiten geht. Ziel soll es sein, dass Sie mithilfe dieses Baukastens einen sicheren Umgang mit Ihrem interaktiven Whiteboard erhalten und die Möglichkeiten Schritt für Schritt in Ihrem täglichen Unterricht um- und einsetzen.

sicherer Umgang

Dieser Katalog der Nutzungsmöglichkeiten am interaktiven Whiteboard ist fächer- und klassenstufenunabhängig und lässt sich auf jede interaktive Whiteboardsoftware übertragen – egal, ob sie ein *SMART Board*, ein *ActivBoard*, ein *Panaboard*, ein *eBeam-System* oder irgendein anderes interaktives Whiteboard- oder Beamer-System nutzen. Jede der hier vorgestellten Methoden lässt sich an Ihrem Board und mit der von Ihnen benutzten Boardsoftware umsetzen. Je nach Fach und Jahrgangsstufe sollten Sie selbst abwägen, ob diese Form der Darstellung und Durchführung für Ihre Schüler/innen geeignet ist. Oftmals werden scheinbar einfache Darstellungen unterschätzt. Unterrichtserfahrungen haben gezeigt, dass insbesondere die größeren Schüler/innen mit dieser Form der Präsentation und Interaktion gut zurechtkommen, dabei aufmerksamer den Unterricht verfolgen und sich am Unterrichtsgespräch intensiver beteiligen. Dabei haben Sie die Möglichkeit, den Unterricht durch verschiedene Präsentationsmöglichkeiten aufzulockern und Interesse zu wecken. Wenden Sie die eine oder andere Möglichkeit auf den folgenden Seiten einfach einmal für eines Ihrer Tafelbilder an und machen Sie selbst Ihre Erfahrungen damit.

Interesse wecken

Stift oder Finger?

Um die ewige Diskussion zwischen Finger- und Stiftnutzung gar nicht erst aufkommen zu lassen, werde ich in den folgenden Piktogrammen der Einfachheit halber beispielhaft einen Stift am Board als Schreib-, Zeichen- und Zeigeinstrument darstellen. Alle gezeigten Beispiele sind selbstverständlich auch mit und auf interaktiven Whiteboards möglich, die sich mit dem Finger bedienen lassen.

Letztendlich muss jeder selbst wissen, mit welcher Technologie er besser zurechtkommt, wie er sich an der digitalen Tafel wohlfühlt und welche Anwender-Software ihm mehr zusagt. Oftmals liegt die Entscheidung, welches Board für eine Schule angeschafft wird, nicht beim Schulleiter oder den Lehrer/innen. Größere Stückzahlen bei Anschaffungen von interaktiven Whiteboards werden in Form von Ausschreibungen nach einem bestimmten Kriterienkatalog entschieden. Und auch hier ist es wieder davon abhängig, auf welchen Schwerpunkt die Ausschreibung das Augenmerk legt – und letztendlich auf den Preis.

unabhängig von der Technologie

Die Methodik und Didaktik am interaktiven Whiteboard ist unabhängig von der Technologie, die Sie einsetzen, und der Frage, ob Sie mit dem Stift oder Finger schreiben. Bei manchen Anwendungen erleichtert es die Interaktion an der digitalen Tafel, wenn Sie dafür nur den Finger einsetzen müssen, um z. B. Objekte in ihrer Lage zu verändern oder einfache Zeigefunktionen zu aktivieren. Doch lassen sich alle Anwendungen auch mit stiftbasiert Systemen realisieren. Letztendlich geht es darum, dass wir eine neue Form der Inhaltsvermittlung mithilfe des interaktiven Whiteboards schaffen, die zeitgemäß ist und dem Lehrer ein Medium zur Verfügung stellt, das seinen täglichen Unterricht bereichert, ihm eine gewisse Arbeitserleichterung ermöglicht und für die Schüler/innen motivierend ist.

8.2 Arbeiten mit Objekten

Um mit Objekten auf Ihrem Tafelbild arbeiten zu können, müssen diese zuvor markiert werden. Erst dann können Sie das markierte Objekt bearbeiten. Unter »Objekte« sind Texte, Bilder, Grafiken, Filme, Linien, Animationen, Handschriftliches, PDFs, aber auch Werkzeuge zu verstehen. Das Markieren von Objekten erfolgt am einfachsten über den linken Mausklick oder durch das Ziehen des Mauszeigers mit gedrückter linken Maustaste über die gewünschten Objekte. Alle Objekte lassen sich dann z. B. gemeinsam verschieben.

Objekte verschieben

Generell müssen Sie wissen, dass jedes Element, das Sie mit Ihrer Boardsoftware auf Ihrem interaktiven Whiteboard erstellen, ein Objekt darstellt. Dieses Objekt kann eine Linie, ein Bild, eine Animation, ein Film, ein Grafikelement und natürlich auch ein Text sein, den Sie einfach auf die Tafel schreiben. Jedes Objekt lässt sich durch Mausziehen, also durch das Aufsetzen Ihres Board-Stiftes oder mit dem Finger, frei auf der aktuellen Tafelseite bewegen und an eine beliebige Position verschieben.

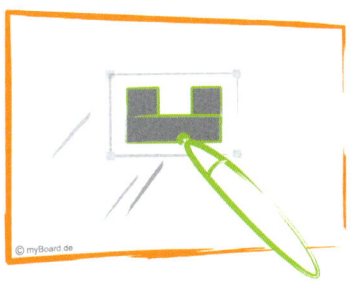

TIPP
Damit Ihre Objekte auf Ihrer Tafelseite nicht mehr verschoben werden können, müssen Sie diese zuerst verankern.

Allein damit sind Sie schon in der Lage, Ihre Tafelanschriften so zu gestalten, dass Sie einzelne Wörter und Sätze beliebig positionieren können. In einem Durchgang geschriebene Wörter in einem Satz werden auch als ein Objekt erkannt. Somit kann dieser Satz im Ganzen verschoben werden. Eine Überschrift lässt sich so z. B. frei bewegen und ein Tafelbild somit wesentlich flexibler entwickeln, als Sie das bisher gewohnt sind.

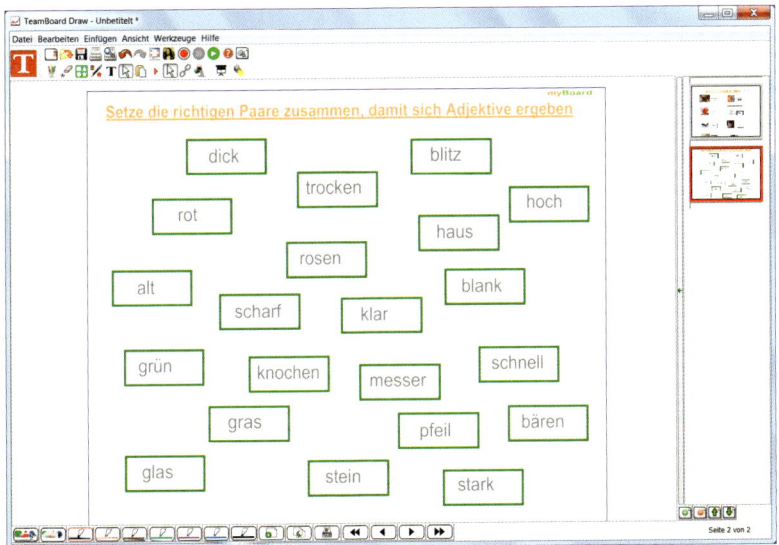

Abb. 77: Beispiel für die Zuordnung von Wortkarten

Anwendung: Das Verschieben von Objekten benötigen Sie sehr häufig bei Zuordnungsaufgaben, bei denen Wörter mit Bildern in Verbindung gebracht werden. Die Schüler/innen werden dabei aufgefordert, vorgegebene Textobjekte einem Schaubild für die Beschriftung anzufügen oder Begriffe einzelnen Grafiken und Bildern zuzuordnen. Schaubilder lassen sich damit beschriften und Lückentexte durch vorgegebene Textobjekte interaktiv bearbeiten. Durch das Verschieben der Objekte auf Ihrer interaktiven Tafel sind Sie sehr flexibel in der Gestaltung Ihres Tafelbildes und haben gleichzeitig die Möglichkeit, Ihre Schüler/innen durch verschiedene Übungsformen zu aktivieren, auf die ich später noch näher eingehen möchte.

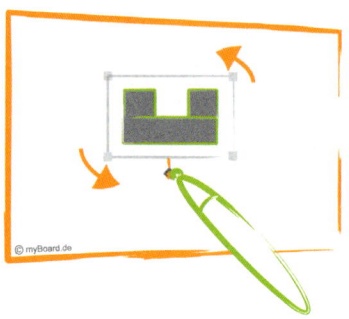

Objekte drehen

Alle Objekte, die einmal markiert wurden, können neben der Verschiebung in vertikaler und horizontaler Position auch in Ihrer aktuellen Lage um die eigene Achse gedreht werden. Diese Funktion benötigen Sie oft bei genauen Bildbeschriftungen oder der allgemeinen Gestaltung Ihrer Tafelseite. Der Vorteil ist, dass Sie jedes Objekt in seiner Lage so verändern können, dass es optimal in Ihr Tafelbild passt.

Unabhängig von Ihrer Lage lassen sich die Objekte dann auch proportional in ihrer Größe wieder ändern. Das gilt sowohl für handgeschriebene Texte als auch für solche, die über die Tastatur eingegeben wurden. Durch das Drehen von Objekten lässt sich ein Tafelbild interessanter gestalten und hat zugleich den Aufforderungscharakter, die einzelnen Objekte nacheinander zu betrachten, da sie nicht in der klassischen horizontalen Ausrichtung auf dem Tafelbild angeordnet wurden, was unserem natürlichen Lese- und Betrachtungsverhalten entspricht.

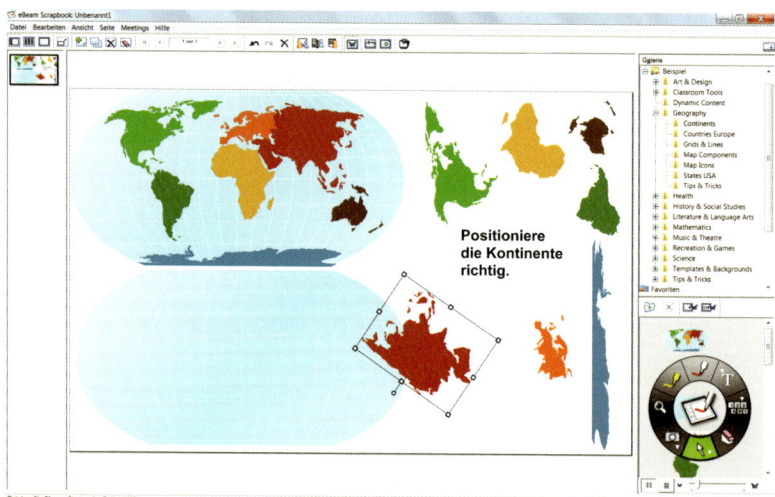

Abb. 78: Objekte durch drehen und verschieben richtig zuordnen

Anwendung: Das Drehen von Objekten kann z. B. bei der Erstellung einer Collage genutzt werden, bei der Bild, Grafik und Text optimal auf einer Tafelseite verteilt und gestaltet werden sollen. Im Geometrieunterricht lassen sich damit wunderbar geometrische Formen drehen oder Würfelmodelle in ihrer Lage verändern und passende Formen einander zuordnen. Im Geografie-Unterricht können Sie so beispielsweise Umriss-Karten von Kontinenten o entsprechend dazu auffordern, die passenden Wortkarten zum jeweiligen Kontinent zu ziehen.

Objekte vergrößern und verkleinern

Neben der Möglichkeit, alle Objekte auf der digitalen Tafel in ihrer Lage zu verändern, lassen sich diese auch in ihrer Größe ändern. Dazu wird das Objekt durch den linken Mausklick markiert. An den Eckpunkten und Seitenlinien erscheinen anschließend sogenannte Haltepunkte, über die das Objekt durch Mausziehen vergrößert oder verkleinert werden kann. Je nachdem, welche Board- 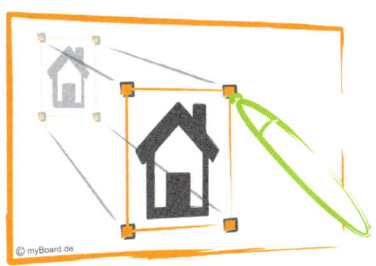 software Sie einsetzen, erscheint nur ein Haltepunkt, wie das bei der *SMART-Notebook*-Software der Fall ist, oder es werden viele Haltepunkten und eine zusätzliche Symbolauswahl eingeblendet, wie das beispielsweise bei der Software *ActivInspire* von »Promethean« oder der *Starboard* Software von »Hitachi« der Fall ist.

Durch das Mausziehen eines Eckpunktes wird ein Objekt proportional vergrößert und verkleinert. Bei einigen Boardsoftware-Produkten wird dafür nur ein bestimmter Haltepunkt zur Verfügung gestellt. Doch nicht alle Grafiken lassen sich beliebig vergrößern. In der Regel sind das nur Objekte, die Sie mit der Boardsoftware erstellt haben. Bei Bildern und Grafiken aus anderen Anwendungen hängt dies stark von der Größe, Qualität und Auflösung des Ausgangsmaterials ab. Vektorgrafiken haben damit kein Problem, aber sobald Sie mit einfachen Bitmap-Grafiken arbeiten, kann Ihre Vergrößerung immer nur in bester Qualität dargestellt werden, wenn die entsprechende Auflösung auch vorhanden ist.

- Das Vergrößern und Verkleinern von Objekten kennt eine Vielzahl von Anwendungen im Unterricht:
- Objekte vergrößern bzw. verkleinern, um ein optimales Tafelbild zu erhalten.
- Tafelanschriften optimal vergrößern, damit sie gut lesbar sind.
- Bilder, Grafiken, Texte vergrößern, um sie in den Fokus zu rücken und die Aufmerksamkeit auf das vergrößerte Objekt zu lenken.
- Übungen zu Maßstäben im Geometrieunterricht: Objekte können entsprechend des Maßstabes verkleinert und vergrößert werden, und

den Schüler/innen kann mithilfe eines digitalen Lineals der Sachverhalt veranschaulicht werden.
- Sammeln von einzelnen Begriffen zu einem Thema: Diese Begriffe werden dann alle zusammen verkleinert, um die nächste Begriffssammlung zu starten.

Anwendung: Den Vergrößerungs- und Verkleinerungsmodus wenden Sie sehr oft bei der Skalierung von Bildern an, da diese meist sehr groß vorliegen und auf die entsprechende Tafelbildgröße gebracht werden müssen. Dies gilt besonders dann, wenn Sie eigene Bilder von Ihrer Digitalkamera oder Bilder aus dem Internet verwenden, die in einer besonders großen Auflösung vorliegen. Ebenso können Sie vorbereitete Lösungen oder Textinhalte in verkleinerter Form seitlich oder im unteren Tafelbereich bereithalten, um dann bei Bedarf die Inhalte für alle sichtbar in eine gut lesbare Größe zu ziehen.

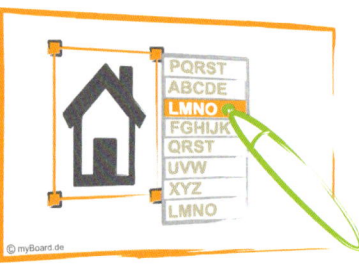

Objekte bearbeiten

Jedes Objekt hat ganz bestimmte Möglichkeiten, in seinen Eigenschaften bearbeitet zu werden. Eine Vielzahl dieser Bearbeitungsfunktionen ist bei allen Objekten identisch. So können Objekte kopiert und eingefügt, gelöscht oder ausgeschnitten und dupliziert werden. Linien lassen sich in ihrem Aussehen nach Farbe und Strichstärke ändern und verschiedene Anfangs- und Endpunkte festlegen.

Jedes Objekt auf dem interaktiven Whiteboard muss dazu erst durch Mausklick oder Mausziehen markiert werden. Ein bestimmter Rahmen um das Objekt und die verschiedenen Haltepunkte an den Ecken werden bei einem aktivierten Objekt angezeigt. Erst jetzt können Sie die verschiedenen Bearbeitungsfunktionen aufrufen. Sie können über die rechte Maustaste ein entsprechendes kontextsensitives Menü aufrufen, das seitlich vom Objekt eingeblendet wird. In diesem Auswahlmenü finden Sie alle Bearbeitungsmöglichkeiten, die dieses Objekt zulässt. Einige Menüpunkte haben noch zusätzliche Untermenüpunkte, über die entsprechende Einstellungen vorgenommen werden können.

Die meisten Anbieter sind dazu übergegangen, die Funktionalität der kontextsensitiven Menüauswahl zu visualisieren. Normalerweise genügt es, ein Objekt zu markieren und die rechte Maustaste zu drücken. Zusätzlich zum markierten Objekt, wird nun aber ein weiteres Symbol angezeigt, über das ein Auswahlmenü eingeblendet werden kann.

Bei den touchsensitiven Whiteboards gehört der Aufruf eines kontextsensitiven Menüs über die rechte Maustaste zum Standard jeder *Windows*-Anwendung, um entsprechende Einstellungen vornehmen zu können. Dennoch zeigen die Erfahrungen aus meinen Schulungen, dass der Umgang damit noch nicht selbstverständlich ist.

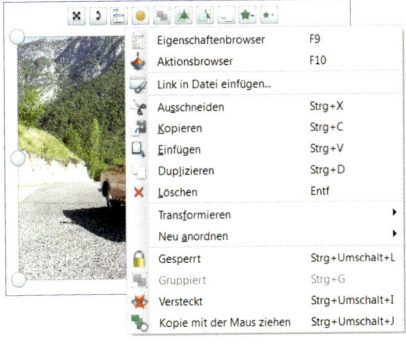

Abb. 79. Bearbeitung eines Objektes über eingeblendete Symbole und Menüleiste

> **TIPP** Arbeiten Sie möglichst oft über den kontextsensitiven Menüaufruf bei Objekten. Sie sparen sich damit unnötige Bedienerwege.

Das Aufrufen des kontextsensitiven Menüs für ein oder mehrere markierte Objekte ermöglicht es Ihnen, im Unterricht rasch Änderungen vorzunehmen, ohne über Menü- oder Symbolleisten zu arbeiten. Bei der Bedienung über das Kontextmenü müssen Sie keine unnötigen Wege auf der Tafel in Kauf nehmen, um bestimmte Funktionen aufzurufen.

Sie arbeiten immer direkt am Objekt. Somit lassen sich rasch Objekte an der aktuellen Position bearbeiten. Je mehr Wege innerhalb der Boardsoftware für die Bearbeitung eines Objektes genommen werden müssen, desto unruhiger wirkt die Arbeitsweise an der Tafel, und Sie sind mehr damit beschäftigt, die Funktionen aufzurufen als sich auf das Objekt und den Unterricht zu konzentrieren. Deshalb ist es von Vorteil, wenn zu jedem Objekt in unmittelbarer Nähe auch ein Kontextmenü aufgerufen werden kann, über dass die verschiedenen Bearbeitungsmöglichkeite eines Objektes festgelegt werden können.

Leider wird dieses Prinzip bei manchen Boardsoftware-Produkten nicht konsequent durchgehalten. So können zwar ein Menü und verschiedene Grundfunktionen über die rechte Maustaste oder die eingeblendete Schaltfläche direkt aufgerufen werden. Doch sobald es z. B. um individuelle Einstellungen wie Farben oder Strichstärken geht, werden diese Auswahlmöglichkeiten nicht unmittelbar in der Nähe des Objektes angeboten, und Wege innerhalb der Softwareoberfläche müssen in Kauf genommen werden. Das macht sich natürlich bei einem 16:10 Board mit einer Diagonale von über zwei Metern besonders bemerkbar.

Kontextmenü nutzen

Objekte gruppieren

Oft ist es notwendig, dass verschiedene Objekte zusammen auf dem Tafelbild bewegt oder z. B. vergrößert und verkleinert werden müssen. Jedes einzelne Objekt einer interaktiven Whiteboardsoftware lässt sich zusammen mit einem anderen oder mehreren anderen Objekten gruppieren. Das können Bilder, Grafiken, Zeichenobjekte sowie Text in Druckbuchstaben oder handgeschriebener Text sein.

Um einzelne Objekte zu gruppieren, ziehen Sie um die nebeneinander liegenden Objekte einfach mit gedrückter, linker Maustaste einen Rahmen. Dadurch werden diese markiert. Über den rechten Mausklick, ein spezielles Icon oder über einen Menüpunkt in Ihrer Whiteboardsoftware, können nun diese Objekte zusammen zu einem Objekt gruppiert werden. Dieses lässt sich beliebig verschieben und in seiner Größe ändern.

Liegen die Objekte nun nicht direkt nebeneinander oder liegt ein Objekt dazwischen, das Sie nicht markieren möchten, können die Objekte auch einzeln markiert und zu einer Gruppe zusammengefasst werden. Drücken Sie dazu die Strg-Taste und markieren Sie jedes einzelne Objekt durch einen linken Mausklick. Nachdem Sie alle gewünschten Objekte so markiert haben, wählen Sie lediglich noch die Gruppierungsfunktion aus.

TIPP | Markierte Objekte, die über die Strg-Taste und den linken Mausklick einzeln markiert wurden, können durch erneutes Klicken auf das Objekt bei gehaltener Strg-Taste auch wieder entmarkiert werden.

Alle Objekte lassen sich natürlich auch wieder entgruppieren. Ein handschriftlich erzeugtes Wort lässt sich dadurch auch bis in seine einzelnen Grafikobjekte zerlegen, sodass es letztendlich nur aus einzelnen Strichen besteht. Ähnlich ist es bei den mit dem Stift geschriebene Sätzen, die zunächst als Grafikelemente zerlegt, dann wieder als Einzelwörter gruppiert und anschließend mit der Handschriftenerkennung in Druckbuchstaben umgesetzt werden können.

Anwendung: Die Gruppierungsfunktion von Objekten wird sehr häufig im Unterricht und für die Anfertigung von interaktiven Übungen benötigt. Besonders dann, wenn zwei Objekte zusammen verschoben bzw. als ein Objekt kenntlich gemacht werden. Beispiele dafür sind Wortkarten, die sich aus dem grafischen Element der Karte und dem darauf befindlichen Wort zusammensetzen. Gruppiert lassen sich beide Objekte zusammen verschieben. Ein weiteres Beispiel sind Bilder oder Grafiken mit Beschriftungen, die zusammen verschoben werden müs-

Wortkarten

sen, oder sogenannte Pull-Tabs, die als vorgefertigte Einzelwörter oder Sätze am Rand des Tafelbildes zum Einziehen platziert werden (vgl. S. 156).

Arbeiten mit Objektebenen

Jedes einzelne Objekt lässt sich in der Reihenfolge seiner Position bei der Übereinanderlagerung von mehreren Objekten genau festlegen. Sie müssen sich das so vorstellen, als würden Sie einen Stapel von Karten haben. Jede einzelne Karte ist eine Ebene, auf der sich ein Objekt befindet. Wenn Sie z. B. die unterste Karte um eine Eben nach oben bringen, wird automatisch die vorletzte Karte auf die unterste Ebene gestellt. Ebenso verhält es sich 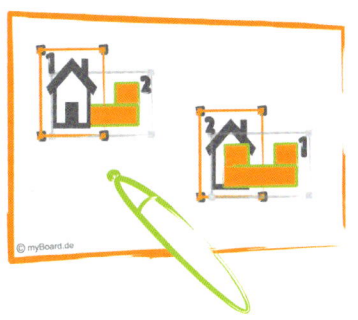 mit beliebigen Objekten auf Ihrem Tafelbild. Manchmal ist es nötig, dass ein Objekt hinter einem anderen steht oder dieses hinter einem anderen Objekt hervorgezogen werden soll. Dabei müssen Sie jedem Objekt eine eindeutige Position zuordnen.

Die verschiedenen Whiteboardsoftware-Produkte arbeiten hier mit den Begriffen »Vordergrund«, »Hintergrund«, »eine Ebene nach vorn« und »eine Ebene nach hinten«. Damit können Sie jedes Objekt genau zuordnen und feststellen, in welchem Verhältnis es zum anderen Objekt stehen soll. Ein klassisches Beispiel hierfür ist wiederum die Wortkarte. Das Wort steht auf der obersten Ebene, also dem Vordergrund, und die mit Farbe gefüllte Wortkarte, unsere geometrische Figur »gefülltes Rechteck« steht dabei im Hintergrund.

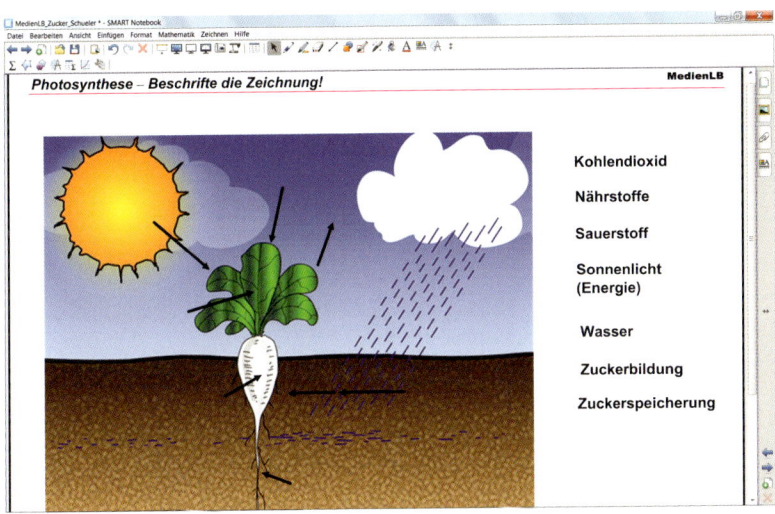

Abb. 80: Beschriftung von Schaubildern durch richtige Zuordnung von Wortkarten

Anwendung: Diese Funktion kommt z. B. bei der Zusammensetzung von Einzelteilen eines Schaubildes zum Einsatz, wenn jedes Objekt genau an seiner richtigen Position stehen soll, es aber an einigen Stellen zu Überlappungen kommen kann. Im Englischunterricht der Grundschule gibt es dazu einige Beispiele beim Anziehen verschiedener Kleidungsstücke, beim Zusammensetzen von Puzzleteilen oder beim Einräumen von Wohnungsgegenständen, wo genau auf die Reihenfolge bzw. die Lage des Objektes geachtet werden muss. Strümpfe, die über die Schuhe angezogen werden, machen in diesem Fall keinen Sinn. Die Ebenenfunktion von Vorder- und Hintergrund kommt auch bei der Erstellung von sogenannten Lösungskärtchen zum Tragen (siehe S. 158). Dabei befindet sich die Lösung scheinbar unsichtbar entsprechend der Hintergrundfarbe auf der obersten Ebene, und das farbige Lösungswort wird darunter gezogen.

Objekte verankern

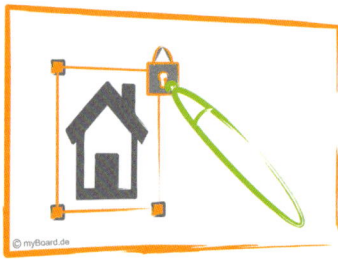

Besonders bei Zuordnungs- oder Verschiebeübungen ist es wichtig, dass bestimmte Objekte auf dem Tafelbild verschoben werden, andere hingegen statisch bleiben können. Dafür gibt es die sogenannte »Verankerungsfunktion«. Wird ein Objekt auf dem Tafelbild verankert, lässt es sich entweder überhaupt nicht mehr von seiner Position lösen oder nur noch in der Horizontalen oder Vertikalen bewegen. Das müssen Sie dem Objekt allerdings mitteilen, indem Sie die entsprechende Funktion in den Eigenschaften des Objektes über das Kontextmenü festlegen.

Durch das Verankern eines Objektes wird es selbst mit dem Hintergrund verbunden und kann nicht gedreht, verschoben oder in seiner Größe geändert werden. Je nach eingesetzter Boardsoftware können dem Objekt einzelne Objekteigenschaften erlaubt werden, wie das Ziehen in eine spezielle Richtung oder das Drehen des Objektes. Auch die Veränderung der Größe kann erlaubt oder nicht erlaubt werden. Allerdings sind alle anderen kontextsensitiven Funktionen bei einem verankerten Objekt deaktiviert, sodass Veränderungen am Objekt erst nach dem Ausschalten der Verankerung wieder durchgeführt werden können.

TIPP | Beim Arbeiten an Texten mit digitalen Markern oder Unterstreichungen sollten Sie stets den Text verankern, da die Markierungen auf einer gesonderten Ebene stehen. Wenn Sie nun Markierungen oder Unterstreichungen am Text vornehmen kann es leicht passieren, dass dabei der Text verrutscht.

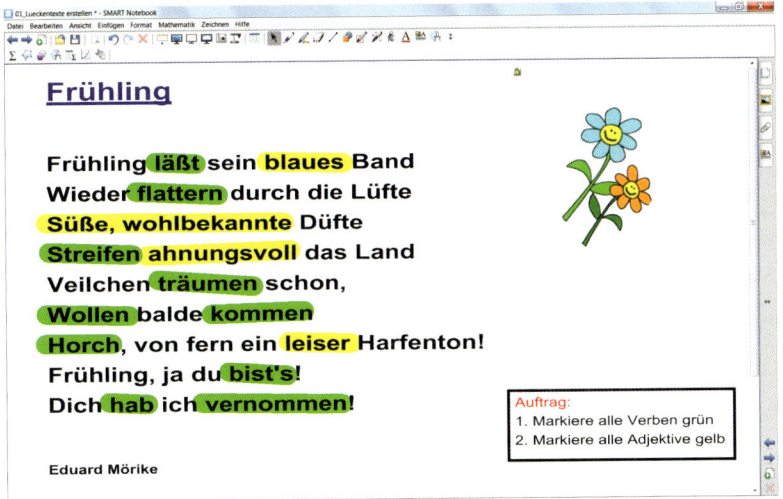

Abb. 81:
Text verankern und anschließend mit digitalem Marker markieren

Anwendung: Verankerungen setzen Sie immer dann ein, wenn Sie verhindern wollen, dass Text- oder Bildobjekte verschoben werden sollen. Dieses kommt zum Beispiel bei Zuordnungsaufgaben zum Einsatz, macht aber auch Sinn bei der Beschriftung von Objekten wie z. B. bei Landkarten, die dann fest auf dem Hintergrund fixiert sind. Dann können einzelne Wortkarten oder Markierungsobjekte frei auf der Grafik bewegt werden, ohne dass die Grafik dabei hin- und herrutscht.
Besonders beim Einsatz von Schaubildern, Beschriftungsobjekten und festen Hintergründen macht die Verankerung von Objekten Sinn. Arbeitsblätter, die Sie z. B. als Grafik oder PDF-Datei innerhalb Ihrer Boardsoftware verwenden, sollten immer fest verankert werden, damit Sie ein Verrutschen der Vorlage vermeiden. Die Verankerung ist notwendig, wenn Sie Texte beispielsweise direkt aus dem Internet übernehmen und darin entsprechende Markierungen mit digitalen Markern vornehmen möchten.

Objekte endlos kopieren und bereitstellen

Jedes Objekt kann durch die einfache Kopierfunktion verdoppelt werden. Allerdings wird das kopierte Objekt nach dem Einfügen in seiner Lage leicht versetzt, sodass das Duplikat sichtbar ist und verschoben werden kann. Diese Funktion benötigen Sie, wenn Sie ein Objekt mehrmals für Ihr Tafelbild benötigen. Dieser Befehl wird in Ihrer Whiteboardsoftware über das Menü oder ein 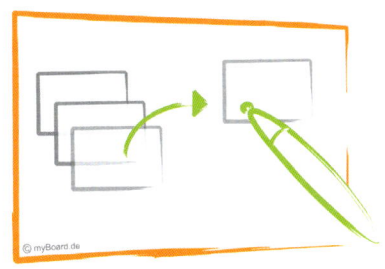 bestimmtes Icon für die Duplizierung bereitgestellt oder kann über das Kontextmenü mit dem Befehl »Kopieren« und »Einfügen« durchgeführt werden. Über die Tastenkombinationen Strg-C und Strg-V lassen sich die markierten Objekte zudem rasch kopieren und wieder einfügen.

endloses Bereitstellen eines Objektes

Eine ganz andere Funktion ist das endlose Bereitstellen eines Objektes, ohne dass es für die Schüler/innen sichtbar ist. Sie müssen sich das so vorstellen, als läge ein niemals endender Stapel von Karten, in diesem Fall Ihr kopiertes Objekt, übereinander und Sie könnten beliebig viele Karten von diesem Stapel nehmen und von dort aus verschieben. Diese Funktion wird als Endloskloner, Multikopie, Endloskopie oder Endlosduplikat bezeichnet. Die Bezeichnung ist wiederum von der jeweiligen Boardsoftware abhängig, es ist aber immer dieselbe Funktion. Sie vervielfältigen ein Objekt so lange unendlich, bis Sie diese Funktion wieder aufheben. Das Objekt wird dabei durch ein besonderes Symbol gekennzeichnet. Es lässt sich nicht mit anderen Objekten gruppieren und neue Attribute wie Farbe, Größe oder Lage lassen sich nicht zuordnen, bis Sie die Endlosklon-Funktion wieder aufheben.

Anwendung: Die Endlos-Kopierfunktion setzen Sie immer dann ein, wenn Sie Objekte mehrmals für eine Anwendung verwenden. Das sind z. B. Stapel von Wortkarten für ein Brainstorming, Noten- und Pausenzeichen mit verschiedenen Längen, die genau einem Takt in der entsprechenden Notenlinie zugeordnet werden müssen, oder Stapel von Münzen, Geldscheinen oder Zahlen, die Sie im Mathematikunterricht für entsprechende Darstellungen von Sachaufgaben benötigen. Auch bei dem Beweis des Satzes des Pythagoras lassen sich z. B. die einzelnen Quadratkästchen endlos klonen und dann in beliebiger Anzahl einzeln in das entsprechende Katheten- oder Hypothenusenquadrat ziehen.

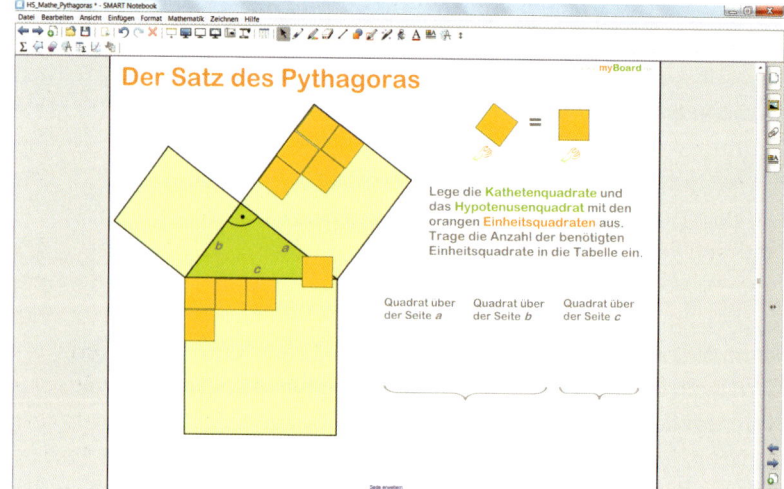

Abb. 82: Verschieben von endlos kopierten Quadraten für den Beweis $a^2 = b^2 + c^2$

Objekte spiegeln

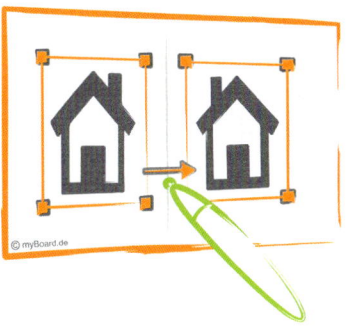

Grafik und Bildobjekte lassen sich in ihrer Darstellung durch eine Spiegelfunktion in der Horizontalen oder Vertikalen spiegeln. Das Objekt wird nach dem Aufrufen der Spiegelfunktion in der gewünschten Darstellung dann spiegelverkehrt an der aktuellen Position angezeigt. Diese Funktion können Sie vorwiegend nutzen, wenn die in der Galerie vorhandenen Bilder nicht die gewünschte Ausrichtung haben oder den Schüler/innen die Spiegelfunktion von bestimmten Objekten im Geometrieunterricht einfach veranschaulicht werden soll.

Möchten Sie das Ursprungsbild und das gespiegelte Bild nebeneinander stellen, müssen Sie zuvor das Ausgangsbild kopieren und später wieder einfügen, da das markierte Bild sofort in gespiegelter Darstellung gezeigt wird, ohne das Ursprungsbild zu belassen. Leider hält bisher keiner der Hersteller ein Werkzeug bereit, bei dem die Spiegelung an einer Achse von Objekten richtig gezeigt werden kann.

Objekte verknüpfen

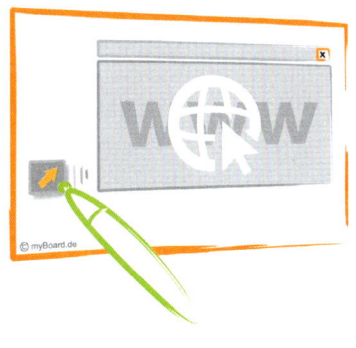

Jedes Objekt, das Sie in Ihr Tafelbild integrieren, lässt sich mit verschiedenen Aktionen verknüpfen. Diese Verknüpfungen dienen einerseits zum Aufrufen von Programmen, andererseits können Sie innerhalb Ihrer Tafelbilder von einer bestimmten Ausgangsseite zu einer anderen Tafelseite springen, auf der z. B. eine didaktische Anweisung oder die Lösung zu einer Aufgabe steht. Damit ist es auch möglich, eine individuelle Navigation für Lernaufgaben, also Lern- und Lösungspfade, zu entwickeln und den Schüler/innen gewisse Selbstlernphasen anzubieten.

Auf dem interaktiven Whiteboard kann innerhalb verschiedener Tafelseiten über das Verknüpfen eines Objekts zu einer bestimmten Seite gesprungen werden. In der Regel werden Bilder und Grafiken für die Verknüpfungen verwendet. Ist ein Objekt mit einem Programm oder beispielsweise mit dem Internet verknüpft, wird beim Objekt ein kleines Symbol angezeigt, über das die jeweilige Verknüpfung aufgerufen werden kann und das verdeutlichen soll, dass bei diesem Objekt eine Verknüpfung besteht. In mancher Boardsoftware gibt es sogar die Unterscheidung, ob der Link mit Mausklick auf das eingeblendete Symbol oder das ganze Objekt aufgerufen werden soll. Prinzipiell unterscheiden wir diese Arten von Verknüpfungsmöglichkeiten in jeder Boardsoftware:

- Link auf Internetseite: Die jeweilige Internetseite wird im Standardbrowser geöffnet.
- Link auf Audiodatei: Die gewählte Audiodatei wird im Standard »Mediaplayer« geöffnet.
- Link auf Videodatei: Die gewählte Videodatei wird im Standard »Mediaplayer« geöffnet.
- Link auf eine beliebige Programmdatei: Die jeweilige Programmdatei wird zusammen mit der verlinkten Inhaltsdatei geöffnet.
- Link auf eine Seite innerhalb der geöffneten Tafelseiten: Die mit dem Link verknüpfte Tafelseite wird geöffnet.

8.3 Arbeiten mit Seiten

Seitenhintergründe nutzen

Generell arbeiten Sie auf einer leeren, weißen Tafelseite am interaktiven Whiteboard, wenn keine anderen Voreinstellungen getroffen worden sind. Der weiße Hintergrund bezweckt zwar eine sehr kontrastreiche Darstellung, wenn Sie dann mit dunklen Farben darauf schreiben oder bunte Bilder präsentieren.

In jeder Boardsoftware können Sie die Hintergrundfarben individuell einstellen. Wählen Sie beispielsweise ein sehr helles Grau oder ein gedämpftes Weiß, erscheint das Tafelbild nicht mehr so lichtstark. Versuchen Sie, immer nur einen Farbwert bei Ihrer Tafelbildabfolge beizubehalten. Für die Schüler/innen ein optisches Signal bzw. eine optische Hilfe kann die Auswahl unterschiedlich farbiger Hintergründe für die unterschiedlichen Fächer sein. Halten Sie sich auch immer an ein Layout bei Elementen, die immer wieder in Ihrem Tafelbild erscheinen. Das sind z. B. Symbole für Links oder Themenüberschriften.

Neben der einfachen Einstellung von verschiedenen Farbhintergründen einer Tafelseite gibt es die Möglichkeit, themenorientiert oder fächerorientiert mit adäquaten Hintergründen zu arbeiten. Das können z. B. dezent im Hintergrund gehaltene Grafiken sein, die ganzflächig auf dem Tafelbild liegen und mithilfe eines Grafikprogramms so transparent erscheinen, dass diese auf der Seite kaum wahrgenommen werden und nur auf einer leeren Seite vollständig erkennbar sind. Meist wird die Möglichkeit, dass Bildobjekte transparent eingestellt werden können, bei der Boardsoftware mitangeboten. Bildseiten dieser Art können sich dann z. B. als Startseite für eine Stunde eigenen.

Zusätzlich zur Bildillustration können feste Elemente, z. B. Fach- und Themenangaben, auf jeder Seite fest als Hintergrundobjekt integriert werden, was wiederum eine Standardisierung von Seiten forciert und den Austausch mit anderen Kolleg/innen vereinfacht, da die Tafelseiten einem Fach gleich zugeordnet werden können.

Abb. 83: transparente Hintergrundgrafik zum Einstieg in ein Thema

Auch für den Fachunterricht können spezielle Hintergründe genutzt werden, die ständig zum Einsatz kommen. Anstatt Bildobjekte einzufügen, werden diese als Hintergrund festgelegt. Nicht jede Boardsoftware unterstützt diese Funktion, doch sollten Sie sie nutzen, wenn Ihre Software dafür geeignet ist. Als feste Hintergründe im Fachunterricht eignen sich z. B. Landkarten, Detailaufnahmen, unterschiedliche Spielfelder für den Sportunterricht, Anlauttabellen für den Sprachunterricht, Buchstabenübersichten, Übersichten für die Lautsprache, das Periodensystem der chemischen Elemente, Zeitleisten, Stammbäume oder Pläne. Auf diesen festen Hintergründen, die das gesamte Tafelbild ausfüllen, arbeiten Sie nun mit den entsprechenden Zeichen- und Schreibwerkzeugen.

Karolinien

Besonders für den Mathematikunterricht in den unteren Klassen unterstützen Karohilfslinien an der herkömmlichen Tafel die Schüler/innen bei der Orientierung und beim Abschreiben von längeren Zahlen oder Rechenaufgaben, bei denen Zahlen entsprechend ihres Stellenwertes genau an die richtige Position untereinander geschrieben werden müssen. Bei Konstruktionen am interaktiven Whiteboard im Geometrieunterricht sind Karolinien unerlässlich. Mit der jeweiligen Boardsoftware für das interaktive Whiteboard sind zahlreiche Hintergründe, die für den Mathematikunterricht gleich einsetzbar sind, verfügbar. Das Angebot reicht von einfachen Karos in unterschiedlichen Rastergrößen über Milli-

zahlreiche Hintergründe

meterpapier bis hin zu fertigen Achsenkreuzen im zwei- und dreidimensionalen Raum – alles mit oder ohne Zahlen auf den einzelnen Achsen.

In den Galerien der Boardsoftware finden Sie diese Hintergründe für die Darstellung von Karolinien, die Sie durch Mausziehen auf Ihre Tafelseite integrieren. Diese Hintergründe sind allerdings so gestaltet, dass sie nicht veränderbar sind. Die Hintergründe können individuell ausgetauscht werden, doch an der Darstellung dieser Bilddateien lässt sich nichts ändern. Falls Sie ein anderes Format für Ihre Karolinien benötigen, müssen Sie sich dieses selbst mit Linien oder in Form einer Tabelle in einem anderen Programm erstellen, als Screenshot in der jeweiligen Boardsoftware abspeichern und dann als Hintergrund einsetzen.

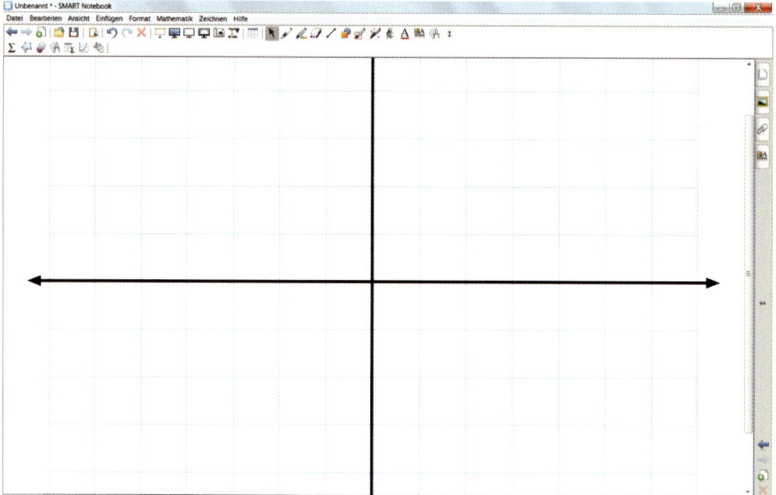

Abb. 84: Achsenkreuz als Hintergrund aus der Galerie

Leider können die Abstände der Karolinien, aber auch der Schreiblinien, bei fast allen Programmen nicht individuell eingestellt werden. Die Ausnahme dabei macht die Boardsoftware *Workspace* der Firma »eInstruction«, bei der die Abstände eingestellt und gespeichert werden können. Das hat den Vorteil, dass die Darstellung der Abstände – entsprechend den Räumlichkeiten bzw. Entfernungen von Schüler/innen in der letzten Reihe – individuell an die Größe angepasst werden kann.

Schreiblinien

In jeder Boardsoftware werden einfache Schreiblinien, die ab der vierten Klasse genutzt werden, als Hintergründe angeboten. Auch diese Linien sind nicht individuell in ihren Abstandsgrößen anpassbar. Was fast bei allen Anbietern fehlt, sind Linien für die Klassen eins bis drei, die in jeder Klasse anders aussehen. Zudem werden für die Erstklässler besondere Hilfsgrafiken am Anfang der Zeile benötigt, die beim Schreiben der Ober- und Unterlängen bei bestimmten Buchstaben helfen sollen.

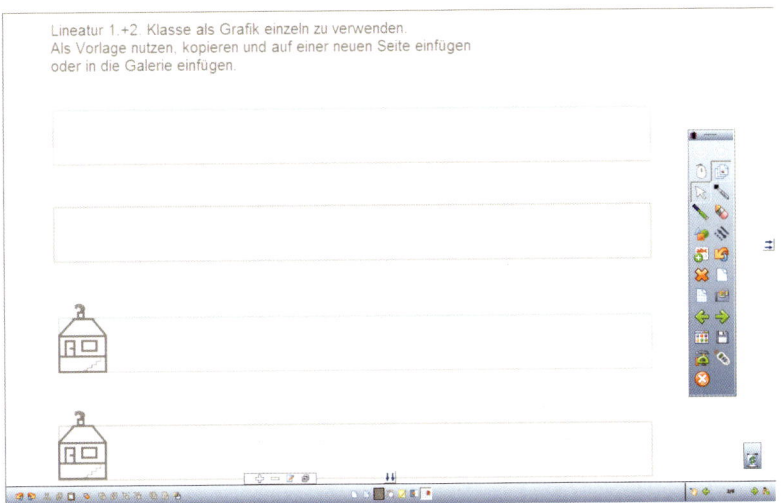

Abb. 85: Grundschullinien für die erste Klasse in verschiedenen Variationen

Sie können sich diese Linien selbst erstellen, indem Sie das Zeichenwerkzeug für Rechtecke nutzen und damit nebeneinander schmale, langgezogene Rechtecke ziehen, die Sie anschließend gruppieren, oder indem Sie mit dem Linienwerk die entsprechende Linienanzahl untereinander im gleichen Abstand positionieren, diese seitlich durch zwei Striche begrenzen und dann alles zusammen gruppieren. Sie sollten die Linien allerdings nicht zu dick und auch nicht in schwarzer Farbe darstellen. Besser ist es, hier ein leichtes Grau zu verwenden, damit die Schreibschrift in den Zeilen besser zur Geltung kommt.

Alle Schreiblinien für alle Klassen der Grundschule finden Sie übrigens auch auf www.myBoard.de zum Download. Hier werden die Grundschullinien als ganze Seite und in separaten Blöcken für verschiedene Boardsoftware-Produkte angeboten. Die Linien können Sie einzeln oder als Linienblock beliebig kopieren und als Objekt auf Ihre Tafelbildseite integrieren.

Besonders für den Musikunterricht ist es hilfreich, einzelne Notenzeilen oder ganze leere Notenblätter als Hintergrund bereitzustellen. Dabei können Sie auch vorgefertigte Noten in unterschiedlichen Notenwerten inklusive Taktstrichen und Pausenzeichen als mehrfach kopierte Objekte auf dem Tafelbild zur Verfügung stellen. Die bereitgestellten Notenobjekte ziehen Sie dann einfach in die entsprechende Notenzeile, anstatt diese mühsam selbst zu zeichnen. Auch hier können Blöcke von Notenzeilen verwendet werden, um kurze Beispiele innerhalb der Notenzeile zu verdeutlichen, ohne dabei gleich ein komplettes Notenblatt zu verwenden. So lassen sich innerhalb eines Tafelbildes kurze Notenzeilen einfügen, um darin zu arbeiten. Mit Hilfe verschiedener Pause- und Notenwerte lassen sich damit zusammen mit den Schülern ganze Melodien erstellen und in anschaulicher Weise zeigen.

Notenzeilen für Musik

TIPP

Legen Sie sich eine Sammlung verschiedener Linien- und Karoblöcke in Ihrer persönlichen Galerie an, die Sie bei Bedarf als Hilfslinien in Ihr Blanko-Tafelbild ziehen und verankern können.

Generell sollten Sie für längere Tafelanschriften Hilfslinien benutzen. Einerseits fühlen Sie sich sicherer beim Anschreiben, da Sie eine gewisse Orientierungshilfe haben, andererseits sehen Ihre Tafelbilder auch besser aus, wenn die Texte horizontal verlaufen.

Letztendlich nutzen Sie auf der klassischen Kreidetafel in der Regel ebenso die dort vorgegebenen Hilfspunkte, um eine vernünftige Aufteilung und ein besseres Erscheinungsbild für Ihr Tafelbild zu gewährleisten.

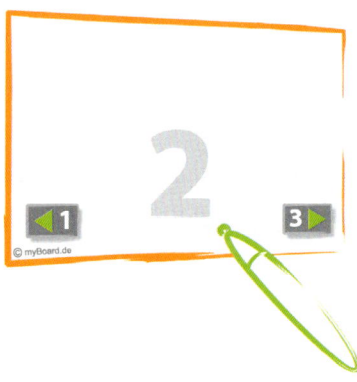

Mit mehreren Tafelseiten arbeiten

Ähnlich wie bei mehreren Seiten einer *PowerPoint*-Präsentation verhält es sich auch mit Tafelseiten innerhalb einer Boardsoftware. Mehrere einzelne Tafelseiten werden dabei in einer einzigen Datei abgespeichert. Jede Tafelbildseite kann unterschiedliche Objekte bzw. Medien beinhalten. Natürlich können Sie auch mehrere Tafelbilder unterschiedlicher Fächer in einer einzigen Datei speichern, doch würde ich Ihnen davon abraten, da Sie sonst Ihre Materialsammlung nicht richtig organisieren können.

Die Navigation durch die Tafelbilder erfolgt über die Pfeilschaltfläche innerhalb der Symbolleiste für die Werkzeuge – oder es werden gesonderte Navigationsschaltflächen auf der Tafelseite bzw. seitlich des Tafelbildes eingeblendet. Jeder Mausklick in die entsprechende Pfeilrichtung auf die Schaltfläche blendet die nächste Tafelseite ein.

Um bei mehreren Tafelseiten auf eine bestimmte Tafelseite zu gelangen, müssen Sie eine entsprechende Seitenübersicht aufrufen. Das können mehrere Miniaturseiten auf einer Überblicksseite sein, oder die einzelnen Miniaturseiten werden in einem Listenfeld angezeigt, in dem Sie sich über eine Rollbalkenleiste alle Miniaturseiten anzeigen lassen können. In der Boardsoftware lässt sich diese Seitenübersicht meist über eine eigene Registerkarte oder über ein Symbol innerhalb eines Extrafensters aufrufen.

Einzelne Seiten innerhalb der Miniaturübersicht lassen sich markieren und an eine beliebige Position innerhalb der Tafelbildreihenfolge verschieben. So können Sie Ihre Seiten nachträglich noch sortieren und zusammenstellen. Dies ist dann sehr wichtig, wenn Sie z. B. am Ende einer längeren Unterrichtssequenz die wichtigsten Tafelbilder noch einmal für eine Wiederholungsstunde zusammenstellen und mit den Schüler/innen noch einmal durcharbeiten möchten.

Die Miniaturseiten lassen sich in dieser Ansicht in der Regel auch in Gruppen markieren und umstellen, einzelne Seiten können gelöscht oder kopiert und an anderer Stelle einfügt werden. Die Seiten werden meist jeweils mit aktuellem Datum und der Uhrzeit gespeichert.

8.4 Unterrichtsmaterialen richtig speichern

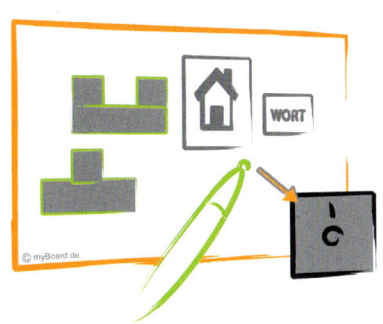

Tafelbilder, die zu einer Unterrichtssequenz gehören, können Sie entweder in einer einzigen Datei speichern oder die einzelnen Stunden jeweils extra unter einem eigenen Dateinamen abspeichern. Organisieren Sie die Ordnerstruktur auf Ihrem Rechner so, dass Sie die jeweiligen Unterrichtsmaterialien auch schnell wieder finden. Das System der Unterteilung in Klassenstufe, Fach, Bereich und Thema hat sich dabei bewährt. Die von Ihnen zu Hause erstellten Tafelbilder können Sie auf einem USB-Stick mit in die Schule bringen oder per E-Mail bzw. Dateiablage auf dem Schulserver im Zugriff haben.

Zum Unterrichtsende sollten Sie die Datei noch einmal unter einem anderen Dateinamen abspeichern. Diese Datei dient Ihnen als eine Art Stundenprotokoll und Sicherung der Ergebnisse. In der nächsten Stunde können Sie dann genau an dieser Stelle weitermachen oder die Ergebnisse der letzten Stunde noch einmal wiederholen.

> Speichern Sie jedes Fachdokument und jede Unterrichtsstunde in einer eigenen Datei ab, auch wenn es sich dabei nur um eine Tafelseite handelt.

TIPP

Legen Sie sich auch ein eigenes Archiv von Bildern, Grafiken und Sounddateien an, die Sie öfters im Unterricht benötigen. Die Medien können Sie dann für neue Tafelbilder nutzen. Die Medienobjekte in den bereits erstellten Tafelbildern werden automatisch mit diesen zusammen in der Tafelbild-Datei gespeichert. Größere Objekte wie Filme und längere Tondokumente sollten extern angesprochen werden – also durch einen Link aufgerufen – und nicht zusammen mit dem Tafelbild gespeichert werden, da in diesem Fall die Datei für die Tafelbilder unnötig groß wird.

Um die Inhalte Ihrer Tafelbilder auch Ihren Schüler/innen oder anderen Kolleg/innen zu geben, die nicht die entsprechende Tafelsoftware im Zugriff haben, können Sie die einzelnen Tafelbilder auch als PDF-

Dokument, *PowerPoint*-Datei oder manchmal sogar als einzelne Bilder abspeichern. Manche Boardsoftware unterstützt zudem das Speichern der Tafelinhalte in HTML-Seiten, also Seiten, die im Internet veröffentlicht werden können.

Tafelinhalte in HTML-Seiten

Hinweis: Bitte denken Sie bei der Weitergabe von Tafelbildern immer daran, dass die Medien, die Sie auf die einzelnen Tafelseiten eingefügt haben, auch zur Weitergabe geeignet und frei von Rechten Dritter sind. Bilder, Animationen und Tondokumente, die in der jeweiligen Galerie einer Boardsoftware enthalten sind, können Sie bedenkenlos mit Ihren Tafelbildern zusammen für Unterrichtszwecke weitergeben. Sobald Sie aber andere Medien einsetzen und diese öffentlich zugänglich machen, sollten Sie klären, dass diese Materialien vervielfältigt und weitergegeben werden dürfen.

8.5 Tafelinhalte verbergen und sichtbar machen

Dynamische Tafelbilder

Tafelbilder am interaktiven Whiteboard haben eine gewisse Dynamik. Die Inhalte werden teilweise aus der Situation heraus entwickelt, Texte und Bilder aus dem weltweiten Netz dazu gesucht und in das Tafelbild übernommen. Mit diesen Inhalten wird dann weitergearbeitet und dabei ein entsprechendes Tafelbild entwickelt. In diesem Fall sprechen wir von sogenannten dynamischen Tafelbildern.

Das ist der Idealfall. Doch Tatsache ist, dass uns oftmals nur 45 Minuten zur Verfügung stehen und Stunden dieser Art nicht ohne Weiteres durchgeführt werden können. Diese Art von Unterrichtsstunden erfordert eine gewisse Recherchearbeit. Ihre Inhalte werden von Ihnen zusammen mit den Schüler/innen oder – im besten Fall – durch die Schüler/innen selbst in Gruppen erarbeitet. Die Arbeitsergebnisse werden dann in individuellen Tafelbildern zusammengestellt und der Klasse präsentiert.

Tafelbilder vorbereiten

Aufgrund der Zeitknappheit werden die meisten Tafelbilder für das interaktive Whiteboard von Ihnen so vorbereitet, dass Sie sich zu einem Teil aus Präsentation und zu einem gewissen Teil aus interaktiven Elementen zusammensetzen. Die Interaktion kann dabei durch den Lehrer oder vereinzelt auch durch Schüler/innen erfolgen. Verschiedene Verlage bieten für den Fremdsprachen- und Mathematikunterricht bereits einige Tafelbilder mit interaktiven Elementen an. Vorwiegend werden allerdings gut gemachte interaktive Materialien für das interaktive Whiteboard für den Grundschulunterricht auf dem Markt angeboten.

Wenn Sie diese Tafelbilder für Ihre Unterrichtsvorbereitung erstellen, müssen Sie sich allerdings eine andere Vorgehensweise aneignen. Anders als beim klassischen Kreidetafelbild werden im Unterricht nicht die verschiedenen Elemente wie Bild, Text oder Schemazeichnung an der Tafel erstellt oder im Tafelbild ergänzt, sondern die Tafelbilder werden bis zu einem gewissen Grad bereits vom Lehrer zu Hause vorbereitet.

> Nutzen Sie die vorbereiteten Inhalte, Medien und Verlinkungen zu anderen Materialien eines dynamischen Tafelbildes situationsabhängig. Setzen Sie nicht zu viele Elemente gleichzeitig ein.

TIPP

Dabei präsentiert die Lehrkraft die vorbereiteten Tafelbilder keinesfalls wie bei einer *PowerPoint*-Präsentation Seite für Seite, sondern lässt das wohl durchdachte und ansprechend gestaltete Tafelbild schrittweise entstehen, indem verschiedene Möglichkeiten des Ein- und Ausblendens von bestimmten Tafelbereichen oder Objekten innerhalb der Boardsoftware genutzt werden. Zusätzlich werden die Möglichkeiten der Verlinkung auf passende Seiten ins Internet und entsprechendes Arbeitsmaterial in Form von Arbeitsblättern mit der jeweiligen Tafelseite verknüpft. Somit können Sie zentral aus Ihrem Tafelbild heraus alle benötigten Medien aufrufen, die Ihnen in dieser Stunde geeignet und wichtig erscheinen. Bei der Visualisierung der dynamischen Tafelbilder kommt es stark darauf an, nicht zu viele Inhalte auf einmal zu präsentieren und auch nicht alle mit der Tafelseite verknüpften Medien aufzurufen.

Tafelbild schrittweise

Jede Boardsoftware hält einige Funktionen bereit, die für das schrittweise bzw. situative Anzeigen und Verbergen von Tafelinhalten zuständig sind. Im Folgenden möchte ich Ihnen einige Möglichkeiten zeigen, wie Sie bestimmte, bereits vorhandene Tafelinhalte so nutzen können, dass diese in unterschiedlicher Form ein- bzw. ausgeblendet werden können. Einige der Möglichkeiten sind einfach zu erstellen, andere benötigen bereits Kenntnisse über den erweiterten Umgang mit Bearbeitungsmöglichkeiten von Objekten, die im vorangegangenen Abschnitt näher beschrieben wurden.

Bei dem vorgestellten Repertoire handelt es sich um eine Auswahl von Möglichkeiten, die sich für das Verbergen oder Einblenden von Tafelinhalten eignen. Sie müssen diese nicht alle und schon gar nicht alle innerhalb eines Tafelbildes einsetzen. Einige davon sind eher für die Grundschule gedacht, anderer können Sie in jeder Klassenstufe einsetzen.

Verbergen oder Einblenden

Einen Großteil der hier vorgestellten Methoden kennen Sie vielleicht aus der professionellen Arbeit mit dem Tageslichtprojektor in Verbindung mit Auf- und Abdeckblättern, Überblendungseffekten, Überlappungen und das Freigeben von ganz bestimmten Folienbereichen. Alle diese Techniken lassen sich sehr einfach am interaktiven Whiteboard realisieren und erfordern zudem kein weiteres Equipment.

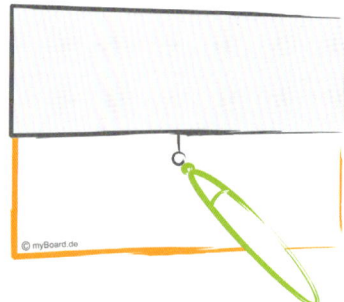

Der Vorhang geht auf

Jede Boardsoftware bietet mittlerweile einen digitalen »Vorhang« an, der sich über das gesamte Tafelbild positionieren lässt. Dabei handelt es sich in der Regel um ein graues Rechteck, dass von unten, oben, links oder rechts vom Rand her verkleinert werden kann. Dabei werden automatisch die darunter liegenden Tafelinhalte sichtbar.

Dieser Vorhang lässt sich zusammen mit dem jeweiligen Tafelbild an der gewünschten Position abspeichern. Der Vorhang selbst kann komplett über eine Schließen-Schaltfläche wieder entfernt werden. In der Regel steht dafür das bekannte »X«-Symbol für das Schließen eines Programms. Sie können bei mehreren Tafelbildern auch mehrere Vorhänge nutzen. Alle werden zusammen mit den Tafelbildern gespeichert und erscheinen beim nächsten Aufrufen auch exakt an der gleichen Stelle.

Abb. 86: Verdecken von Tafelinhalten mit dem digitalen Vorhang

Anwendung: Den Vorhang können Sie wie ein Blatt Papier auf dem Overhead-Projektor verwenden – mit dem Unterschied, dass sich der Vorhang in seiner Größe beliebig verändern lässt. Nutzen Sie den Vorhang beispielsweise beim Einstieg in eine Stunde. Verdecken Sie damit ein Bild, ein Wort, einen Textabschnitt oder eine Überschrift. Durch das Mausziehen an einem Haltepunkt des Vorhangs verkleinern Sie die Abdeckoberfläche.

Der Vorhang kann auch dann eingesetzt werden, wenn Sie dahinter Lösungswege oder Antworten verbergen wollen. Das kann ein Bereich der Tafelseite sein, aber auch eine vollständig andere Seite. Wenn Sie zwei Seiten nebeneinander darstellen, kann eine davon die Aufgabe oder die Frage beinhalten, und auf der nächsten Seite kann die Lösung eingeblendet werden, die allerdings erst später angezeigt wird.

Verbergen mit sichtbaren Flächen

Manchmal ist es notwendig, dass Teilbereiche eines Tafelbildes noch nicht für die Schüler/innen sichtbar sind. Das können Überschriften, Merksätze, Bilder aber auch Ergebnisse von Aufgaben sein. Hier bietet es sich an, diese Bereiche zunächst zu verdecken und erst dann aufzudecken werden, wenn diese im Unterrichtsverlauf benötigt werden.

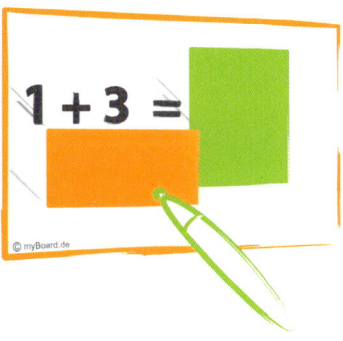

TIPP Arbeiten Sie immer mit farblich identischen Abdeckflächen, um ein unruhiges Tafelbild zu vermeiden, und legen Sie sich eine Standardfläche in Ihrer Galerie an.

Hierfür stehen Ihnen zahlreiche grafische Elemente innerhalb der Boardsoftware zur Verfügung. Mit ihnen können Sie Flächen erstellen, die über das abzudeckende Element gestellt werden können. Sie sollten aber bedenken, dass zu viele unterschiedliche Grafikelemente Ihr Tafelbild sehr unruhig machen. Daher sollten Sie sich auf ein grafisches Element festlegen, das Sie wiederholt einsetzen möchten. Dieses können Sie dann z.B. in Ihrer Galerie abspeichern, um es nicht jedes Mal neu erstellen zu müssen. Ich verwende vorwiegend Rechtecke, die immer mit derselben Farbe gefüllt werden, wobei der Rand des Rechtecks die selbe Farbe trägt. So erhalte ich eine einheitliche Farbfläche, die ich in der Größe beliebig ändern kann. In Ihren Board-Werkzeugen finden Sie dafür ein Zeichentool, das Ihnen das Erstellen eines Rechtecks mit Füllfarbe ermöglicht. Kopieren Sie das Grafikelement nun so oft, wie Sie es auf der aktuellen Tafelseite benötigen, ziehen Sie es auf die gewünschte Größe und schieben Sie es über den Inhalt, der noch nicht sofort von den Schüler/innen gesehen werden soll. An Ihrer Tafel haben Sie vermutlich bisher Wortkarten oder Bilder mit Magneten angebracht und umgedreht – oder die entsprechende Tafelseite mit den Lösungen zugeklappt. Auf dem interaktiven Whiteboard gestaltet sich das um einiges einfacher. Da es sich bei dem eingefärbten Rechteck um ein Objekt handelt, hat dieses Objekt eine bestimmte Position in den unterschiedlichen Objektebenen. Falls Ihr Rechteck noch nicht auf der obersten Ebene steht, müssen Sie dies noch über das Kontextmenü in den Eigenschaften festlegen. Positionieren Sie dann die Fläche genau über dem zu verbergenden Inhalt.

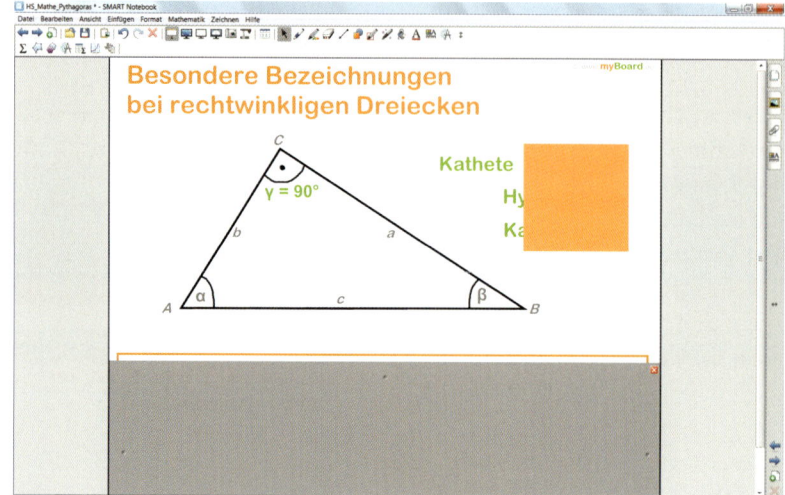

Abb. 87:
Teile des Tafelbildes mit digitalem Vorhang und Farbfläche verbergen

Sollen nun die dahinter liegenden Inhalte für die Schüler/innen sichtbar gemacht werden, gibt es mehrere Möglichkeiten, die Flächen zu entfernen.

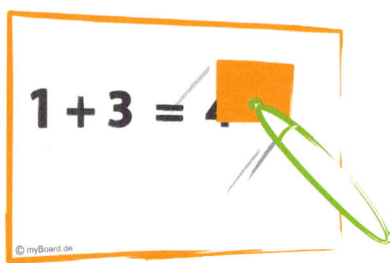

Abdeckung im Tafelbild verschieben

Falls Sie die Abdeckfläche noch einmal benötigen, können Sie diese auf dem Tafelbild an eine beliebige Position verschieben, um Sie später noch einmal zu nutzen. Ziehen Sie das Rechteck an den seitlichen Rand oder nach unten. Dabei kann es sein, dass sich die Arbeitsfläche Ihres Tafelbildes automatisch erweitert, also größer wird. Bei mehreren Abdeckungen wird das allerdings schnell unübersichtlich. Daher sollten Sie sich ein Rechteck so in Ihrer Galerie zurechtlegen, dass Sie es immer wieder nutzen können. Die weitaus einfachere und elegantere Variante hingegen ist, das Objekt einfach zu löschen.

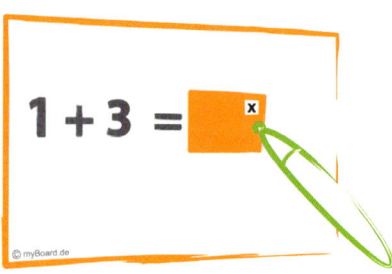

Abdeckung direkt löschen

Da es sich bei der Abdeckfläche um ein einfaches Objekt handelt, gibt es mehrere Möglichkeiten, dieses zu löschen. Je nach Boardsoftware ziehen Sie das Objekt einfach in den eingeblendeten Mülleimer, löschen es über das Kontextmenü oder rufen innerhalb der Symbolleiste die Löschfunktion für markierte Objekte auf. Versehentlich gelöschte Objekte können Sie über die Rückgängig-Funktion wieder zurückholen und erneut an der vorhergehenden Position anzeigen. Wenn Schüler/innen mit Abdeckungen am interaktiven Whiteboard arbeiten sollen, ist es besser, wenn diese mit dem Verschieben der Objekte arbeiten, anstatt mit der Lösch-Funktion, da schnell einmal Inhalte unabsichtlich und unbemerkt verschwinden, wenn nicht alle Elemente auf der Seite verankert (vgl. S. 140) wurden.

Verbergen mit unsichtbaren Flächen

Die optisch weitaus schönere Variante ist die Nutzung von Abdeckflächen, die dieselbe Farbe für Rand und Füllung besitzen wie Ihr Tafelhintergrund. Damit ist dieser Inhalt für die Schüler/innen völlig unsichtbar und kann bei Bedarf entsprechend der oben beschriebenen Varianten aufgedeckt, verschoben bzw. gelöscht werden.

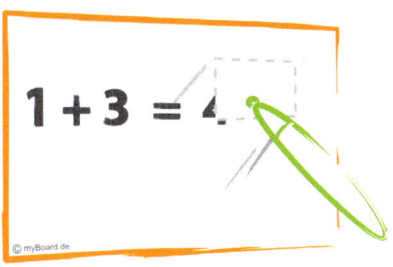

Da Sie mit dem Farbspektrum der *Windows*-Farben arbeiten, steht Ihnen 16 Millionen Farben sowohl für die Hintergrundfarbe Ihres interaktiven Tafelbildes als auch für das Füllen Ihres Abdeckobjektes zur Verfügung. Sobald Sie allerdings Karolinien oder Schreiblinien einsetzen, funktioniert diese Methode nicht mehr. Hier müssen Sie das Werkzeug für das Ausschneiden bzw. Abfotografieren von Bildschirminhalten nutzen (vgl. S. 177).

Abb. 105

Wenn Ihre Abdeckflächen identisch mit dem Hintergrund sind und unsichtbar erscheinen, müssen Sie sich eine Hilfe geben, um die Abdeckfläche auch wieder zu finden bzw. genau zu treffen. So können dann die darunterliegenden Inhalte aufgedeckt werden. Machen Sie sich dafür mit dem Farbstift einen kleinen farbigen Punkt und gruppieren Sie die beiden Elemente – Farbrechteck und Punkt – zu einem Objekt. Für die Schüler/innen ist das kaum sichtbar, und Sie haben einen Anhaltspunkt, wo Ihre Abdeckfläche zum Verschieben oder Löschen liegt. Die letzte beschriebene Möglichkeit eignet sich in erster Linie für Sie als Lehrer, um Ihr dynamisches Tafelbild schrittweise mit vorbereiteten Inhalten im Unterricht aufzubauen. Bei Übungen mit Schüler/innen an der digitalen Tafel sollten Sie die vorher beschriebene Variante nutzen.

Mit Pull-Tabs arbeiten

Anstatt Inhalte, die auf Ihrem Tafelbild bereits vorhanden sind, nacheinander von Abdeckflächen zu befreien und damit einen schrittweisen Aufbau des Tafelbildes zu visualisieren, haben Sie auch die Möglichkeit, mit sogenannten »Pull-Tabs« zu arbeiten. Das sind Textelemente in Form von Wörtern, Zeilen, ganzen Absätzen oder Bildern die Sie an den Rand Ihres Tafelbildes stellen.

Um die Texte vom Rand in das Tafelbild ziehen zu können, ohne dass dabei der Text schon zu sehen ist, werden den Textpassagen grafische Elemente vorangestellt. Das können kleine Kreise oder Quadrate sein, aber auch Symbole, die Sie eigens dafür wählen. Damit die beiden Objekte, Grafik und Text, zusammen verschoben werden können, müssen Sie diese miteinander gruppieren und anschließend das Objekt so an den Rand verschieben, dass nur noch die Grafik ein wenig hervorschaut. Sie dient quasi als Halteelement, um den Text seitlich auf das Tafelbild zu ziehen. Die eigentlichen Textinhalte bleiben den Schüler/innen somit zunächst verborgen und werden erst bei Bedarf hervorgezogen.

Damit Sie eine gewisse Orientierung haben, an welcher Stelle Sie die einzelnen Textabschnitte auf dem Tafelbild positionieren müssen, können Sie grafische Platzhalter oder einfache, kurze Linien auf dem Tafelbild verankern, die Ihnen zeigen sollen, dass das Objekt bis zu dieser Stelle gezogen werden soll. Bei den Hilfslinien und Hilfsgrafiken sollten Sie eine ganz dezente Farbe wählen, die im Tafelbild wenig auffällt. Letztendlich soll es nur eine optische Hilfe für Sie oder Ihre Schüler/innen sein.

Anwendung: Mit dieser Methode können Sie z.B. Beschriftungen für Schaubilder, einzelne Merksätze oder Beispielsätze verbergen, die Sie zu gegebener Zeit über die Seiten in das Tafelbild hereinholen. Für die Schüler/innen können Sie damit kleine interaktive Zuordnungsübungen machen, indem Sie mit dem Grafikelement bestimmte Wörter oder Aufgaben verknüpfen, die die Schüler/innen innerhalb des Tafelbildes zuordnen müssen.

Damit lassen sich wunderbar Einmaleinsübungen realisieren oder Dialoge für Sprechblasen bereitstellen, die dann zum jeweiligen Bild zugeordnet werden müssen. Wortkarten können an bestimmte Positionen in Schaubilder gestellt, aber auch Teile eines Gesamtbildes auf diese Art und Weise nacheinander hervorgezogen werden. Sicherlich fallen Ihnen da sofort ein paar interessante Anwendungen dieser Methode ein.

8.6 Lösungen und Inhalte anzeigen

Wenn Aufgaben von Schüler/innen am interaktiven Whiteboard gelöst werden sollen, bietet es sich besonders in den unteren Klassen an, zusätzliche Interaktionsmöglichkeiten auf der digitalen Tafel zur Verfügung zu stellen. Verschiedene Übungsformen dazu sollen später noch beschrieben werden (vgl. S. 185). Um die Lösungen von Aufgaben nach dem Bearbeiten sichtbar zu machen, sind verschiedene Formen möglich. Diese können Sie natürlich beliebig variieren und entsprechend der Klassenstufe einsetzen.

Folgende Varianten werden dabei unterschieden: Bei der ersten Variante wird die Aufgabe zunächst an der Tafel bearbeitet. Das kann in Form von interaktiven Übungen, einfachen Lückentexten, Drag-and-Drop-Aufgaben oder dem direkte Lösen einer Mathematikaufgabe sein. Die Lösung wird anschließend nach der Aufgabendurchführung aufgerufen bzw. sichtbar gemacht. Bei der zweiten Variante beinhaltet die Aufgabe bereits die Lösung, und die Schüler/innen erhalten unmittelbar das Feedback, um zu erfahren, ob die Aufgabe richtig gelöst bzw. die Frage richtig beantwortet wurde.

Lösungen »hervorlöschen«

Beispielsweise bei Mathematikaufgaben lassen sich die Lösungen einfacher Aufgaben verbergen, indem diese mit dem Stift-Werkzeug, der entsprechenden Hintergrundfarbe und Stiftstärke übermalt werden. Sie malen dabei einfach eine Farbfläche über die Lösung. Sobald die Aufgabe gerechnet wurde, kann einer in der Gruppe die Lösung zum Vergleich mit dem Radier- oder Schwamm-Werkzeug »aufradieren« bzw. »hervorlöschen«. Die Schüler/innen haben sehr viel Spaß daran, die Aufgabe richtig zu lösen und anschließend ihr Ergebnis mit der Musterlösung zu vergleichen. Gleichzeitig lernen sie dabei das abwechselnde Benutzen der verschiedenen Boardwerkzeuge kennen.

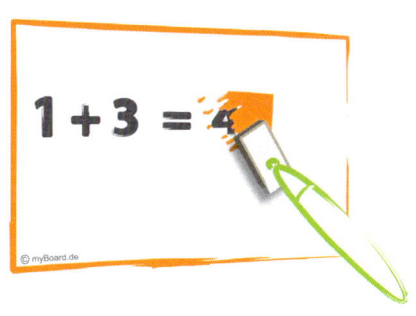

TIPP Mit dem Schwamm- oder Radierwerkzeug lassen sich nur mit dem Stift gezeichnete bzw. geschriebene Objekte bearbeiten. Bilder und Vektorgrafiken müssen Sie als Ganzes löschen.

Diese Form des Verbergens von Inhalten lässt sich natürlich auch für andere Präsentationsmöglichkeiten am interaktiven Whiteboard einsetzen. Ein ganzflächig auf den Hintergrund gestelltes Bild oder Foto kann so schrittweise an den unterschiedlichsten Stellen freigelegt werden.

Diese Form des Verbergens und Anzeigens von Inhalten kann z B. auch bei Bildbetrachtungen eingesetzt werden, bei denen erst einmal gewisse Bildausschnitte freigelegt werden und darüber gesprochen wird, bevor das gesamte Bild angezeigt wird. Aus wahrnehmungspsychologischer Sicht ermöglicht das den Schüler/innen eine bewusste Auseinandersetzung mit ausgewählten Details eines Bildes, bevor das Gesamtbild näher analysiert wird.

TIPP | Denken Sie auch hier wieder daran, die darunter liegenden Objekte für die Lösungen zu verankern.

Natürlich lässt sich diese Technik auch wunderbar für kleine Spiele einsetzen, bei denen erraten werden muss, um welchen Gegenstand oder welches Thema es sich bei dem gezeigten Bild handelt. Dabei darf ein Schüler nach dem anderen eine bestimmte Stelle freilegen, damit der Rest der Klasse erraten kann, was dahinter steckt.

Lösungskärtchen und Lösungslupen

Eine weitere Möglichkeit, verborgene Lösungen nach der Durchführung einer Aufgabe zur Kontrolle anzeigen zu lassen, sind die sogenannten »Lösungskärtchen«. Man spricht auch von »Lösungslupen«, die im Aufbau und der Funktionalität den Lösungskärtchen entsprechen.

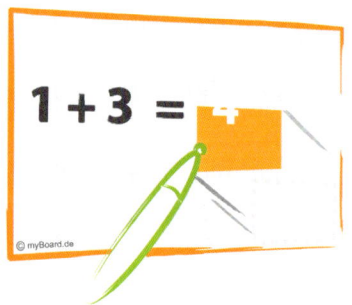

Das Lösungskärtchen

Diese Methode bietet sich z. B. hervorragend bei Lückentexten, Zuordnungsaufgaben oder für Ergebnisse im Mathematikunterricht an. Dabei wenden Sie erneut das Prinzip der Objektebenen an – allerdings dieses Mal in umgekehrter Reihenfolge. Die Lösung steht bereits an der Tafel, und zwar in der Farbe des Tafelhintergrunds. Zusätzlich halten Sie innerhalb des Tafelbildes ein farbiges Lösungskärtchen bereit. Dieses Objekt wird über die Eigenschaften auf die unterste Ebene festgelegt, sodass alle Objekte, die sich auf dem Tafelbild befinden, über dem farbigen Kärtchen liegen. Sobald Sie nun das Farbkärtchen auf die Lösung schieben, erscheint die darunterliegende Lösung wie von Zauberhand auf dem Lösungskärtchen.

TIPP | Ziehen Sie das Lösungskärtchen nur kurz über die Lösung und schieben Sie es anschließend wieder an den Ausgangsort zurück.

Die Lücken eines Lückentextes lassen sich damit schnell anzeigen und überprüfen. Die Lückentexte selbst erstellen Sie am einfachsten in einem Textverarbeitungsprogramm, markieren die einzelnen Begriffe mit Doppelklick und gedrückter Strg-Taste und wählen anschließend die entsprechende Hintergrundfarbe Ihres Tafelbildes, um die Lückenwörter alle gemeinsam mit dieser Farbe zu färben. Anschließend kopieren Sie den Text in Ihr Tafelbild und verankern diesen.

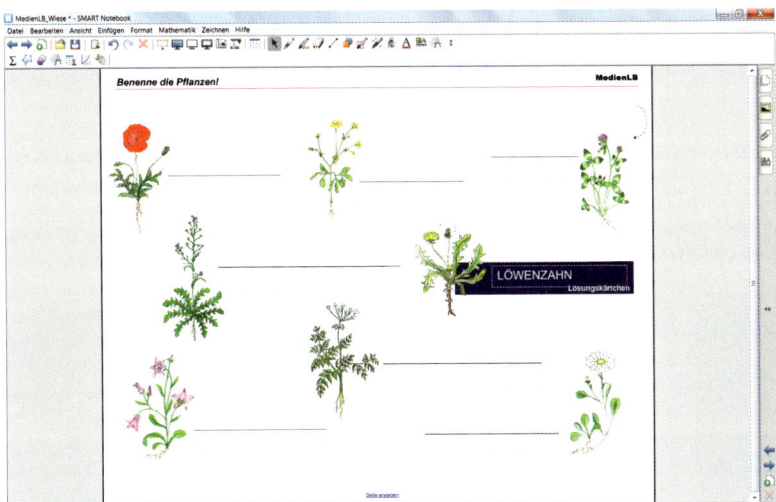

Abb. 88: Lösungskärtchen am Tafelbild eingesetzt

Das Lösungskärtchen und die Lösungslupe dürfen Sie allerdings nur über die Lösung ziehen und das Objekt, also die Lösungskarte, dabei nicht loslassen. Da das Kärtchen als Eigenschaft die unterste Anzeigenebene hat, liegen der Lösungstext und auch der Rest des Textes davor. Sobald Sie nun Ihre Lösungskarte loslassen, erreichen Sie diese nicht mehr. In diesem Fall hilft nur, den davor stehenden Text zu verschieben und das Kärtchen wieder an seinen ursprünglichen Platz zurück zu schieben.

Die Lösungslupe

Auch die Lösungslupe arbeitet nach diesem Prinzip. Dabei handelt es sich allerdings nicht um eine einfache Rechteckfläche, sondern um mehrere Objekte, die zu einem Objekt gruppiert wurden. Der Vorteil der Lupe liegt darin, dass ihr »Griff« soweit herausragen kann, dass nur ein Teil des Objektes unter dem Lösungsobjekt verschwindet und dadurch auch die Lupe auf der Lösung verweilen kann, ohne dass das Objekt

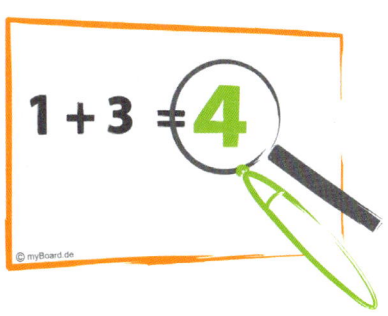

weiterhin gehalten werden muss. Ein Teil des Objektes ragt dabei unter der obersten Ebene hervor und dient als Angreifpunkt.

Wenn Sie sich selbst so eine Lupe erstellen möchten, nehmen Sie dafür das Werkzeug für das Zeichnen eines Kreisobjektes. Füllen Sie anschließend den Kreis mit einer kontrastreichen Farbe zum Hintergrund bzw. der Lösungsfarbe und geben Sie dem Kreis auch einen farbigen Rand. Sie können auch eine rechteckige Lupe oder ein Oval erstellen. Damit haben Sie mehr Platz, um Lösungen anzeigen zu lassen.

Anschließend nehmen Sie das Rechteck-Werkzeug und erstellen ein langgezogenes Rechteck für den Griff, welches Sie mit der Füllfarbe des Kreisrandes füllen. In dieser Farbe färben Sie dann auch die Ränder ein. Beide Objekte positionieren Sie nun so zueinander, dass der Griff zur Lupe passt. Den Griff müssen Sie dabei über den entsprechenden Haltepunkt drehen. Beide Objekte werden nun zusammen zu einer Gruppe verbunden und anschließend über die Eigenschaften auf die unterste Objektebene gestellt.

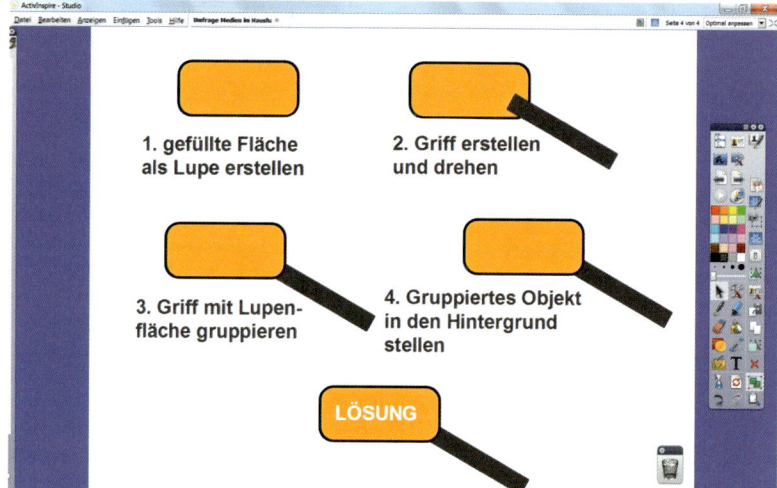

Abb. 89: schrittweise eine Lösungslupe erstellen

Lösung mit direktem Feedback

Nun zur zweiten Variante, bei der die Schüler/innen unmittelbares Feedback erhalten, ob ihre Aufgabe richtig gelöst wurde. Wiederum arbeiten Sie mit Objekten und Ebenen. Allerdings benötigen Sie hierfür kein Objekt in der Form eines Lösungskärtchens oder einer Lupe, sondern die Lösung selbst wird mit der Aufgabe verknüpft und kann auf unterschiedliche Weise angezeigt werden.

Lösung auf Farbfeldern prüfen

Bei der ersten Möglichkeit dieser Variante arbeiten Sie erneut mit der Hintergrundfarbe des Tafelbildes und knüpfen die Lösung an das jeweilige Objekt, welches bei einer Zuordnungsaufgabe auf ein vorbereitetes Farbfeld gezogen werden muss, auf dem das Lösungswort oder die richtige Zuordnung sichtbar wird.

Denken Sie daran, dass sie das Farbfeld für die Zuordnung wieder verankern, damit es nicht verschoben werden kann. Es liegt auf der untersten Ebene und zeigt somit alle Objekte an, die darauf positioniert werden. Sobald Textobjekte in der Hintergrundfarbe, gruppiert mit Bildern, Grafiken oder Texten, auf das Farbfeld gezogen werden, wird die Lösung angezeigt. Auf dem Tafelbild selbst ist die Lösung nicht sichtbar, da Hintergrundfarbe und der Text der Lösungsfarbe identisch sind.

Abb. 90: Lösungen Farbflächen zuordnen und prüfen

Anwendung: Besonders im Sprachunterricht können Sie diese Form interaktiver Übung mit Lösungen schnell anwenden und in verschiedenen Varianten einsetzen. Sei es bei Wortarten, Satzgliedern, Wortstämmen oder aber auch bei einfachen Vokabelübungen. Hier kann mit Übersetzungshilfen gearbeitet werden, die sich über das Lösungsfeld einblenden lassen.

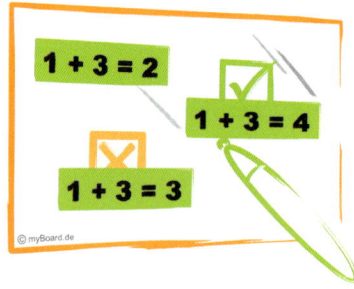

Lösung mit der Auswahl zeigen

Lösungen, die bereits an das Objekt geknüpft sind, können auch bei der Auswahl der Antwort direkt angezeigt werden. Auch hier arbeiten Sie mit verdeckten Lösungen, die unterhalb der Frage liegen oder durch das Verschieben der Antwort aufgedeckt werden. Sobald nun das Objekt verschoben wird, erscheint dahinter die richtige Antwort. Auf diese Weise können Sie Zuordnungsaufgaben entwickeln, aber auch die Auswahl aus einem Angebot steuern. Beispielsweise könnten auf einem Tafelbild alle möglichen Aggregatzustände von Wasser durch verschiedene Bilder gezeigt werden. Die Aufgabe würde lauten: Schiebe alle Bilder in den Kasten, die den Aggregatzustand »Dampf« zeigen. Hinter den Bildern verstecken sich dann die verankerten Worte »falsch« oder »richtig« oder die Lösung wir durch Symbole oder Smileys ausgedrückt.

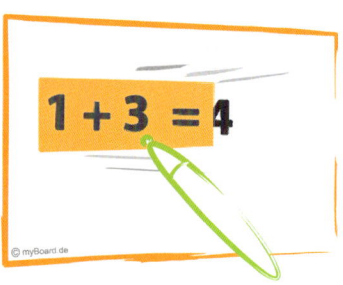

Lösung unter der Frage

Eine weitere Variante ist die Verankerung der Lösung unterhalb der entsprechenden Frage als Text- oder Bildobjekt bereits im Vorfeld. Die Schüler/innen schreiben die Lösung an die digitale Tafel oder führen die entsprechende Übung durch und decken im Anschluss daran die Lösung auf. Auch diese Variante kann für unterschiedlichste Übungen auch in höheren Klassen noch eingesetzt werden.

Lösung am Objekt hervorschieben

Zusätzlich haben Sie die Möglichkeit, die richtigen Antworten auf einem Textfeld jeweils hinter einem Farbfeld zu verbergen, sodass lediglich noch ein Teilbereich hervorschaut. Dieser Teil kann unbeschriftet sein und gleichzeitig den Text oder das Bild für die Auswahl beinhalten.

Den Schüler/innen wird nun die Aufgabe gestellt, aus den angebotenen Objekten diejenigen herauszuziehen, die ihrer Meinung nach die Antwort auf die gestellte Frage ergeben. Damit können Sie mehrere Antwortmöglichkeiten zur Verfügung stellen, von denen aber nur einige richtig sind. Das Prinzip ähnelt einer Multiple Choice-Aufgabe, bei der nur Teilbereiche des Angebotes mit der Frage übereinstimmen.

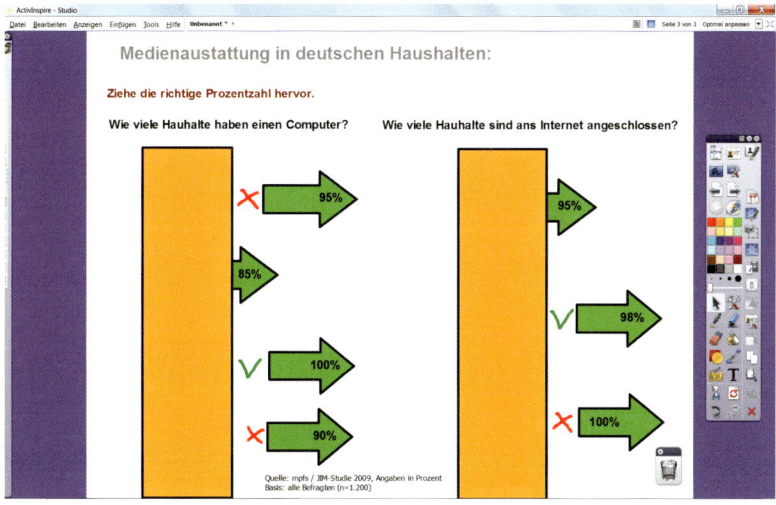

Abb. 91:
Auswählen und die Lösung direkt angezeigt bekommen

Wenn Sie lediglich mit Texten arbeiten, also auf die farbigen Textfelder verzichten, lässt sich für diese Übung sehr rasch eine Vielzahl von Antworten und Lösungen erstellen. Schreiben Sie einfach das Lösungswort in die erste Zeile, drücken Sie zweimal die Enter-Taste, und in die dritte Zeile schreiben Sie das Lösungswort in einer anderen Farbe. Dieses Textfeld stellen Sie dann hinter Ihr farbiges Rechteck in die vorderste Ebene und lassen nur die Antwort hervorschauen.

Objekte beschriften und zeigen

Da Bilder, Grafiken und Schaubilder in optimaler Größe und bester Qualität über einen Beamer am interaktiven Whiteboard dargestellt werden können, bietet es sich an, auch vermehrt mit diesen Medien im Unterricht zu arbeiten. Jede Menge passendes Bildmaterial finden Sie selbst im Internet, oder Sie lassen Ihre Schüler/innen zu einem bestimmten Thema geeignetes Bildmaterial suchen. Für die Beschriftung der Schaubilder können Sie Ihre Boardsoftware nutzen. Die bereitgestellten Werkzeuge der Boardsoftware bieten eine Vielzahl an Möglichkeiten, Objekte an der digitalen Tafel optimal zu beschriften und wichtige Stellen innerhalb des Objektes hervorzuheben.

Sie haben prinzipiell zwei Möglichkeiten, um mit dem Bildmaterial zu arbeiten. Entweder binden Sie die Bilder auf einer Seite Ihres Tafelbildes als Grafikobjekt mit ein oder Sie nutzen die Overlay-Funktion (vgl. S. 86) der Boardsoftware und arbeiten innerhalb einer beliebigen *Windows*-Anwendung.

8.6 Mit Linien arbeiten

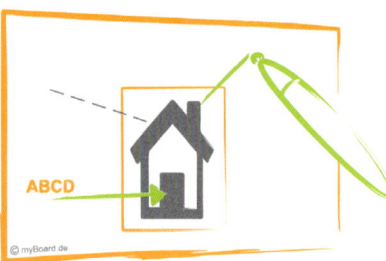

Bilder, die als Objekt in das Tafelbild eingebunden werden, lassen sich einfach mit dem digitalen Stift in beliebigen Farben und Strichstärken beschriften. Sie können direkt mit bunten Farben auf das Bild schreiben und die Beschreibungen und die einzelnen Worte gleich mithilfe der Handschriftenerkennung in Druckschrift umwandeln lassen. Der Vorteil gegenüber der klassischen Folie liegt darin, dass Sie, je nach Bild, kontrastreiche Farben wählen können, die sich vom Bild abheben. Auch können die Anmerkungen nachträglich noch beliebig auf der Tafelseite positioniert werden.

Für die Beschriftung von Fotos, Schaubildern und Schemazeichnungen eignen sich besonders die von der Boardsoftware zur Verfügung gestellten Linienvarianten. Sie benötigen kein Lineal, um einen Strich für die nähere Erklärung des Teilbereichs vom Bild aus zu ziehen. Sie wählen einfach eine der vorgegebenen Linienvarianten und ziehen anschließend von der zu erklärenden Stelle nach außen zum Tafelrand eine Linie. Anschließend erfolgt die Beschriftung des Teilbereiches.

TIPP | Nutzen Sie als Farbe für die Beschriftungslinien nicht Schwarz, sondern setzen Sie leichte Farben ein, damit die Linien nicht zu dominant auf dem Schaubild wirken. Achten Sie auch darauf, dass die Strichstärke nicht zu dick wirkt.

So werden Schritt für Schritt die einzelnen Bereiche benannt und beschriftet. Für die Schüler/innen ist es leicht verständlich, entlang der Linie zu schauen und zu erkennen, welche entsprechende Erklärung oder welcher Fachbegriff zum Objekt gemeint ist. Bei der Auswahl des Linientyps gibt es zahlreiche Varianten. Grundsätzlich eigenen sich folgende Linientypen für die Beschriftung von Objekten:
- Durchgezogene Linie
- Gestrichelte Linie
- Gepunktete Linie
- Durchgehende Linie mit Pfeilspitze

vom Hintergrund abheben

Durchgehende Linien sind von Vorteil, wenn sie sich vom Hintergrund abheben sollen. Gestrichelte und gepunktete Linien fallen weniger auf und stören das Gesamtbild nicht so sehr. Probieren Sie selbst aus, welcher Linientyp am besten zu Ihrer Grafik passt. Denken Sie auch daran, dass das Erscheinungsbild am Beamer nicht unbedingt identisch ist mit dem auf Ihrem Monitor.

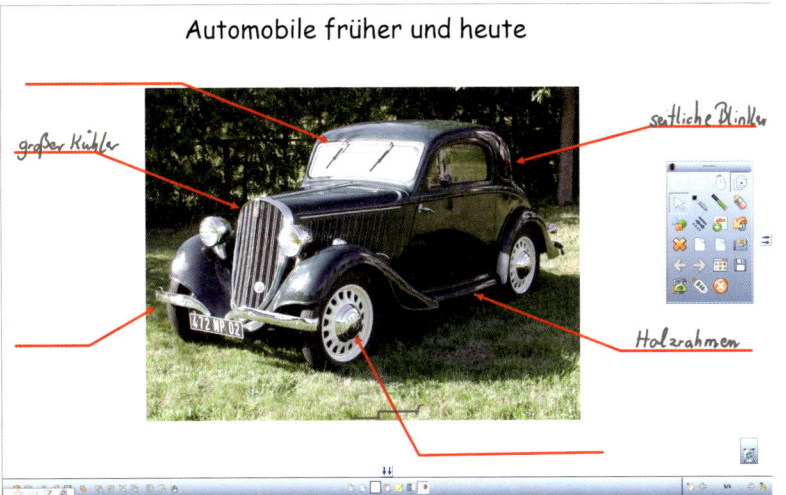

Abb. 92: Bilder und Schaubilder eindeutig mit Beschriftungslinien erklären

Damit Sie oder Ihrer Schüler/innen bei der Beschriftung von Objekten nicht immer zwischen Schreib- und Linienwerkzeug hin- und herwechseln müssen, können Sie auch einen Stapel einfacher Linien vorbereiten und diese auf dem Tafelbild zur Verfügung stellen. Sie erstellen also eine Linie oder einen Pfeil und klonen bzw. kopieren diesen endlos. Dann können Sie beliebig oft eine Linie vom »Stapel« nehmen und an die entsprechende Stelle ziehen. Linien sind normale Objekte und haben lediglich an ihren Enden sogenannte »Haltepunkte«, an denen Sie die Linie verlängern oder um den gegenüberliegenden Haltepunkt drehen können. Somit haben Sie jede erdenkliche Möglichkeit, die Linie auf dem Schaubild richtig zu positionieren.

Um beim Beschriften am Ende einer Linie eine gewisse Erleichterung zu haben, können Sie dort eine waagrechte Linie als zweites Objekt anfügen und beide Linien zu einem Objekt gruppieren. Legen Sie sich zwei verschiedene Ausrichtungen dieses Linientyps in Ihrer Galerie an und ziehen Sie diese nach Bedarf auf Ihr Schaubild.

Verbindungslinien herstellen

Um zwischen verschiedenen Begriffen oder zwischen Begriffen und Bildelementen bestimmte Bezüge herzustellen, arbeiten Sie mit sogenannten »Verbindungslinien«. Prinzipiell können Sie auch hier alle oben aufgeführten Linientypen verwenden, doch sollten Sie die verschiedenen Gewichtungen der Linien vorab klären. Pfeile können Bezüge in eine Richtung, aber auch in beide Richtungen gleichzeitig verdeutlichen. Einfache Linien stellen

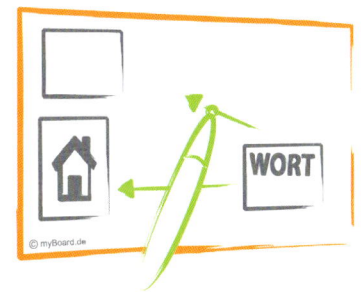

lediglich eine Verbindung dar. Gestrichelte und gepunktete Linien haben weniger Gewichtung als durchgängige Linien.

Der Einsatz von Verbindungslinien bietet sich besonders bei Flussdiagrammen oder Übersichten von Familienstammbäumen an. Übungen für Schüler/innen mit diesen Werkzeugen können z. B. das Verbinden von Wortpaaren, Bildern mit Texten oder Ähnliches sein. Dazu gibt es zahlreiche Arbeitsblätter, die diese Vorgehensweise unterstützen. Diese können Sie einfach auf dem Whiteboard anzeigen und nutzen. Oftmals entsteht dabei ein Gewirr aus Verbindungslinien, aus dem nicht auf Anhieb ersichtlich wird, was zusammengehört. Achten Sie bei mehreren Verbindungen darauf, dass Sie auch unterschiedliche Farben einsetzen. Dadurch erleichtern Sie Ihren Schüler/innen das gezielte Wahrnehmen der Verbindungen. Am Whiteboard sind Sie dabei nicht auf die beschränkte Farbenzahl Ihrer Overhead-Folienstifte beschränkt.

8.7 Der digitale Zeigestab

Eines derjenigen Werkzeuge, das nahezu in jedem Klassenzimmer neben Geodreieck, Lineal und Winkelmesser an der Wand hängt, ist der Zeigestab. Er wird zwar nicht mehr so häufig eingesetzt, seitdem der Overhead-Projektor im Klassenzimmer Einzug gehalten hat, doch wird er hin und wieder verwendet, um auf größeren Schau- und Landkarten einen bestimmten Bereich oder einen Punkt zu zeigen. In erster Linie wurde der Zeigestab ursprünglich dazu verwendet, auf Dinge zu zeigen, die nicht in unmittelbarer Nähe bzw. zu hoch für Schüler/innen und Lehrer aufgehängt oder angeschrieben waren. Der große Nachteil bei der Verwendung des Zeigestabes liegt darin, dass er immer viel zu schnell wieder vom Objekt entfernt wird, auf das Lehrer oder Schüler/innen deuten. Somit können sich die Schüler/innen nicht lange genug auf den gezeigten Punkt konzentrieren, geschweige denn parallel dazu auf die gesprochenen Inhalte achten.

auf Punkt konzentrieren

Etwas besser verhält es sich am Overhead-Projektor. Dort verwenden Sie als Lehrer, wenn Sie ganz gut ausgerüstet sind, einen speziellen Pfeilzeigestab aus Plexiglas oder einem ähnlichen Material. Er lässt eine gewisse Transparenz zu und zeigt mit einem farbigen Pfeil auf die gewünschte Stelle. Doch die Realität sieht so aus: Sie nutzen einfach Ihren Finger, oder den gerade verwendeten Folienstift, den Sie auf den zu besprechenden Abschnitt oder an die zu zeigende Stelle der Folie legen.

Der Finger ist letztendlich zu groß und ebenso wie der Folienstift in seiner Form nicht unbedingt dazu geeignet, auf einen ganz bestimmten Punkt zu zeigen. Schon alleine dadurch, dass es Ihnen das Licht des Overhead-Projektors nicht ermöglicht zu schauen, ob Ihr Zeigeinstrument exakt positioniert ist, werden Sie mit dieser Methode nicht oft arbeiten. Für die Schüler/innen allerdings sind solche visuellen Haltepunkte sehr hilfreich für den Lernprozess, so wie jede Markierung und Unterstreichung im Text lernfördernd ist.

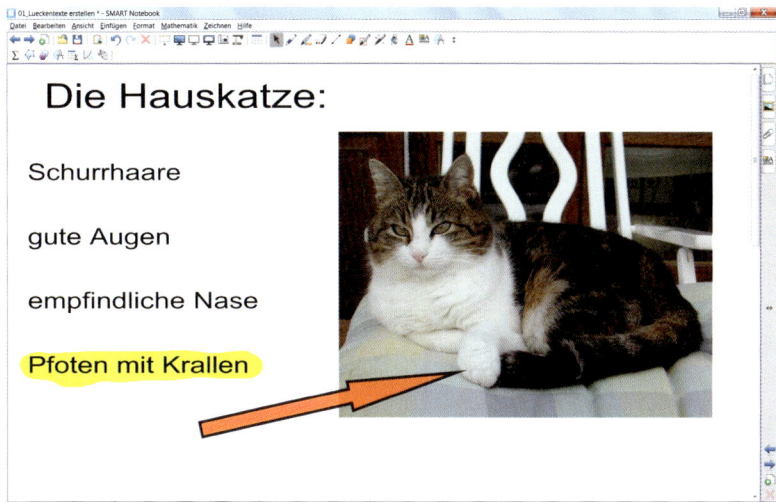

Abb. 93: Bilder und Schaubilder mit dem digitalen Zeigestab erklären

Am interaktiven Whiteboard haben Sie nun die Möglichkeit, Ihren Zeigestab in digitaler Form einzusetzen. Die Formen-Werkzeuge beinhalten bereits Pfeilobjekte, die Sie in ihrem Aussehen individuell beeinflussen können. Je einfacher Sie Ihren digitalen Zeigestab gestalten, desto besser. Färben Sie die Pfeilfläche mit einer auffälligen und sich vom Hintergrund gut abhebenden Farbe ein. Wenn Sie möchten, können Sie die Umrisslinie in derselben Farbe gestalten oder eine Kontrastfarbe zur Pfeilfläche wählen. Achten Sie darauf, dass die Umrisslinie möglichst dünn ist. Die Größe der Pfeilfläche sollte so gewählt werden, dass nicht zu viel damit verdeckt werden kann und lediglich auf den gewünschten Punkt mit der Pfeilspitze gezeigt wird. Die Größe des Pfeilzeigers können Sie immer individuell an die Gegebenheiten anpassen.

   Der digitale Zeigestab kann dann je nach Bedarf auf den gerade besprochenen Teil im Dokument oder Schaubild und sogar über einen Film oder eine Animation gelegt werden. Wichtig dabei ist, dass der digitale Zeigestab auf der obersten Ebene platziert wird. Auch dafür können Sie sich in Ihrer Galerie ein paar unterschiedliche Zeigestäbe in Form von unterschiedlichen Farbpfeilen zurechtlegen. Um das Objekt, das hinter der Pfeilfläche liegt, nicht ganz verdeckt erscheinen zu lassen, können Sie die Farbe weniger deckend wählen und somit eine leichte Transparenz zeigen. Der hinter der Pfeilfläche gezeigte Inhalt leuchtet dabei leicht durch. Vom Erscheinungsbild kommt dies dem Plexiglas-Pfeil für den Overhead-Projektor am nächsten.

Bei der Arbeit an Texten sollten Sie sich zusätzlich eine einfache Linie zurechtlegen, mit der Sie die entsprechende Zeile kennzeichnen können, über die Sie gerade sprechen. Neben der seitlich angebrachten Seitennummerierung ist dies eine zusätzliche **visuelle Hilfe**, um sich im Text schnell zurechtzufinden bzw. einen Ankerpunkt für die zu besprechende Textstelle zu haben.

Umrisslinien von Kreisen, Ovalen und Rechtecken eignen sich weniger für die Fokussierung auf einen bestimmten Bereich, da die Größe immer individuell angepasst werden muss, damit der entsprechende Inhalt darin Platz findet.

8.8 Objekte und Inhalte fokussieren

Für die Fokussierung auf bestimmte Objekte werden in jeder Boardsoftware ganz bestimmte Werkzeuge zur Verfügung gestellt. Diese können Sie in jedem Unterrichtsfach einsetzen. Sie dienen dazu, sich auf das Wesentliche zu konzentrieren, ohne dabei den Gesamtrahmen zu vergessen. Bei Präsentationen werden der Spot und die Vergrößerung immer wie ein Showeffekt aufgenommen, doch lässt sich damit sehr gut innerhalb eines Themas auf einer Tafelseite mit Teilaspekten arbeiten.

Objekte durch Spot fokussieren

Der Spot ist eine Fläche, die in Ihrer Transparenz eingestellt werden kann, sodass die dahinter liegenden Inhalte leicht durchscheinen. Die Fläche wird bei allen Spots von deckend Schwarz bis transparent Grau angezeigt. Der Spot selbst wird in der Standardfunktion als Kreis dargestellt, der beliebig in seiner Größe verändert werden kann. Durch diesen Kreis hindurch kann nun der Inhalt im Hintergrund gezeigt werden. Der Spot lässt sich frei über das Tafelbild bewegen und kann über eine Schaltfläche wieder komplett entfernt werden. Zum Bewegen des Spots schieben Sie einfach die abgedeckte Fläche auf Ihrem Tafelbild.

Bei einigen Board-Programmen werden auch unterschiedliche Spotformen angeboten. In der Regel kommen Sie aber mit dem Kreisspot gut zurecht. Im Gegensatz zum Vorhang (vgl. S. 152) werden Spots, die in einer bestimmten Tafelseite eingefügt wurden, nicht zusammen mit dem

Tafelbild gespeichert, sodass Sie den Spot stets manuell neu erstellen müssen und die Schüler/innen im Vorfeld den Gesamtinhalt zu Gesicht bekommen. Wenn Sie das nicht möchten, sollten Sie den Beamer kurz auf die Schwarzabblendung stellen oder Ihr Tafelbild »einfrieren«, damit Sie am Rechner das nächste Tafelbild mit Spotansicht vorbereiten können.

Anwendungen: Der Einsatz des Spots eignet sich sowohl bei der Betrachtung von Details eines Bildes oder Schaubildes als auch bei Texten. Besonders im Kunstunterricht kann der Spot bei der Bildbetrachtung sehr hilfreich sein. Im Geschichtsunterricht können damit z. B. alte Darstellungen von Stichen, Wandreliefs und Gemälden genauer analysiert und in Zeitbezug gesetzt werden. Bei der Arbeit mit Mind-Maps oder Clustern kann schrittweise auf die einzelnen Stichpunkte verwiesen werden, ohne dabei den Rest aus dem Auge zu verlieren.

Im Sprachunterricht können Vokabeln und Redewendungen inklusive der Übersetzung einzeln bearbeitet und hervorgehoben werden. Den Schüler/innen geben Sie wiederum eine gewisse visuelle Hilfestellung, indem Sie nur bestimmte Inhalte beleuchten und ihre Augen automatisch mit dem Spot darauf lenken. Bei den Schüler/innen in der Grundschule lassen sich damit einfache Blitzdiktate realisieren, bei denen mithilfe des Spots von einem Wort zum anderen gewandert wird und die Schüler/innen nur kurze Zeit zum Notieren haben.

Objekte durch Vergrößerung fokussieren

Nicht jede Boardsoftware bietet ein Werkzeug für die Vergrößerung von Tafelinhalten automatisch an. Diese Funktion wird hauptsächlich benutzt, wenn Sie nur auf einen bestimmten Teilbereich Ihres Tafelbildes eingehen möchten. Wie bei einer Zoom-Funktion holen Sie sich dazu die entsprechende Stelle Ihres Tafelbildes in den Fokus und vergrößern diesen Bereich.

> **TIPP** Wenn Sie ein Objekt immer nur an einem Eckpunkt vergrößern und verkleinern, kommt es automatisch wieder an die ursprüngliche Stelle im Tafelbild zurück.

Falls Sie diese Funktion nicht haben, können Sie Ihre Bildschirmdarstellung vergrößern und den gewünschten Abschnitt so positionieren, dass er zentral auf dem Tafelbild erscheint. Eine weitere Möglichkeit besteht darin, dass Sie mit einzelnen Text- und Bildobjekten auf Ihrem Tafelbild so arbeiten, dass Sie das entsprechende Objekt mit der einfachen Objektvergrößerungsfunktion über die seitlichen Haltepunkte großziehen und anschließend über diesen Teilbereich sprechen. Nach dem Gespräch über diesen Teilbereich verkleinern Sie dann das Objekt wieder auf Normalgröße und positionieren es an die ursprüngliche Stelle im Tafelbild.

Anwendung: Diese Methode lässt sich gut bei der Besprechung im Anschluss an ein Brainstorming einsetzen. Einzelne Wörter werden zunächst auf Zuruf an die Tafel geschrieben, dann sortiert und abschließend jeder einzelne Begriff näher erläutert. Wenn es um die einzelnen Begriffe geht, können diese dann durch eine Vergrößerung für alle fokussiert werden. Das zentrale Thema steht dabei wie ein Schlaglicht immer im Vordergrund.

8.9 Arbeiten mit Texten

Das am meisten genutzte Medium bzw. Objekt am interaktiven Whiteboard ist der Text. Texte werden handschriftlich mit dem Stift oder mit dem Finger am interaktiven Whiteboard geschrieben, über die Tastatur eingegeben, von einem bestehenden Text- oder PDF-Dokument übernommen oder direkt aus dem Internet heruntergeladen.

An und mit Texten wird gearbeitet. Sie werden gelesen, umgestellt, hervorgehoben, exzerpiert oder in ihrem Erscheinungsbild beeinflusst. Der Umgang mit Text steht im Zentrum des Unterrichts. Gerade das interaktive Whiteboard ermöglicht es Ihnen, mit Texten kreativ und flexibel zu arbeiten. Bestimmte Passagen können wiederholt bearbeitet, kopiert und geändert werden. Texte, Wörter bis hin zu einzelnen Buchstaben sind Elemente, mit denen interaktiv auf der digitalen Tafel gearbeitet werden kann. Einige Methoden dazu möchte ich Ihnen im Folgenden aufzeigen.

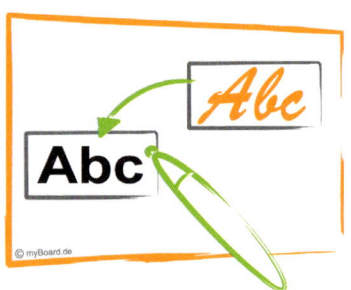

Handschriftenerkennung nutzen

In der Regel nutzen Sie das Stift-Werkzeug, um handschriftlich einzelne Wörter, kurze Anmerkungen oder ganze Sätze in Ihr Tafelbild zu schreiben. Hilfslinien dienen dazu, dass die Anschrift entsprechend ordentlich aussieht. In der Grundschule wird noch sehr viel Wert auf die sorgfältige Gestaltung eines Tafelbildes gelegt und mit der zu lernenden Schulschrift gearbeitet, was für die Lehrer/innen meist eine gewisse Einarbeitungszeit mit sich bringt. Je weiter Sie in die höheren Klassen schauen, umso mehr kommt die individuelle Handschrift des Lehrers für Tafelanschriften zum Tragen. Die Handschriftenerkennung kann dabei manchmal gute Dienste leisten.

Die meisten der angebotenen interaktiven Whiteboard-Programme liefern eine automatische Handschriftenerkennung mit. Diese erkennt einzelne Wörter, aber auch ganze Sätze und Absätze, die Sie mit der »digitalen Tinte« auf das Board schreiben. Wie Sie bereits gelernt haben, ist Ihre Niederschrift nichts anderes als ein Grafikobjekt. Sobald Sie das handgeschriebene Wort markiert haben, können Sie diesen Text über das Kontextmenü oder eine extra angebotene Funktion innerhalb Ihrer Symbolleiste in Maschinensprache umwandeln lassen. Wenn der Text nicht eindeutig übersetzt werden kann, werden Ihnen Alternativen angeboten, von denen Sie die passende auswählen können.

Natürlich können Sie innerhalb der Standardeinstellungen festlegen, in welcher Schriftart Ihr Text nach der Umwandlung dargestellt werden soll. Für die Grundschule z.B. bietet es sich an, die entsprechende Grundschulschrift als Standardschrift festzulegen oder die gut lesbare Schriftart *Arial* zu wählen. Sie werden teilweise überrascht sein, wie gut die Handschrifterkennung arbeitet. Auch die Schüler/innen motiviert es dazu, wenn Sie an der Tafel arbeiten, besonders sorgfältig zu schreiben, damit auch ihre Schrift richtig erkannt wird.

Vermeiden Sie es, längere Texte über die Handschriftenerkennung laufen zu lassen. Die Nachkorrektur unerkannter Wörter kostet Zeit. Geben Sie längere Text besser gleich über die Tastatur ein.	**TIPP**

Anwendung: Die Handschriftenerkennung eignet sich besonders gut bei Beschriftungen von Tafelbildern, bei denen nur einzelne Worte erkannt werden müssen. Allerdings wird eine Übersetzung von Fachbegriffen, die nicht im jeweiligen Übersetzungslexikon stehen, nicht möglich sein. Zudem können Sie bei einem Brainstorming die schnell zusammengetragenen Einzelbegriffe abschließend über die Handschriftenerkennung laufen lassen und das Ergebnis für alle gut lesbar ausdrucken. Besonders im Fremdsprachenunterricht eignet sich diese Funktion bei der Arbeit mit neuen Wörtern. Auch komplizierte Wörter mit Akzent oder Unter- und Überstrichen wie im Spanischen oder Französischen werden erkannt, wenn das entsprechende Sprachmodul ausgewählt wurde.

Brainstorming

Ergänzend dazu möchte ich noch anmerken, dass es mittlerweile auch die Möglichkeit gibt, sich den maschinengeschriebenen Text vom Computer direkt vorlesen zu lassen. Diese Funktion nennt sich »*Text To Speech*« und ist bislang nur in der Boardsoftware *easiteach* realisiert worden. Diese Funktion kann besonders bei Behinderten, oder auch bei Kindern mit Lese-Rechtschreibschwäche eingesetzt werden. Sie eignet sich aber auch zum Einsatz im Fremdsprachenunterricht, da alle gängigen Sprachen für die Sprachausgaben angeboten werden.

Text To Speech

Speech To Text

Im Gegenzug dazu gibt es den Einsatz von »*Speech To Text*«. Diese Funktion ist allerdings noch in keiner Boardsoftware realisiert, sondern benötigt ein eigenes Programm, mit dessen Hilfe man Spracheingabe mit anschließender Textumwandlung betreiben kann. Ausgerüstet mit einem drahtlosen Headset können Sie dann an der Position, an der Sie Ihren Finger oder Stift auf dem Whiteboard halten, Ihren gesprochenen Text direkt in Maschinenschrift einblenden lassen.

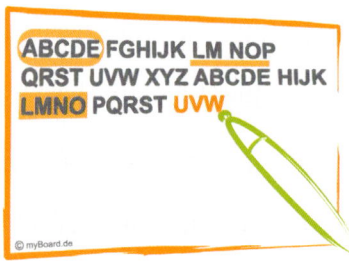

Texte markieren

Texte, die Sie aus einem Dokument oder aus dem Internet übernommen haben, müssen zunächst in ihrer Größe auf dem Tafelbild angepasst und bearbeitet werden. Durch den Doppelklick auf das Textobjekt aktivieren Sie z.B. die Textverarbeitung innerhalb der Boardsoftware, die zum Gestalten von einzelnen Wörtern oder Textstellen genutzt wird.

Um den ganzen Text in seinem Aussehen zu ändern, markieren Sie das Textobjekt und ändern anschließend seine Eigenschaften über das Kontextmenü. Über die seitlichen Haltepunkte der Markierung beeinflussen Sie die Ausrichtung des Textes und können die Größe des Textfeldes verändern.

Um bestimmte Stellen innerhalb eines Textes hervorzuheben, haben Sie mehrere Möglichkeiten:

- Sie rufen die Textverarbeitung auf und heben innerhalb des Textes gewünschte Wörter oder Abschnitte durch Änderung der Textfarbe, des Textstils oder der Schriftart hervor.
- Sie nutzen das Linien-Werkzeug und unterstreichen die gewünschten Textstellen mit farbigen Linien. Dabei wählen Sie die entsprechende Farbe und Stärke der Linie. Achten Sie darauf, dass die Strichstärke so gewählt wird, dass Sie nicht zu dünn oder zu dick erscheint.
- Eine weitere Möglichkeit der Textmarkierung besteht darin, dass Sie das Formen-Werkzeug Ihrer Boardsoftware wählen und farbige Rechtecke oder Ovale um die entsprechenden Wörter und Textabschnitte legen.
- Ebenfalls mit den Formen-Werkzeugen können Sie gefüllte Rechtecke über das betreffende Wort oder den Textabschnitt legen und dieses Objekt anschließend in den Hintergrund stellen.
- Die letzte Möglichkeit besteht darin, dass Sie aus der Boardsoftware die digitalen Marker wählen und die Textabschnitte mit unterschiedlichen Textmarkern bearbeiten lassen. Wählen Sie die Markerfarben, die auch Ihre Schüler/innen im Normalfall benutzen.

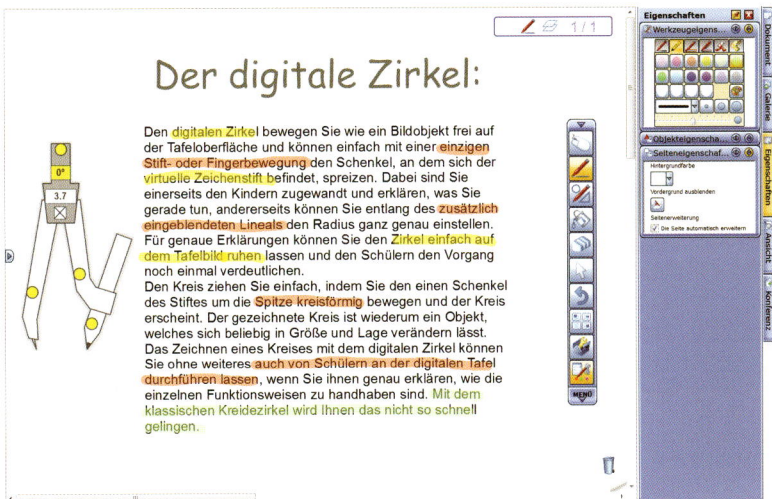

Abb. 94:
längere Texte
mit digitalen
Textmarkern
bearbeiten

Texte isolieren und fokussieren

Sobald Sie zahlreiche einzelne Begriffe auf der Tafel stehen haben, verlieren die Schüler/innen rasch den Überblick und sind ständig mit den Augen dabei, den Begriff, der gerade besprochen wird, zu suchen. Nach einem Brainstorming stehen zwar eine Vielzahl von Begriffen auf der Tafel, doch müssen diese zunächst gewertet und anschließend sortiert werden.

Um die Aufmerksamkeit der Schüler/innen auf nur ein paar ausgewählte Begriffe zu lenken, gibt es eine ganz einfache Methode, einen Fokus zu schaffen. Dazu nehmen Sie einfach ein passendes Grafikelement aus Ihren Formen-Werkzeugen. Das kann z. B. ein Kreis, Quadrat oder Rechteck sein. Dieses Objekt positionieren Sie an einer Seite Ihrer Tafel. Das Objekt müssen Sie nicht unbedingt mit einer Farbe füllen, es erhöht jedoch die Aufmerksamkeit und fokussiert das Auge auf dieses Objekt.

Nun isolieren Sie ein gewünschtes Wort und ziehen es auf das Grafikelement. Fahren Sie so fort und stellen Sie alle Wörter zusammen, über die gesprochen werden soll bzw. die zum jeweiligen Thema passen. Dabei bekommen diese Wörter eine ganz andere visuelle Gewichtung und es wird verdeutlicht, dass sich das Gespräch aktuell nur auf die Inhalte im Grafikfeld beziehen.

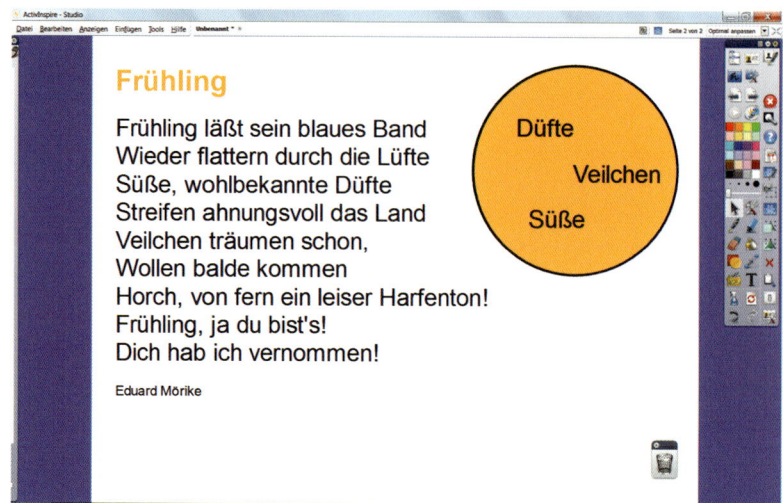

Abb. 95: Beispiel: Textstellen isolieren, fokussieren und besprechen

Anwendung: Diese Technik können Sie in verschiedenen Fächern einsetzen. Schreiben Sie z. B. als Grundlage einer Reizwortgeschichte eine Vielzahl von Begriffen auf die digitale Tafel und lassen Sie gruppenweise die Wörter in den Fokus ziehen, auf die sich die Gruppe geeinigt hat, um eine interessante Geschichte zu erzählen. Schreiben Sie alle gefundenen positiven und negativen Argumente zu einem Thema auf und starten Sie eine Diskussion, indem Sie nur einige wenige Argumente in den Fokus nehmen. Ferner können Sie zu einem Thema aus einer Anzahl von Wörtern einige fokussieren und die Schüler/innen spontan dazu ein Rollenspiel machen lassen. Oder präsentieren Sie eine Anzahl von Zahlen und Operanten und lassen Sie die Schüler/innen damit unterschiedliche Rechenbeispiele fokussieren. Auch hier gibt es eine Vielzahl von Einsatzmöglichkeiten, die Sie ganz einfach in Ihren täglichen Unterricht einbauen können.

Texte exzerpieren

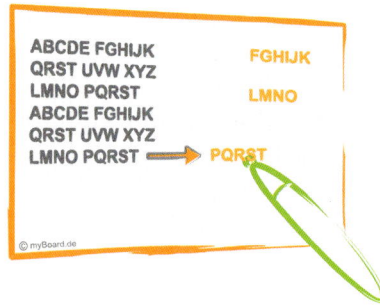

Das Arbeiten am Text bedeutet, sich intensiv mit dem Inhalt des Textes auseinanderzusetzen. Dabei können einzelne Wörter oder Textpassagen – wie beschrieben – in unterschiedlicher Form hervorgehoben werden. Eine weitere Möglichkeit bietet das Exzerpieren von Wörtern und Textpassagen. Ähnlich wie bei Marginalien eines Buches können Sie bei Textobjekten am interaktiven Whiteboard bestimmte Wörter aus dem Text herausnehmen und als Marginalien an den Rand stellen.

Nachdem Sie Ihren Text auf dem Tafelbild passend platziert haben, rufen Sie die Textverarbeitung auf. Jetzt können Sie in Ihrem Text arbeiten. Markieren Sie das betreffende Wort und aktivieren Sie über die rechte Maustaste den Befehl für »Kopieren«. Setzen Sie anschließend die Textmarke an die gewünschte Stelle außerhalb des Textobjektes, und fügen Sie das kopierte Wort erneut über die rechte Mausfunktion wieder ein. Schneller geht es, wenn Sie die Tastenkombination Strg-C für »Kopieren« und Strg-V für »Einfügen« verwenden.

Einige der Board-Programme lassen auch die Funktion von Drag-and-Drop zu. Damit haben Sie es um einiges einfacher. Sie markieren Ihr gewünschtes Wort und ziehen es anschließend an die gewünschte Stelle außerhalb des Textobjektes. Dort lassen Sie das Wort fallen. An dieser Stelle wird das Wort als gesondertes Textobjekt eingeblendet. Gleichzeitig bleibt das ursprüngliche Wort im Text bestehen. So ziehen Sie ein Wort nach dem anderen aus dem Text.

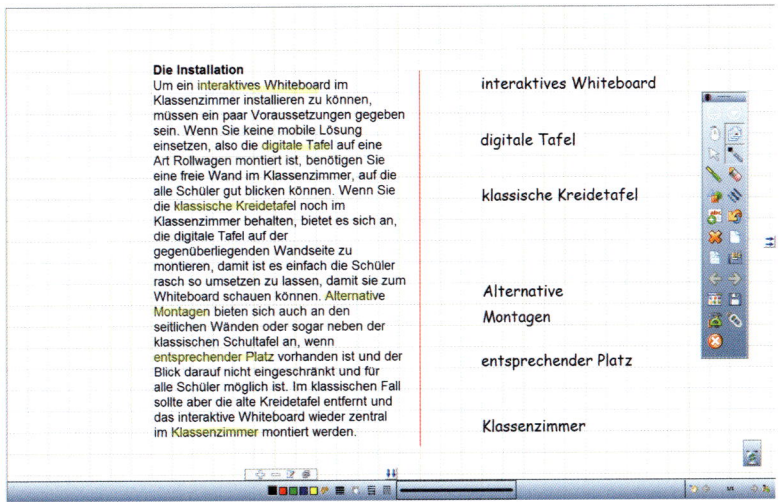

Abb. 96: Wörter und Textstellen aus einem längeren Text exzerpieren

Anwendung: Im Fremdsprachenunterricht können mit dieser Technik neue Vokabeln und Redewendungen aus dem Text isoliert und zur intensiven Bearbeitung an den Rand gestellt werden. Im Deutschunterricht können damit Gedichte analysiert und bestimmte Signalwörter aus dem Gedicht entnommen und später besprochen werden. Aus einem Sachtext können Fremdwörter und Fachbegriffe isoliert und später im Zusammenhang erklärt werden, oder Sie lassen die Schüler/innen aus einem Text selbstständig die wichtigsten Wörter exzerpieren und anhand derer den Text noch einmal in eigenen Worten nacherzählen, indem Sie den Ursprungstext mit dem Vorhang abdecken.

Texte mit Drag-and-Drop einfügen

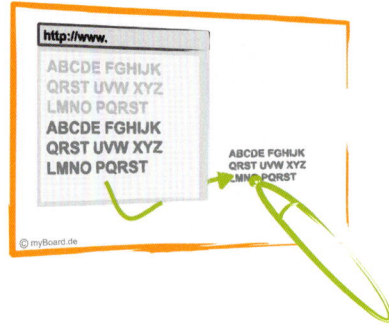

Wenn Sie Texte aus einem Textverarbeitungs-Programm, PDF-Dokument oder aus dem Internet in Ihr Tafelbild übernehmen möchten, benutzen Sie in aller Regel die Kopierfunktion über die Tastenkombination Strg-C und Strg-V, rufen über die rechte Maustaste den Kopier- und Einfügebefehl auf, bedienen sich der Symbole, die dafür angeboten werden, oder gehen umständlicherweise über die Menüauswahl im Programm.

Die eleganteste Art und Weise, Texte und Bilder aus einem anderen *Windows*-Programm auf Ihre Tafelseite zu übernehmen, funktioniert über die Drag-and-Drop-Funktion. Beide Programme müssen dabei geöffnet sein – Board-Programm mit Tafelseite und das Programm, aus dem der Text entnommen werden soll. Markieren Sie nun den gewünschten Textabschnitt, den Sie gerne auf Ihrer Tafelseite haben möchten. Klicken Sie mit der linken Maustaste auf den markierten Bereich und halten Sie die Maustaste gedrückt. Ziehen Sie nun den Mauszeiger mit gedrückter Maustaste auf das Symbol Ihrer Boardsoftware in der unteren Programmleiste von *Windows*. Halten Sie weiterhin die Maustaste gedrückt und warten Sie einen kleinen Augenblick. Jetzt öffnet sich Ihre Boardsoftware. Sie ziehen nun den Mauszeiger immer noch mit gedrückter Maustaste auf die Tafelseite und lassen die Maustaste los. Der Text wird nun innerhalb des Tafelbildes abgelegt.

Anwendung: Diese Funktion können Sie immer dann einsetzen, wenn Sie Bilder oder Texte schnell aus anderen Anwendungen übernehmen möchten. Besonders bei der Übernahme von Bildern aus dem Internet oder Textpassagen eignet sich diese Vorgehensweise. Schüler/innen können mit dieser Vorgehensweise z. B. Collagen aus Text und Bild zusammenstellen. Sie als Lehrer haben damit die Möglichkeit, auch spontan Inhalte aus dem Internet zu übernehmen, ohne umständliche Menüs oder Symbole aufrufen zu müssen, und es ist zudem in der Anwendung viel einfacher.

8.10 Arbeiten mit speziellen Werkzeugen und Programmen

Arbeiten mit dem interaktiven Whiteboard bedeutet auch, mit digitalen Werkzeugen zu arbeiten. Verabschieden Sie sich von den alten, herkömmlichen Werkzeugen, die Sie sonst in Ihrem täglichen Unterricht eingesetzt haben. Mithilfe des Computers sowie bestimmter Programme und Werkzeuge im Zusammenspiel mit dem interaktiven Whiteboard sind Sie in der Lage, alle bisher genutzten Werkzeuge einerseits in ganz anderer Form, aber auch mit ganz anderen Möglichkeiten zu nutzen, als Sie dies bisher mit Ihren klassischen Werkzeugen, wie z. B. Lineal und Zirkel, realisiert haben.

klassische Werkzeuge digital

Ich möchte Ihnen im Folgenden nur die wichtigsten Werkzeuge und Programme vorstellen, die Sie mit größtem Zusatznutzen am interaktiven Whiteboard verwenden können. Den größten Teil nehmen dabei die Hilfsmittel wie Lineal, Geodreieck und Zirkel ein, denen Sie täglich in Ihrem Klassenzimmer begegnen, weil sie dort an der Wand hängen. Doch auch weniger häufig genutzte Hilfsmittel wie Fotoapparat und Filmabspielgerät lassen sich als digitales Werkzeug in verschiedenster Weise nutzen.

Fotografieren auf dem Bildschirm

Jede Boardsoftware ist mit einem Werkzeug ausgerüstet, mit dem Sie sogenannte »Screenshots«, also Bildschirmfotos, erstellen können. Dabei haben Sie verschiedene Optionen, wie und in welcher Größe Sie ein Bild erstellen können. Das Werkzeug wird immer als Symbol in Form eines Fotoapparates gezeigt. Nach dem Aufruf wird immer ein kleines Programm gestartet, das Ihnen die Möglichkeit gibt, innerhalb der Boardsoftware, aber auch in jeder beliebigen *Windows*-Anwendung, eine Aufnahme zu

erstellen, die dann über die Zwischenablage auf Ihre aktuelle Tafelseite oder auf eine neue, folgende Tafelseite gestellt wird. Der Screenshot wird dabei als ein Bildobjekt eingefügt. Sie können dieses über die seitlichen Haltepunkte so verkleinern und vergrößern, wie Sie es benötigen.

Das Foto-Werkzeug bietet in der Regel, aber nicht bei jeder Boardsoftware, folgende Möglichkeiten, um ein Bildschirmfoto zu erstellen:
- **Als Vollbild:** Der gesamte Bildschirm mit allen Inhalten wird als ein Bild abfotografiert und über die Zwischenablage auf Ihre Tafelbildseite gestellt.
- **Als Fenster:** Dabei wird das aktuelle Fenster – oder auch Fensterteile, also rechteckige Bedienungsbereiche – innerhalb Ihres aktiven Fensters über den Mausklick fotografiert und auf eine Tafelbildseite gestellt.
- **Als rechteckigen Bereich:** Hierbei ziehen Sie einen Rahmen um den Bereich der dargestellten Inhalte Ihres Bildschirms, den Sie gerne ab-

lichten möchten. Nach dem Loslassen der Maustaste wird der zuvor markierte Bereich als Bildelement auf Ihrer Tafelseite eingefügt.
- **Als Freihandauswahl:** Wie bei einem Zeichenwerkzeug können Sie freihändig einen Bereich umranden, den Sie als Bild fotografieren möchten. Diese Funktion wird zumeist genutzt, um bestimmte Objekte, Abbildungen oder Personen freigestellt auf das Tafelbild zu setzen.
- **Als Punkt-zu-Punktauswahl:** Dabei setzen Sie auf Ihrem Tafelbild nacheinander Punkte, die miteinander durch Linien verbunden werden. Sobald Sie abschließend diesen Linienverbund mit dem ersten Punkt wiederverbinden, entsteht dadurch eine unregelmäßige Fläche.

TIPP

Nutzen Sie die Fotofunktion, um Tafelbilder situativ und schnell mit Inhalten aus dem Internet zu entwickeln – im Unterricht und bei der Vorbereitung.

Abb. 97: Detailentnahme aus einem Gesamtbild mit dem Foto-Werkzeug

Anwendung: Die Fotofunktion in Ihrer Whiteboard-Software eignet sich besonders gut dazu, um Bild- und Textausschnitte möglichst rasch aus dem Internet auf Ihr Tafelbild zu bekommen. Dabei müssen Sie sich keine Gedanken über die Formatierung des Textes machen, denn dieser wird eins zu eins als Grafik übernommen. Allerdings können Sie den so »abfotografierten« Text nicht mehr verändern.

Bei Bildern können Sie das Gesamtbild, aber auch nur Teilbereiche aus dem Bild übernehmen. Die Freihand-Funktion ermöglicht es Ihnen, einzelne Objekte aus einem Gesamtbild auszuschneiden und auf Ihrem Tafelbild zu ordnen. Doch auch Porträts oder freigestellte Personen können so im Ganzen einfach aus einem Bild herausgenommen werden.

Mit diesem Tool können Sie auch Schüler/innen arbeiten lassen, die z. B. eine Collage mit den unterschiedlichsten Materialien aus dem Internet erstellen oder aus einem Gesamtbild die wichtigsten Objekte isolieren, um diese auf dem Tafelbild zu präsentieren.

> **TIPP** Alle so erstellten Bildobjekte können Sie auch durch erneutes Kopieren und Einfügen in allen *Office*-Programmen nutzen oder in einem Bildbearbeitungsprogramm professionell bearbeiten.

Das Foto-Werkzeug eignet sich besonders, um situativ und schnell Inhalte aus dem Internet im Unterrichtsgespräch für das gemeinsam zu erstellende Tafelbild zusammenzutragen.

Formenerkennung

Dieses Werkzeug wird zwar fast in jeder Boardsoftware mitangeboten, und macht großen Eindruck, wenn die Funktion vorgeführt wird, doch letztendlich wird sie nicht gebraucht. Für Kreise, Ovale, Rechtecke und Quadrate werden eigene Formenwerkzeuge angeboten. Freihändig gezeichnete Formen mit mehreren Strichen und Ecken werden in der Regel nicht immer eins zu eins übersetzt und so angezeigt, wie sie vorgezeichnet wurden. Viel besser

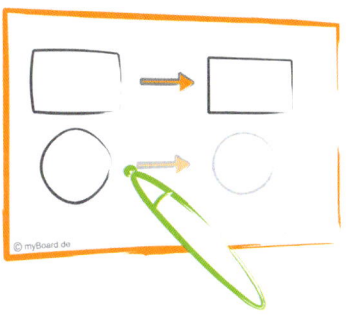

wäre es, wenn stattdessen ein Werkzeug angeboten werden würde, das eine Punkt-zu-Punkt-Verbindung von Linien erzeugt. Doch leider fehlt so ein Werkzeug bisher in den meisten Boardsoftware-Produkten.

Möchten Sie das Formenerkennungs-Werkzeug einsetzen, benutzen Sie es für Linien und einfache Formen wie Kreise, Ovale und Rechtecke. Vielecke konstruieren Sie am besten mit den Linien-Werkzeugen.

Werkzeuge für Mathematik

Für den Mathematikunterricht bieten die Entwickler der Boardsoftware-Produkte sehr hilfreiche Werkzeuge an, die die klassischen Werkzeuge aus dem Klassenzimmer völlig ersetzen können, und Ihnen zudem eine Erleichterung bei der Konstruktion von Zeichnungen jeder Art an der großen Tafel bieten.

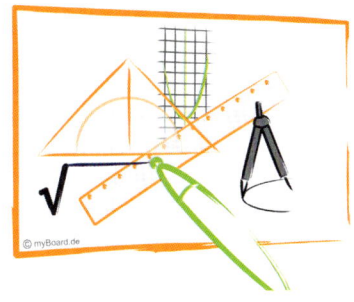

Gehen Sie nicht davon aus, dass Sie die alten Gerätschaften aus Ihrem Klassenzimmer auch an der digitalen Tafel nutzen. Das ist zwar bei jenen Tafeln möglich, die nicht mit analog-resistiver und trigonometrischer Technologie arbeiten, doch macht es keinen Sinn. Es reicht, wenn Sie den Schüler/innen die Funktionsweise des Zirkels und Lineals einmal mit Ihren bisherigen Werkzeugen demonstrieren und dann anschließend aber das digitale Werkzeug am Whiteboard nutzen.

TIPP | Arbeiten Sie prinzipiell beim Verschieben von Objekten mithilfe von Zeichenwerkzeugen immer so, dass Sie seitlich stehen. Damit kann die Arbeitsweise von den Schüler/innen besser nachvollzogen werden.

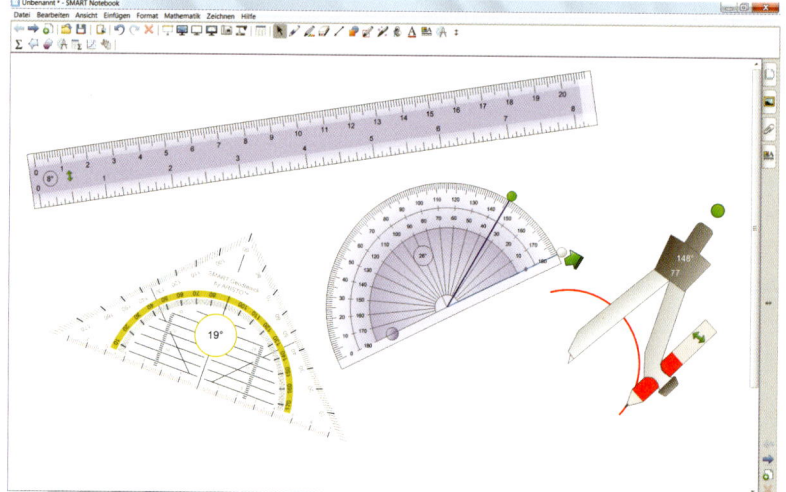

Abb. 98: mathematische Werkzeuge in der *SMART Notebook Software*

Einerseits können Sie die digitalen Werkzeuge am interaktiven Whiteboard sehr einfach mit einer Hand mit Stift oder dem Finger bedienen, andererseits kann die Vorgehensweise der Konstruktion von allen Schüler/innen gut gesehen werden, da Sie nicht wie bisher den Zeichenvorgang verdecken, weil Sie davor stehen mussten. Sie müssen auch nicht mühsam mit den überdimensionalen Werkzeugen der Kreidetafel hantieren, was bei der Arbeit mit Zirkel und Lineal an der klassischen Kreidetafel schon manches Mal wirklich zu akrobatischen Verrenkungen führte.

Wenn Sie denken, dass es wichtig ist, den Schüler/innen die Handhabung mit dem jeweiligen Werkzeug direkt zu zeigen, demonstrieren Sie dies besser und für alle gut sichtbar unter einer Dokumentenkamera mit Lineal, Geodreieck oder Zirkel, mit den Originalwerkzeugen, die die Schüler/innen tatsächlich nutzen.

Bei den Werkzeugen in der Boardsoftware handelt es sich nicht um einfache Grafiken, die eingeblendet werden, sondern um kleine Programme, die eigene Funktionalitäten aufweisen. In den meisten Fällen sind das Flash-Applikationen, die in die Boardsoftware integriert wurden.

Das digitale Lineal

Über die Galerie oder ein Symbol Ihrer Werkzeugleiste rufen Sie Ihr digitales Lineal auf. Sie können es beliebig verschieben und fast bei jedem Boardsoftware-Produkt beliebig verlängern und entsprechend skalieren. Das ist sehr praktisch, da Sie das Lineal nicht immer in voller Länge benötigen und somit nichts unnötig verdeckt wird. Zudem können Sie auch in verschiedenen Maßstäben zeichnen und den Schüler/innen auf diese Weise 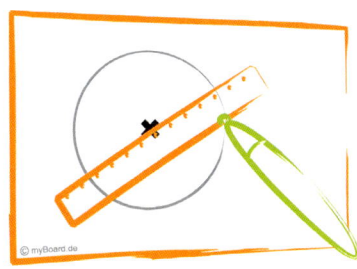 sehr anschaulich das Thema »Maßstab« näherbringen. Sie können dabei auch mit mehreren Linealen parallel arbeiten und die Unterschiede sehr schön demonstrieren. Das Arbeiten auf digitalen Karten von Atlanten oder mit *Google Earth* in Verbindung mit dem Thema »Maßstab«, gibt dem Lehrer ganz neue Möglichkeiten, das Thema zu vermitteln. In der Kombination mit einem Geodreieck lässt sich im Mathematikunterricht dann auch die Parallelverschiebung spielend demonstrieren und natürlich auch von den Schüler/innen am interaktiven Whiteboard nachvollziehen. Auf der klassischen Kreidetafel wäre das niemals möglich. Aufgrund seiner individuellen Einstellmöglichkeiten kann das Lineal auch als Zeitleiste benutzt werden, wenn es entsprechend vergrößert an der Tafel eingeblendet wird.

Angezeigt werden bei den digitalen Linealen die Einheiten in Zentimeter, und meist auch gleich in Inch. Bei einigen Linealen können Sie die Einheit selbst bestimmen. Lineale lassen sich auch aus der Horizontalen um einen Punkt drehend in jede Schräglage bewegen, z. B. zum Zeichnen von Winkeln oder Schräggeraden über festgelegte Haltepunkte.

Die am meisten geschätzte Funktion des digitalen Lineals liegt allerdings im Zeichnen von Geraden. Sie müssen dazu nicht die Linienfunktion aufrufen und eine Linie am Lineal entlang ziehen, sondern können einfach Ihren digitalen Zeichenstift in der gewünschten Farbe verwenden und damit ober- oder unterhalb des virtuellen Lineals entlangfahren. Der Strich gelingt immer als gerade Linie und wird, wie magnetisch angezogen, entlang des Lineals als Gerade angezeigt. Damit gibt es kein Verrutschen des Lineals oder unsauber gezeichnete Geraden mehr. Ist Ihnen die Gerade zu kurz geraten, ziehen Sie diese einfach als Objekt nach dem Markieren in die Länge. Die so erzeugte Linie lässt sich später auch noch frei auf dem Tafelbild positionieren.

Zeichnen von Geraden

Der digitale Zirkel

Leider sind noch nicht alle Boardsoftware-Produkte mit einem digitalen Zirkel ausgestattet, sodass Sie sich hier mit dem einfachen Kreiswerk begnügen müssen, um im Geometrieunterricht etwas zu zeichnen.

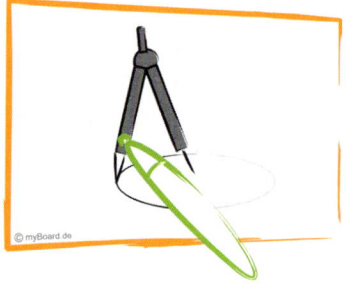

Beim Konstruieren sieht es dann etwas schwieriger aus, wenn Sie keinen digitalen Zirkel zur Hand haben.

Der große Vorteil beim digitalen Zirkel liegt eindeutig darin, dass Sie sich nicht mehr anstrengen müssen, dass Ihnen die Kreide beim Zeichnen nicht abbricht und sich die Saugnäpfe nicht von der Tafel lösen, sodass Sie erneut die Kreide für den Kreis ansetzen müssen.

Den digitalen Zirkel bewegen Sie wie ein Bildobjekt frei auf der Tafeloberfläche. Sie können einfach mit einer einzigen Stift- oder Fingerbewegung den Schenkel, an dem sich der virtuelle Zeichenstift befindet, spreizen. Dabei sind Sie einerseits den Kindern zugewandt und erklären, was Sie gerade tun, andererseits können Sie entlang des zusätzlich eingeblendeten Lineals den Radius ganz genau einstellen. Für genaue Erklärungen können Sie den Zirkel einfach auf dem Tafelbild ruhen lassen und den Schüler/innen den Vorgang noch einmal verdeutlichen.

Den Kreis ziehen Sie einfach, indem Sie den einen Schenkel des Stiftes kreisförmig um die Spitze bewegen; der Kreis erscheint. Der gezeichnete Kreis ist wiederum ein Objekt, das sich beliebig in Größe und Lage verändern lässt. Das Zeichnen eines Kreises mit dem digitalen Zirkel können Sie ohne Weiteres auch von Schüler/innen an der digitalen Tafel durchführen lassen, wenn Sie ihnen genau erklären, wie die einzelnen Funktionsweisen zu handhaben sind. Mit dem klassischen Kreidezirkel wird Ihnen das nicht so schnell gelingen.

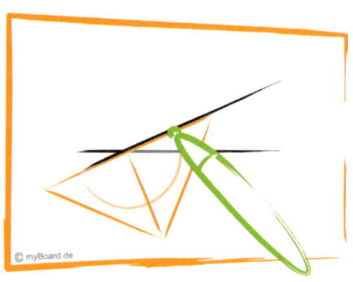

Winkelmesser und Geodreieck

Sehr hilfreich für die Arbeit am interaktiven Whiteboard im Geometrieunterricht, bei Versuchen mit schrägen Ebenen im Fach Physik und beim Skizzieren von Versuchsanordnungen sind Winkelmesser und Geodreieck. Beide Werkzeuge werden meistens gemeinsam in der Boardsoftware angeboten, wobei nicht alle Werkzeuge gleich gut interaktiv und einfach zu bedienen sind. Mit dem Winkelmesser können in erster Linie sehr schnell Kreissegmente und Winkel gezeichnet werden, die an der herkömmlichen Kreidetafel nicht so rasch und einfach realisiert werden können. Auch bei diesem Werkzeug ist die »magnetische« Linienfunktion am Halb- oder Ganzkreis realisiert worden. Sehr gut umgesetzt worden ist der Winkelmesser in den Mathematik-Werkzeugen der *SMART Notebook* Software, bei dem sogar die Winkel mit genauem Winkelmaß erstellt werden können.

Geodreieck und Winkelmesser können beliebig in der Größe verändert werden. Das Geodreieck zeigt ebenfalls die Lage in der entsprechenden Gradzahl zur Horizontalen und hat rings herum die magnetische Funktionalität eingebaut, sodass jeder einfach gezeichnete Strich sich am Geodreieck als Gerade ausrichtet.

Geometrie allgemein
Für den Geometrieunterricht werden zwar einige nützliche Werkzeuge und Hintergründe innerhalb der Boardsoftware angeboten, doch gibt es dazu professionelle Programme, mit denen auf dem interaktiven Whiteboard richtig gearbeitet werden kann: inklusive der Eingabe von Koordinaten und Veranschaulichung von Parabeln und Funktionen.

Das bekannteste unter den dynamischen und interaktiven Geometrieprogrammen ist das kostenlose Programm *GEONExT*, entwickelt von Wissenschaftler/innen der Universität Bayreuth. Mit dieser Software können Sie eine Vielzahl von geometrischen Anwendungen am interaktiven Whiteboard umsetzen. Sie ist direkt für den Unterricht konzipiert und deckt das benötigte Spektrum des Geometrieunterrichts ab (http://geonext.unibayreuth.de).

Eine weitere Freeware für den Geometrieunterricht ist *Geogebra*. Dies ist ebenfalls eine dynamische Mathematik-Software für den Unterricht in den Sekundarstufen (für Geometrie, Algebra und Analysis). Damit können Konstruktionen mit Punkten, Vektoren, Strecken, Geraden, Kegelschnitten sowie Funktionen erstellt und dynamisch verändert werden. Die Software eignet sich sehr gut, um geometrische Figuren oder Graphen schnell modellhaft zu erstellen. Besonders für Schüler/innen der gymnasialen Oberstufe ist die Freeware ein optimales Lernmittel und kann gleichzeitig vorteilhaft am interaktiven Whiteboard eingesetzt werden (http://www.geogebra.org/cms/).

Formeleditor am Whiteboard
Zahlreiche Formeleditoren gibt es mittlerweile als Freeware-Programme oder direkt als Online-Werkzeug, die sich sehr gut für den Einsatz am interaktiven Whiteboard eignen. Ein Werkzeug, das Formeln direkt in Grafiken umwandelt, ist beispielsweise der Formeleditor auf der Internetseite http://www.ma-

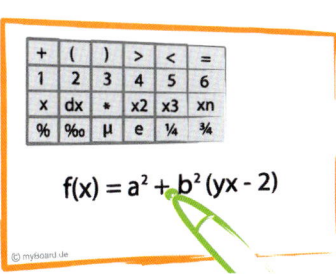

thetools.de/. Dort finden Sie auch jede Menge andere nützliche Online-Werkzeuge und Übungsaufgaben für den Mathematikunterricht.

Die Firma »SMART Technologies« bietet zu ihrer Whiteboardsoftware auch ein kostenpflichtiges Programm an, das verschiedene Mathematikwerkzeuge enthält. Darunter befindet sich auch ein Formeleditor. Dieser erkennt handgeschriebene mathematische Gleichungen und Symbole.

Um Formeleditoren effektiv bedienen zu können, nutzen Sie besser die Tastatur für die Eingabe, da Sie neben der Auswahl der entsprechenden Formel auch noch die Werte eingeben müssen. Diese lassen sich allerdings auch einfach über die einblendbare virtuelle Tastatur einfügen anstatt über eine Handschriftenerkennung.

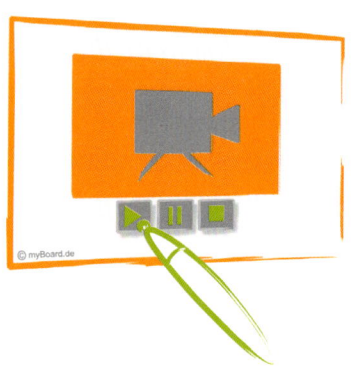

Filme und Player am Whiteboard

Filme können direkt auf dem Whiteboard mithilfe eines eigenen Players angeschaut werden. »Microsoft« liefert zwar seinen eigenen *Mediaplayer* mit dem Betriebssystem, doch gibt es kostenlose Player, die wesentlich mehr Formate abspielen können und zudem einiges an Zusatzoptionen liefern.

Ein leistungsfähiger, kostenloser Player ist der *VLC-Player*. Dieser spielt die gängigsten Videoformate, lässt aber auch das Abspielen von DVDs zu. Alle interaktiven Whiteboards lassen zu, dass einige Videoformate direkt innerhalb der Tafel-Software auf dem Tafelbild abgespielt werden können. Das Videobild lässt sich dabei beliebig skalieren und verschieben.

In Kombination mit dem Fotowerkzeug können Sie aus jedem Film auch Einzelbilder herausnehmen und diese auf Ihrer Tafelseite ablegen.

Noch nicht alles …

Bei den bisher vorgestellten Methodikbausteinen handelt es sich lediglich um eine Auswahl der wichtigsten Vorgehensweisen und die Vorstellung der wichtigsten Werkzeuge, damit Sie bereits sicher und gewinnbringend an jedem interaktiven Whiteboard mit jeder xbeliebigen Whiteboardsoftware arbeiten können.

Es kommt darauf an, dass Sie sich die verschiedenen Möglichkeiten im Umgang mit den Werkzeugen und Methoden immer wieder vornehmen und selbst für Ihren täglichen Unterricht einsetzen. Es genügt nicht, dass Sie theoretisch wissen, welche Methoden oder welches Werkzeug es gibt und wo und wie diese eingesetzt werden können. Sie müssen die Methoden und die Werkzeuge regelmäßig in Ihrem täglichen Unterricht nutzen und einsetzen. Übung macht auch hier den Meister.

Methoden täglich einsetzen

Die verschiedenen vorgestellten Bausteine sollen Ihnen helfen, einerseits Software und Board unabhängig einen Überblick über die Möglichkeiten der Nutzung zu bekommen, und andererseits Anregungen und Anreize für Ihren Unterricht zu geben.

Sobald Sie die einzelnen Methoden verinnerlicht haben und selbstverständlich damit umzugehen wissen, können Sie auch daran gehen, erste interaktive Übungen selbst umzusetzen. Vorher macht es wenig Sinn, wenn Sie viel Zeit mit dem Suchen von Funktionen und Umsetzungsschritten verbringen, um eigene, kleine interaktive Übungen zu erstellen.

Im folgenden Abschnitt möchte ich Ihnen ein paar Umsetzungsmöglichkeiten beispielhaft vorstellen, die Sie in jedem Fach klassenstufenunabhängig einsetzen können. Alle im Vorfeld aufgezeigten Methodenbausteine und der sichere Umgang mit Ihrer Boardsoftware gelten als Voraussetzung dafür, dass Sie die folgenden interaktiven Übungsformen auch realisieren und Ihre Schüler/innen damit an der digitalen Tafel arbeiten lassen können.

8.11 Interaktive Übungen, selbst erstellt

Gelerntes umsetzen

Bei den folgenden Übungen und interaktiven Arbeitsaufträgen handelt es sich um einfache Beispiele, die Sie selbst rasch umsetzen und Ihren Schüler/innen zur Verfügung stellen können. Was ich hier nicht besprechen möchte, sind Übungsformen, die sich nur mit aufwendigen Programmbefehlen umsetzen lassen oder mit einfachen »interaktiven Baukästen« erstellt werden können. Mit kostenlosen Autortools wie *hot potatoes* oder dem kostenpflichtigen Autorenprogramm *Master Tool* lassen sich einfache Drag-and-Drop-Aufgaben entwickeln, die hier nicht beschrieben werden.

Befreien Sie sich auch von der Illusion, dass die Boardsoftware zu Ihrer digitalen Tafel eine Wunderwaffe sei, mit der Sie jede Form von interaktiver Übung umsetzen können. Nein – sie gibt Ihnen lediglich einige rudimentäre Werkzeuge an die Hand, mit denen Sie kleine Übungen für die Schüler/innen erstellen können. Mithilfe des Baukastens und der folgenden Beispiele wird Ihnen das auch gelingen.

Zuordnungsaufgaben

Bei den Zuordnungsaufgaben geht es darum, bestimmte Inhalte anderen Inhalten zuzuordnen. Das kann in der Form erfolgen, das eine Eins-zu-Eins-Beziehung hergestellt oder ein Inhalt mehreren anderen Inhalten zugeordnet wird. Eine Zuordnung beschreibt das Zusammenführen von Inhaltspaaren oder mehreren Inhalten, die einen gleichen Nenner

**Zusammen-
fügen von
Objekten**

haben. Es werden gemeinsame Kategorien gefunden, Ordnungsstrukturen und Zusammenhänge geschaffen. Bei den Zuordnungsübungen am interaktiven Whiteboard geht es immer um das Zusammenfügen von Objekten, die in unterschiedlichster Form an der digitalen Tafel vorhanden sein können. Letztendlich sind es folgende Medien, die am interaktiven Whiteboard für diese Aufgabenform visualisiert werden können: Text, Bild, Ton und Video, Animation.

Je nach Lerntypus können Sie die entsprechenden Medienformen einsetzen. Letztendlich geht es aber darum, wie schnell und einfach Sie an die passenden Materialien kommen (in aller Regel die Medieninhalte Text und Bild). Bei Tondokumenten, Videos und Animationen gestaltet sich die Suche schon etwas schwieriger, wenn Sie die richtigen für Ihren Unterricht finden möchten. Didaktische DVDs bieten da oftmals einen großen Fundus an Materialien, die Sie direkt für diese Übungsformen einsetzen können. Besonders das interaktive Whiteboard schafft die Voraussetzung dafür, dass diese Form von Interaktion sehr einfach bereitgestellt und angewendet werden kann. Durch die leicht nachvollziehbare Möglichkeit, Objekte jeder Medienart auf einer Oberfläche beliebig zu positionieren, gewinnen die Schüler/innen schnell das nötige Vertrauen, um diese Übungsform an der Tafel anzuwenden. Für sie steht der spielerische Charakter im Vordergrund, der unmittelbar an die inhaltliche Problemstellung und Lösung gekoppelt ist. Diese Form des Lernens motiviert Schüler/innen und fordert Sie förmlich auf, sich über die Interaktion mit den Inhalten auseinanderzusetzen, auch wenn es sich nur um einfache Übungen handelt.

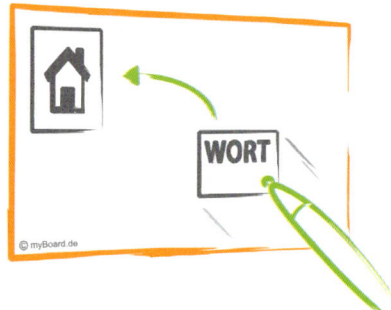

Text-Bild-Zuordnung
Bei dieser Zuordnungsübung stellen Sie ein Bild, z. B. ein Schaubild oder mehrere zu beschreibende Einzelbilder, auf dem Tafelbild verankert zur Verfügung. Die beschreibenden Elemente sind Text-Objekte in Form von Einzelwörtern oder Wortkarten, die die Schüler/innen nun an die richtige Position im Schaubild unter oder neben das Einzelbild positionieren müssen.

Als Kontrollfunktion kann anschließend ein verstecktes Lösungswort mithilfe eines Lösungskärtchens oder ein Pull-Tab, das sich hinter dem jeweiligen Bild befindet, aufgedeckt werden. Die Schüler/innen können diese Art von Übung in Einzel- oder Partnerarbeit bzw. arbeitsteilig in Gruppen am interaktiven Whiteboard durchführen. Die Selbstkontrolle findet in Eigenverantwortung statt und veranlasst gleichzeitig die Schüler/innen, bei falschen Ergebnissen die richtige Lösung für alle sichtbar darzustellen.

Übungen dieser Form können Sie sehr leicht erstellen. Sie erfordern keinen großen Arbeitsaufwand. Beispiele hierfür sind Übungen zum Thema »Wald«, bei denen Waldfrüchte, Blattformen oder Tierspuren richtig benannt werden müssen oder die richtige Vokabel im Fremdsprachenunterricht einem Bild zugeordnet wird. Ihre bisher genutzten Schaubilder können Sie nach der Digitalisierung ebenfalls für diese Übung nutzen, indem Sie durch das Text-Werkzeug einen Textblock mit den Beschreibungsworten zur Verfügung stellen, die dann via Drag-and-Drop an die zu beschreibende Stelle gezogen werden, oder indem Sie einzelne Textobjekte ebenfalls mit dem Text-Werkzeug einfügen.

Zuordnung zu Kategorien

Varianten: Eine andere Variante ist die einfache Text-Text-Zuordnung, bei der Wortpaare – z. B. Vokabeln in Deutsch und Englisch, Synonyme oder gegensätzliche Wortpaare – zusammengebracht werden. Wenn dabei mehr als zwei Textobjekte durch Zuordnung zu einer Kategorie zusammengebracht werden, bietet es sich an, Gruppen zu bilden. Die Kategorien können Sie gut durch Farben, Farbflächen oder Formen kennzeichnen.

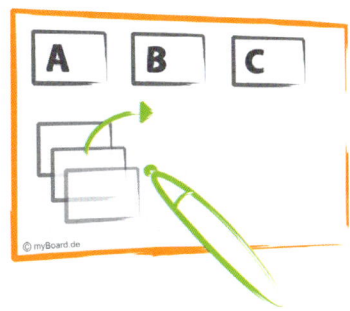

Zuordnungsübungen können aber auch mit Tabellen durchgeführt werden. Dabei werden die vorhandenen Objekte den verschiedenen Kategorien innerhalb der Tabelle durch Verschieben zugeordnet.

Zuordnung durch Linien mit Stiften

Gerne werden auch Zuordnungsübungen durch das Verbinden zweier Objekte mit Linienwerkzeugen oder handgezeichneten Linien in unterschiedlichen Farben eingesetzt. Dabei können die Schüler/innen selbst den Verbindungsweg und eine beliebige Farbe wählen. Vorlagen für Zuordnungsaufgaben, die Sie für das interaktive Whiteboard umsetzen können, finden Sie alle in Ihren Schulbüchern und Übungsheften.

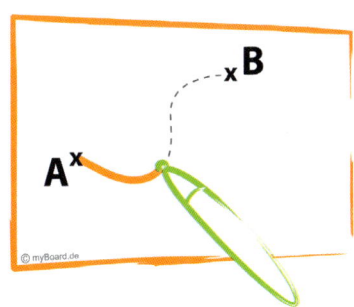

Bausteine zusammensetzen

Bei dieser Zuordnungsübung werden Einzelelemente eines Ganzen wieder zu einem Ganzen zusammengeführt. Besonders im Sprachunterricht kann diese Übung wiederholt eingesetzt werden. Bei Übungen zu Vor- und Nachsilben und der Veränderung des Wortstammes etwa können den Schü-

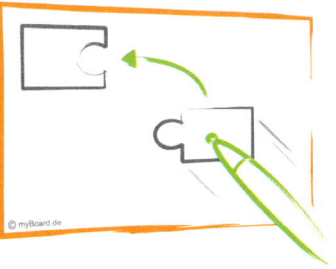

ler/innen die Zusammenhänge der Wortveränderung und der Wortstruktur sehr gut visualisiert werden. Bei der Behandlung von Satzgliedern können Umstellproben durchgeführt und die Veränderung innerhalb der Satzstruktur anschaulich verdeutlicht werden.

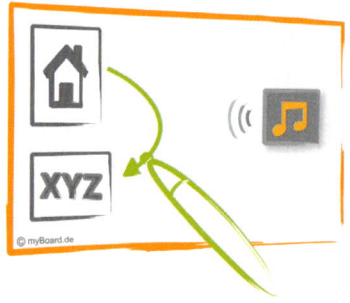

Bild-Text-Zuordnung mit Audioanweisung
Wenn Ihnen entsprechendes Audiomaterial zur Verfügung steht, können Sie, beispielsweise im Fremdsprachenunterricht, durch einen Objekt-Link zu einem Audiodokument Handlungsanweisungen geben, die unmittelbar am interaktiven Whiteboard umgesetzt werden sollen.

Beispielsweise können darüber Hör- und Leseverständnis gleichermaßen geprüft werden. Das Hörverständnis von kurzen Sprachsequenzen oder Hörbeispielen kann anschließend durch Zuordnungsaufgaben mit Text und Bildern oder durch einfache Sortieraufgaben von Textaussagen, Einzelbegriffen oder Bildern sehr gut überprüft werden. Tafelbilder lassen sich über die Seitenübersicht einfach duplizieren. Dadurch kann z. B. ein und dieselbe Übung von mehreren Gruppen nacheinander in einem Stationen-Training immer wieder durchgeführt werden.

8.12 Mit Lückentexten arbeiten

Lückentext einfach
Bisher haben Sie Ihre klassischen Arbeitsblätter mit Lückentextübungen vermutlich an die Schüler/innen verteilt, und Sie haben eine Kopie als Folie für den Overhead-Projektor genutzt. Am interaktiven Whiteboard können Sie diese Arbeitsmethode ganz genauso umsetzen. In den bereits vorhandenen digitalen Textdokumenten lassen sich die Lücken direkt im Dokument ausfüllen. Dafür steht Ihnen die Overlay-Funktion zur Verfügung, mit der Sie im Dokument mit allen Schreibwerkzeugen der Boardsoftware arbeiten können.

Auch wenn diese Form der Interaktivität die einfachste Form darstellt und sich nicht sehr von der bisherigen Arbeitsform am Overhead-Projektor unterscheidet, hat sie doch drei entscheidende Vorteile: Die Beschriftung der Folie erfolgt direkt an der digitalen Tafel, für alle gut sichtbar und ohne Schatteneffekte. Die Person, die die Folie ausfüllt, muss nicht permanent in das grelle Licht blicken, kann das Ergebnis abspeichern und allen Schüler/innen sogar als Ausdruck mitgeben. Alle bisher genutzten Arbeitsblätter dieser Form können Sie somit nach wie vor mit einem Mehrnutzen einsetzen. Sie brauchen diese lediglich einscannen oder das analoge Medium unter einer Dokumentenkamera ausfüllen.

Lückentext interaktiv

Die etwas elegantere Variante für das Ausfüllen von Lücken eines Textes erfolgt, indem die fehlenden Textbausteine als Objekt zur Verfügung gestellt werden, die dann von den Schüler/innen einzeln in die entsprechende Lücke gezogen werden.

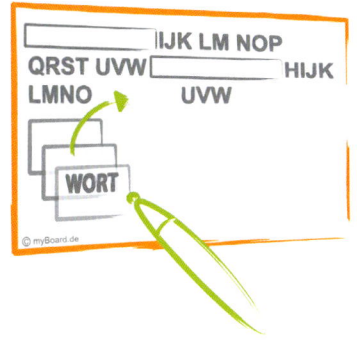

Sie haben drei Möglichkeiten, diese Form eines interaktiven Lückentextes zu realisieren:
- Lösungswörter einzeln als Grafikelement mit dem Fotowerkzeug ausschneiden und auf das Ursprungswort positionieren
- Einzelne Textobjekte über das Textwerkzeug erstellen und an die gewünschte Stelle positionieren
- Gesamttextblock mit allen Lösungswörtern erstellen, aus dem die Schüler/innen mithilfe von Drag-and-Drop die einzelnen Lösungswörter entnehmen und positionieren

Die arbeitsintensivste Variante ist dabei das Erzeugen von einzelnen Grafikelementen über die Fotofunktion. Weniger umständlich ist es, diese interaktiven Übungen mithilfe des *Master Tools* zu erstellen. Dabei fügen Sie einfach einen beliebigen Text als Grafik ein und stellen die Textelemente zur Verfügung. Damit haben Sie Tafelbild, Arbeitsblatt und interaktive Übung in einem. Noch einfacher geht es, wenn Sie einen reinen Lückentext erzeugen möchten. Die Boardsoftware *easiteach* hat dafür auch ein eigenes Gadget, bei dem Lückentexte einfach durch das Markieren der betreffenden Wörter erzeugt wird und die Wörter dann in ungeordneter Reihe für die Zuordnungsaufgabe zur Verfügung stehen. Ein unmittelbares Feedback wird ebenfalls angezeigt.

Rotieren und positionieren

Da Objekte in ihrer Lage beliebig positioniert und gedreht werden können, bieten sich einige interaktive Aufgaben für den Mathematikunterricht, speziell den Geometrieunterricht, an. Hier nur ein paar Beispiele:

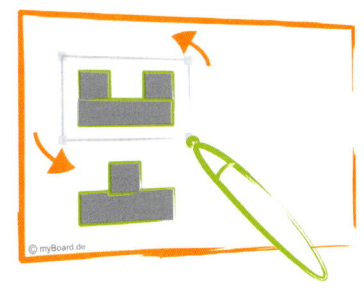

- Kreissegmente mit unterschiedlichen Winkeln lassen sich zu einem Vollkreis zusammensetzen, wenn die entsprechende Winkelsumme von 360

Grad durch die Auswahl der passenden Teilwinkel erfolgt. Damit der Kreis auch als Ganzes dargestellt werden kann, müssen die einzelnen Segmente so gedreht werden, dass sie zusammenpassen.
- Verschiedene Einzelflächen, die ohne Ausrichtung wahllos auf dem Tafelbild zum Verschieben und Rotieren angeboten werden, lassen sich beispielsweise zu mehreren Quadernetzen zusammenfügen, die dann wiederum einen Quader ergeben, wenn die Seitenteile entsprechend zueinander passen.
- Versuchsanordnungen im Bereich der Elektronik und Elektrotechnik können so zusammengestellt werden, dass die einzelnen Objekte erst in der richtigen Reihenfolge das gewünschte Ergebnis bringen, wenn auch die Anschlüsse richtig gewählt und positioniert wurden.
- Mehrere Schüler gleichzeitig am Board
  Bei den meisten Boards ist es nicht möglich, dass mehrere Schüler gleichzeitig am interaktiven Whiteboard arbeiten. Wenn Sie so eine digitale Tafel einsetzen, müssen Sie den Schülern beibringen, arbeitsteilig in Gruppen am Board zu agieren.

Mehrere Schüler gleichzeitig am Board

Die führenden Hersteller bieten mittlerweile die Möglichkeit, dass an ihren digitalen Tafeln zwei oder drei Schüler/innen gleichzeitig arbeiten können. Wo darin der praktische Nutzen liegt, müssen Sie sich selbst fragen. Ich kenne nur wenige Anwendungsbeispiele, bei denen zwei Schüler/innen gleichzeitig an der Tafel arbeiten.

Rechenaufgaben lösen, Darstellung unterschiedlicher Lösungen, Vokabel- und Einmaleinsabfrage, gemeinsam ein Bild oder eine Skizze malen – dann ist es schon vorbei mit dem gleichzeitigen Arbeiten an der Kreidetafel. An der digitalen Tafel wird einiges dadurch erschwert, dass keine Seitenflügel zur Verfügung stehen, die die Arbeit des Einzelnen verbergen kann.

Letztendlich ist und war es ein guter Marketing-Schachzug, bei dem alle Hersteller, denen es möglich war, bei der Umsetzung dieser Funktion mitgemacht haben. Solange keine echte Multitouch-Funktionalität für eine unbegrenzte Zahl von Schüler/innen am interaktiven Whiteboard realisierbar ist und sich die Fläche auf zwei Hälften oder vier Viertel beschränkt, kann mit dieser Technologie auch nicht kreativ gearbeitet werden.

Dennoch ist es eine Methode, die Sie nutzen können, um gegebenenfalls Ihre bisherigen Unterrichtsmethoden in dieser Form auch am interaktiven Whiteboard zu realisieren.

Texte transformieren

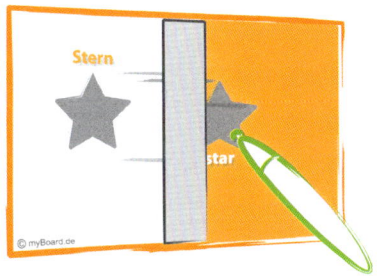

Für einige eine Spielerei, für Schüler/innen in der Grundschule und bis hinauf zur siebten Klasse eine tolle Möglichkeit, mit Vokabeln, Wortarten und Satzgliedern, Kopfrechenaufgaben und vielem mehr zu arbeiten, ist die Möglichkeit der Texttransformation. Das Prinzip ist recht einfach: Ein Wort oder eine Aufgabe wird als Text in einer beliebigen Farbe, die sich vom Hintergrund abhebt, geschrieben. Die Lösung dazu wird darunter oder darüber in der Farbe des Hintergrundes geschrieben, auf der die Frage später steht. Also ist die Lösung nicht zu sehen.

Das Tafelbild wird dann in zwei Hälften geteilt. Auf der linken Hälfte befindet sich die Frage mit der verborgenen Lösung in der Hintergrundfarbe. Auf der rechten Hälfte ist die Hintergrundfläche genau in derselben Farbe eingefärbt, wie die Frage der linken Hälfte. Wenn Sie oder die Schüler/innen nun die Frage auf das gegenüberliegende Farbfeld ziehen, erscheint automatisch die Lösung, und die Frage verschwindet, da Sie dieselbe Farbe hat wie das Farbfeld, auf das die Frage gezogen wurde. Voraussetzung ist allerdings, dass das Textobjekt über dem Farbfeld liegt.

Beim Ziehen von einem Feld zum anderen passiert es allerdings, dass beim Übergang von einem Feld in das andere sichtbar wird, dass es sich dabei um zwei Einzeltexte in den entsprechenden Farben handelt. Das können Sie vermeiden, indem Sie genau an der entsprechenden Stelle einen Farbbalken setzen, unter dem das Textobjekt durchgezogen wird. Der Balken muss dabei aber auf der obersten Ebene liegen.

Multiple-Choice

Im Internet finden Sie eine Menge interaktiver Multiple-Choice-Aufgaben, die Sie direkt am interaktiven Whiteboard einsetzen können. Das gilt übrigens auch für jede Art von Lernprogramm, die an Ihrer Schule zur Verfügung steht. Nachteil dabei ist, dass Sie immer nur eine Übung für die entsprechende Stunde benötigen und sich erst einmal durch alle möglichen Menüs und anderen Übungen durcharbeiten müssen, um dahin zu kommen.

Bei Multiple-Choice-Aufgaben wird den Schüler/innen eine Vielzahl von Antworten zu einer Frage als Text oder Bild auf dem interaktiven Whiteboard zur Verfügung gestellt. Aus diesen möglichen Antworten müssen die Schüler/innen dann keine, eine oder mehrere auswählen, die zutreffend ist/sind. Diese Form der Abfrage eignet sich besonders gut bei kleinen Lernzielkontrollen um festzustellen, ob der Inhalt der Stunde verstanden worden ist oder ob in der darauf folgenden Stunde noch etwas von der letzten Stunde behalten worden ist.

An der digitalen Tafel haben Sie die Möglichkeit, die richtigen Lösungen durch Markieren oder Zuordnen von Symbolen, die Sie als endlos kopierte Grafikobjekte bereithalten, anzuzeigen. Die Schüler/innen können so, beispielsweise in Partner- oder Gruppenarbeit, zunächst die Fragen einzeln auf einem Arbeitsblatt beantworten, sich dann in der Gruppe auf eine gemeinsame Lösung einigen und diese dann am interaktiven Whiteboard für alle sichtbar durch die beschriebenen Hervorhebungen zeigen. Interessant werden Multiple-Choice-Aufgaben allerdings erst dann, wenn unmittelbar auf die Antworten auch ein Feedback erfolgt. Mit Produkten wie *hot potatoes*, *Master Tool* und *Mediator* lassen sich solche Aufgaben rasch umsetzen. Einige Board-Hersteller halten diese Möglichkeit in Form von kleinen Baukästen bereit, um ein einfaches Umsetzen zu ermöglichen. In der *SMART-Notebook*-Software sind beispielsweise eine Vielzahl von Toolkits dafür angedacht. In der *ActivInspire*-Software der Firma »Promethean« können Multiple-Choice-Aufgaben mit Feedbacks durch einfach zugeordnete Aktionen auf die Objekte festgelegt werden.

Im Zusammenspiel mit den Umfrage-Systemen (vgl. S. 59) lassen sich Multiple-Choice-Aufgaben auch als kleine Tests und Wissensabfragen gestalten, die dann individuell ausgewertet werden. Eine Vielzahl von Prüfungen wird inzwischen auch mit Multiple-Choice-Aufgaben durchgeführt. Der dabei vordergründig spielerische Charakter motiviert die Schüler/innen, bei den Tests und Umfragen konzentriert mitzuarbeiten.

8.13 Sammeln und auswerten

Mind-Mapping

Die Mind-Mapping-Methode wurde geprägt und entwickelt durch Tony Buzan. Sie ist eine ideale Methode für den Unterricht, um auf möglichst anschauliche Art und Weise eine Vielzahl an Gedanken zu einem zentralen Thema darzustellen. Hierbei wird das Prinzip der Assoziation genutzt, Gedanken frei entfalten zu lassen und diese auf eine gehirngerechte Art und Weise zu notieren.

Durch die Möglichkeit, seine Gedanken nicht in sequenzieller Form, sondern spontan und dem Anschein nach zunächst unstrukturiert wiedergeben zu können, entwickelt sich allmählich eine Gedächtniskarte, an der eine, aber auch mehrere Personen einer Gruppe arbeiten können. Schüler/innen können diese Art der Stoff- und Ideensammlung sehr gut für den Aufbau und die Strukturierung von Referaten, aber auch für Gliederungen von Lerninhalten verwenden, wenn es um die Vorbereitung auf eine Prüfung geht.

Bei den Gedächtniskarten, den Mind-Maps, geht es darum, dass zu einem zentralen Thema nach und nach Gedanken systematisiert notiert werden. Einzelne Hauptäste stellen dabei die Grobgliederung dar, die daran angezeichneten Unteräste dienen der Feingliederung. Auf einem Papier im Querformat und verschiedenen Farbstiften lassen sich damit sehr eindrucksvolle Mind-Maps von den Schüler/innen erstellen. Zusätzliche Bilder zum jeweiligen Ast oder Unterast in einem Mind-Map erleichtern die Assoziation und geben dem Betrachter einen visuellen Impuls. Der Nachteil bei der Arbeit auf Papier ist, dass die einmal notierten Gedanken sich nicht mehr ändern lassen, da sie fest im Bild verankert sind.

Abb. 99: Handschriftenerkennung im Mind-Map

Der Vorteil der Arbeit am interaktiven Whiteboard besteht darin, dass Sie die einzelnen Notizen beliebig ändern, und somit einzelne Begriffe von einem Ast zum anderen verschieben können. Zusätzlich können Sie jedem Begriff oder Ast bei Bedarf ein passendes Bild aus der Galerie zur Verdeutlichung zuordnen. Alle handgeschriebenen Wörter lassen sich mit der Handschriftenerkennung in Maschinentext umwandeln und in Druckbuchstaben darstellen, was den Leseprozess bei einem Mind-Map verbessert.

Die Grenzen zeigen sich allerdings, wenn Sie ganze Äste umsortieren oder diese als Unteräste einfügen möchten. Das Gruppieren und spätere Entgruppieren der einzelnen Elemente wäre in diesem Fall sehr umständlich. Dafür gibt es mittlerweile zahlreiche Mind-Mapping-Programme, in denen diese Interaktion sehr einfach umgesetzt wurde. Neben allen käuflichen Programmen, die Sie auf Ihren Computer installieren müssen, möchte ich auf ein sehr interessantes Online Mind-Mapping-Programm hinweisen, an dem mehrere Nutzer/innen gleichzeitig arbeiten können und das die vorgenommenen Veränderungen dokumentiert und anhand einer Zeitleiste visualisiert.

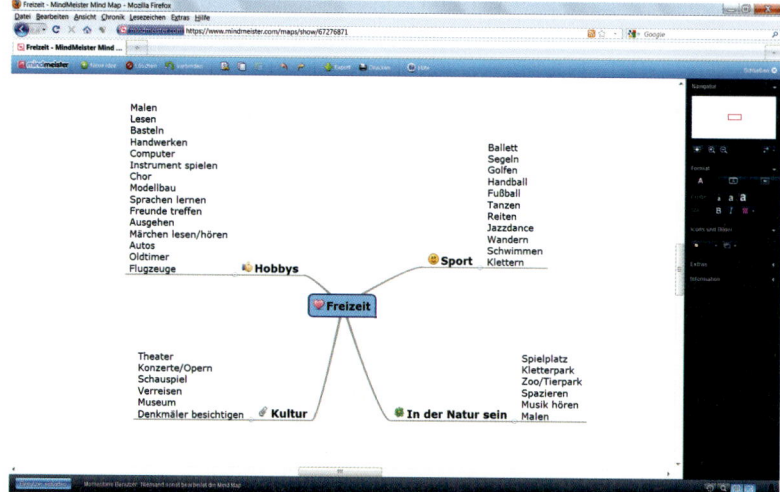

Abb. 100: Mind-Mapping online alleine oder mit mehreren im Programm *MindMeister*

Damit können Sie sehr schön am interaktiven Whiteboard im Unterricht arbeiten und die Schüler/innen zur Online-Mitarbeit einladen. Innerhalb einer Notebook-Klasse können damit gemeinsame Ideen und Themensammlungen entwickelt werden. Das Online-Mind-Mapping-Tool finden Sie unter: www.mindmeister.de.

Brainstorming

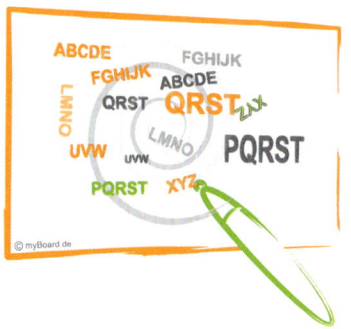

Für die einfache Ideenfindung wird meist die von Alex F. Osborn erfundene und von Charles Hutchison Clark weiterentwickelte Methode des Brainstormings verwendet. Im Gegensatz zum Mind-Mapping werden beim Brainstorming Begriffe, die von den Schüler/innen nacheinander genannt werden, nicht visuell strukturiert, sondern beliebig durcheinander auf dem interaktiven Whiteboard mit dem Stift angeschrieben. Dadurch ergibt sich eine Sammlung von verschiedensten Begriffen zu einem Thema. Es soll zunächst weder gewertet noch strukturiert werden.

Besonders um gewisse Assoziationshilfen zu geben, ist es von Vorteil, wenn Sie für das Brainstorming Bilder verwenden, die einen ersten, stummen Impuls für das spontane Äußern von Gedanken geben. Das können verschiedene kleine oder ein großes Bild sein, das Sie als Hintergrund verwenden. Darauf schreiben Sie die von den Schüler/innen zugerufenen Begriffe.

Die erzeugten Worte lassen sich als einzelne Textobjekte verschieben und strukturieren. Für die bessere Lesbarkeit können Sie anschließend wiederum die Handschriftenerkennung aktivieren und die einzelnen Wörter in der gewünschten Maschinensprache darstellen lassen. Die wichtigsten Begriffe können anschließend kopiert werden, sodass man auf einem neuen Tafelbild daran weiterarbeiten kann.

Die Brainstorming-Methode am interaktiven Whiteboard eignet sich gut zum Einstieg in ein neues Thema. Das so erstellte Tafelbild können Sie in verkleinerter Form jedem Schüler zum Einkleben in sein Heft oder zum Abheften ausdrucken.

Clustern

Ähnlich wie beim Mind-Mapping wird beim Clustern von einem zentralen Begriff ausgegangen. Dabei werden Assoziationsketten gebildet, die sich mit dem zentralen Begriff auseinandersetzen. Die Methode wurde von Gabriele Rico entwickelt und ist neben dem Mind-Mapping und Brainstorming eine Form des kreativen Sammelns von Assoziationen.

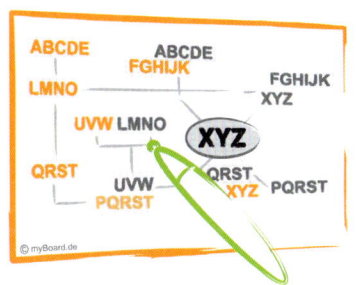

Die verschiedenen Assoziationen werden so dargestellt, dass jeweils der Ausgangspunkt mit dem neuen Gedanken durch einen Strich verbunden wird. Am interaktiven Whiteboard können Sie dabei mit fertig vorbereiteten Grafikelementen, die Sie endlos kopiert haben, arbeiten. Die Verbindungen zwischen den Assoziationen werden mit dem Linienwerkzeug erstellt.

Der Vorteil der digitalen Tafel liegt darin, dass Sie den Aufbau und die Bezüge untereinander sehr dynamisch halten und daran auch ständig arbeiten können. So wäre es möglich, dass Sie den Schüler/innen ein zunächst im Unterricht miteinander erarbeitetes Cluster durch mehrmaliges Kopieren auf verschiedenen Seiten zur Verfügung stellen. Jede Gruppe stellt dann ihre eigenen Bezüge durch ein neues Anordnen der Begriffe und deren Assoziationslinien her. Die unterschiedlichen Ergebnisse werden dann in der Klasse vorgestellt.

Kartenabfrage

Bei der Kartenabfrage, die oft bei Seminaren in der Erwachsenenbildung, aber auch häufig im Unterricht eingesetzt wird, werden die Schülerbeiträge in Form von kleinen Papierstreifen oder Karten zu einem Thema gesammelt und anschließend auf der Tafel mit Magneten angebracht. Obwohl immer darum gebeten wird, dass die darauf zu fixierenden Begriffe in großen Druckbuchstaben zu schreiben sind, können in der Regel diese Karten von den Schüler/innen vorn an der Tafel nicht mehr richtig gelesen werden.

Über das interaktive Whiteboard haben Sie zwei Möglichkeiten, um diese Methode gewinnbringend umzusetzen: Einmal können Sie die Wortkarten auf Zuruf in Form von Wortkarten direkt über die Tastatur eingeben. Eine zweite Möglichkeit besteht darin, dass Sie die von den Schüler/innen erstellten Karten einsammeln und mithilfe eine Digitalkamera alle zusammen fotografieren.

Abb. 101: fotografierte Wortkarten am Whiteboard mit dem Foto-Werkzeug einzeln ausgeschnitten

Das Bild können Sie sofort direkt am Board präsentieren und mithilfe des Fotowerkzeuges jede einzelne Karte, nachdem sie besprochen und die Positionierung festgelegt wurde, ausschneiden und auf dem Tafelbild als Kopie platzieren.

Sie können für das Digitalisieren der Wortkarten natürlich auch eine Dokumentenkamera oder einen Scanner einsetzen. Mit der Digitalkamera allerdings lässt sich das sehr schnell und einfach realisieren.

Collagen

Die Collage ist eine sehr kreative Form, um zu einem Thema eine Vielzahl von unterschiedlichsten Materialien in unstrukturierter Weise zusammenzustellen. Das Betrachten der Collage soll zu Assoziationen führen. Im Unterricht können Sie beispielsweise Schüler/innen zu einem Thema selbstständig Collagen erstellen lassen. Auf dem Papier ist man allerdings auf die Medien »Bild« und »Text« beschränkt.

Am interaktiven Whiteboard können Collagen multimedial erstellt werden. Neben den Bildern und Texten können zugleich Töne, Videos und Animationen mit in das Tafelbild integriert oder über einen Link aufgerufen werden. Bei den Collagen an der digitalen Tafel können gleichzeitig somit auch Interaktionen für den späteren Betrachter und Vortragenden eingearbeitet werden.

Collagen machen den Schüler/innen sehr viel Spaß. Am interaktiven Whiteboard können mithilfe des Fotowerkzeuges Ausschnitte aus Bildern und Texten in das Collage-Bild gestellt werden. Jeder Collage-Teil kann als Objekt so auf dem Tafelbild positioniert werden, dass ein optimales Bild entstehen kann. Sobald die Schüler/innen selbst am Computer oder Notebook arbeiten, kann jeder Schüler seine eigene Collage entwickeln. Für diese Methode gibt es zahlreiche Einsatzmöglichkeiten im Unterricht.

Abb. 102: Collage am Whiteboard zum Thema »Freizeit« mit dem Foto-Werkzeug realisiert

Sie können Ihren Schüler/innen allerdings auch einen vorbereiteten Fundus an Ausschnitten von Texten und Bilder zur Verfügung stellen und sie darum bitten, eine Collage zu einem Thema zu erstellen. Dabei haben Sie z. B. auf einer Tafelseite eine Vielzahl von Bild- und Textausschnitten bereitgestellt, die dann von den Schülergruppen nach ihren Vorstellungen zusammengefügt werden. Darunter können aber auch Ton- und Videodokumente sein. Mit dieser Darstellungsmethode haben die Schüler/innen die Möglichkeit, die ihnen wichtigsten Aspekte zu einem Thema zusammenzustellen, über die sie dann auch referieren können.

Schlusswort

Das interaktive Whiteboard ist ein Medium für einen modernen Unterricht im 21. Jahrhundert. Es gibt uns Lehrer/innen eine Vielzahl von Möglichkeiten, die wir in unserem bisherigen Unterricht in dieser Form so nicht realisieren konnten. Interaktive Whiteboards sind zeitgemäß und vermitteln unseren Schüler/innen Medienkompetenz. Gleichzeitig wird diese auch von uns Lehrern vorausgesetzt, damit der Unterricht nach wie vor seine Leichtigkeit auch im Umgang mit der Bedienung des neuen Mediums beibehält. Denn: Der Umgang mit der Technik muss selbstverständlich werden und technische Abläufe zunehmend in den Hintergrund treten.

> Interaktive Whiteboards sind zeitgemäß.

Wir stehen erst am Beginn dieser neuen Technologie und in naher Zukunft werden noch einfachere System das digitale und interaktive Arbeiten an der Tafel ermöglichen. In einigen Jahren werden wir u. a. 3-D Objekte als Holographien im Unterricht einsetzen und weitaus interaktivere Systeme anzuwenden wissen. Doch wir sollten uns schon heute auf den Weg machen, um unseren Schüler/innen eine möglichst zeitgemäße Unterrichtsform zu bieten. Investitionen müssen getätigt werden, doch sind es auch Investitionen in unsere Schüler/innen und eine Antwort auf die sich rasant ändernden internationalen Anforderungen auf dem Bildungsmarkt.

Es sind wohl überlegte, vernünftige methodisch-didaktische Konzepte für Schulungen und Umsetzungen im täglichen Unterricht notwendig, auf denen wir aufbauen und aus denen wir lernen können. Lehrer/innen dürfen bei der Einführung des neuen Mediums in den Unterricht nicht im Stich gelassen werden. Sie benötigen Unterstützung in Form von intensiven Schulungen und kontinuierliche Betreuung, wenn das interaktive Whiteboard gewinnbringend im Unterricht eingesetzt werden soll.

Dieses Buch soll Ihnen einen ersten Anstoß geben, in die Welt der digitalen Tafel einzutauchen – unabhängig davon, welches Whiteboard und welche Software Sie derzeit einsetzen oder einsetzen werden. Wichtig ist, dass Sie am Ball bleiben und Chancen des interaktiven Whiteboards gewinnbringend für Ihre Schüler/innen und sich selbst nutzen. Und natürlich andere damit anstecken – so wie ich vielleicht auch Sie …

Ihr Jürgen Schlieszeit

Literatur

Barber, D./Cooper, L./Meeson, G. (2007): Learning and Teaching with Interactive Whiteboards. Primary and Early Years. Practical Handbooks. Achieving QTS. Exeter: Learning Matters.

Bayerisches Staatsministerium für Unterricht und Kultus (Hrsg.) (2005): Medienwelten. Kritische Betrachtung zur Medienwirkung auf Kinder und Jugendliche. Ein Handbuch für Eltern und Lehrkräfte. München: Bayerisches Staatsministerium für Unterricht und Kultus.

Betcher, C./Malcom, L. (2009): The Interactive Whiteboard Revolution. Teaching with IWBs. Camberwell: ACER Press.

Braham, G. (2006): How to ... survive and succeed with an interactive whiteboard. Cambridge: LDA.

Buzan, B./Buzan, T. (1999): Das Mind-Map-Buch. Die besten Methode zur Steigerung Ihres geistigen Potentials. Landsberg am Lech: mvg.

Cogill, J. (Hrsg.) (2006): You can use an interactive whiteboard. For ages 7-11. Warwickshire: Scholastic.

David, A./Phillips, M. (2006): You can use an interactive whiteboard. London: Scholastic

Gage, J. (2005): How to use an Interactive Whiteboard really effectively in your primary classroom. London: David Fulton Publishers.

Gage, J. (2006): How to use an Interactive Whiteboard really effectively in your secondary classroom. London: David Fulton Publishers.

Gill, M.J./Monnet, C./Rose, C. (1999): Trainings- & Entwicklungsprogramm TEP. M.A.S.T.E.R-haft trainieren. Flensburg: Focus Marketing

Gutenberg, U./Iser, T./Machate, C. (2010): Interaktive Whiteboards im Unterricht. Das Praxishandbuch. Braunschweig: Schroedel.

Klippert, H. (2008): Eigenverantwortliches Arbeiten und Lernen. Bausteine für den Unterricht. Weinheim und Basel: Beltz.

Klippert, H. (2008): Methoden-Training. Bausteine für den Unterricht. Weinheim und Basel: Beltz.

Kohls, C. (2010): Mein SMART Board. Praxishandbuch für den erfolgreichen Einsatz im Unterricht. Augsburg: Projekt Bildung Media.

Kron, F.W./Sofos, A. (2003): Mediendidaktik. Neue Medien in Lehr- und Lernprozessen. München: Reinhardt.

Lauffer, J./Röllecke, R. (Hrsg.) (2008): Dieter Baacke Preis. Mit Medien bilden. Der Seh-Sinn in der Medienpädagogik. Konzepte – Projekte – Positionen Handbuch 3. Bielefeld: GMK.

Medienpädagogischer Forschungsverbund Südwest (Hrsg.) (2009): JIM 2009.Jugend, Information, (Multi-)Media. Basisstudie zum Medienumgang 12- bis 19-Jähriger in Deutschland. Stuttgart: Medienpädagogischer Forschungsverbund Südwest.

Meyer, H. (1987): Unterrichtsmethoden II: Praxisband. 3. 2. Auflage. Frankfurt am Main: Cornelsen.

Niegemann, H./Strittmatter, P. (2000): Lehren und lernen mit Medien. Eine Einführung. Darmstadt: Wissenschaftliche Buchgesellschaft.

Klippert, H./Müller, F. (2009): Methodenlernen in der Grundschule. Bausteine für den Unterricht. 4. Auflage. Weinheim und Basel: Beltz.

Rachow, A. (2002): Ludus & Co. Didaktische Spiele für alle, die in und mit Gruppen arbeiten. Bonn: managerSeminare.

Realschule Enger (2005): Lernkompetenz I. Bausteine für eigenständiges Lernen 5./6. Schuljahr. Berlin: Cornelsen.

Seifert, J.W. (2006): Visualisieren, Präsentieren, Moderieren. Offenbach: Gabal.

Will, H. (Hrsg.) (1991): Lernen mit Bildmedien. Psychologische und didaktische Grundlagen. Mit den Augen lernen. Seminareinheit 1. Weinheim und Basel: Beltz.

Will, H. (Hrsg.) (1991): Pinwand, Flipchart und Tafel. Mit den Augen lernen. Seminareinheit 3. Weinheim und Basel: Beltz.

Will, H. (Hrsg.) (1991): Arbeitsprojektor und Folien. Mit den Augen lernen. Seminareinheit 4. Weinheim und Basel: Beltz.

Bildquellenverzeichnis:
Abb. 1: Jürgen Schlieszeit; Abb. 2: ©Promethean Ltd., ©Panasonic ©SMART Technologies ULC. Alle Rechte vorbehalten; Abb. 3: ©myBoard Verlag; Abb. 4: ©myBoard Verlag; Abb. 5: ©SMART Technologies ULC. Alle Rechte vorbehalten; Abb. 6: Produktbilder von Verlage/Hersteller: Bildungsverlag EINS, Cornelsen, co.Tec, FWU, Hueber, Klett, Medien LB, Schroedel; Abb. 7: ©myBoard Verlag; Abb. 8: ©TeamBoard, ©SMART Technologies ULC. Alle Rechte vorbehalten; Abb. 10: ©Promethean Ltd., ©eInstruction; Abb. 11: ©eInstruction; Abb. 12: ©Promethean Ltd.; Abb. 13: ©mimio, ©Legamaster; Abb. 14: ©Epson; Abb. 15: ©co.Tec; Abb. 16: ©Hitachisoft; Abb. 17: ©Stiefel Group Europe; Abb. 18: ©PolyVision; Abb. 19: ©Panasonic; Abb. 20: ©Panasonic; Abb. 21: ©Panasonic; Abb. 22: ©myBoard Verlag; Abb. 23: ©myBoard Verlag; Abb. 24: ©myBoard Verlag; Abb. 25: ©SMART Technologies ULC. Alle Rechte vorbehalten; Abb. 26: ©ARP; Abb. 27: ©Legamaster, ©AverMedia, ©ELMO EUROPE SAS, ©SMART Technologies ULC. Alle Rechte vorbehalten; Abb. 28: ©WACOM; Abb. 29: ©eInstruction, ©Promethean Ltd., ©Legamaster; Abb. 30: ©Promethean Ltd., ©eInstruction, ©MIMIO, ©SMART Technologies ULC. Alle Rechte vorbehalten; Abb. 31–34: © Initiative IT-Fitness: Quelle: http://www.it-fitness.de/PResse/pressematerialien.aspx; Abb. 35: Weber, Ernst. Die Technik des Tafelzeichnens. Mit 6 Illustrationen im Text und 40 Tafeln.; Teubner, Leipzig 1912, 3. Aufl., Mappe , 40 Tafeln, Textheft mit 24 Seiten, digital zur Verfügung gestellt von Franz Wich-Schultafelservice; Abb. 36: ©P3D; Abb. 37: ©myBoard Verlag; Abb. 38: ©myBoard Verlag; Abb. 50: ©ELMO EUROPE SAS; Abb. 53: ©myBoard Verlag; Abb. 56: ©FWU Bilder aus „Die Wiese im Frühjahr"; Abb. 58: screenshot aus: http://home.fonline.de; Abb. 59: screenshot aus: www.chemie-interaktive.de; Abb. 60: ©P3D; Abb. 61: screenshot aus: http://dissect.froguts.com; Abb. 62: screenshot aus: www.algodoo.com; Abb. 75: © co.Tec Verlag; Abb. 76: © co.Tec Verlag; Abb. 80: Interaktives Tafelbild , ©MedienLB; Abb. 82: © F. Ostermeier; Abb. 83: © Foto Jürgen Schlieszeit; Abb. 88: Interaktives Tafelbild , ©MedienLB; Abb. 89: ©myBoard Verlag; Abb. 100: screenshot aus www.mindmeister.de; alle Screenshots: Jürgen Schlieszeit; Piktogramme: Robert Hüther, Jürgen Schlieszeit

Hinweise zu Produkt- und Markennamen:
Folgende Abkürzungen werden aus Platzgründen verwendet:
„sWzoeWz" für: „sind Warenzeichen oder eingetragene Warenzeichen"
„ieWzoeWZ" für: „ist ein Warenzeichen oder eingetragenes Warenzeichen"
Adobe und Flash sind sWzoeWz von Adobe Systems Incorporated. • Algodoo ieWzoeWZ von Algoryx Simulation AB. • Anoto ieWzoeWZ der Anoto Group AB • Apple, iPhone und iPad sWzoeWz der Firma Apple Inc • Audacity ieWzoeWZ von Dominic Mazzoni. • Clasus und Clasus Board sWzoeWz von CLASUS Portugal • CleverBoard ieWzoeWZ von Sahara Presentation Systems Plc • Easiteach Next Generation ieWzoeWZ der RM Education plc • eBeam, eBeam Software for Windows und Scrapbook sWzoeWz der Luidia, Incorporated • Eiki ist ieWzoeWZ der EIKI Industrial Co., Ltd. • eInstruction, Interwrite Board, Mobi und Interwrite Workspace, Cricket, CPS IR, CPSPulse und sWzoeWz der eInstruction Corporation • Flickr ieWzoeWZ der Yahoo! Inc • Google ieWzoeWZ der Google Inc. • Hitachi Star Board FX Duo und Starboard FX Trio sWzoeWz der Hitachi, Ltd. • Legamaster ieWzoeWZ der edding Aktiengesellschaft • Master Tool ieWzoeWZ der co.Tec GmbH und Thomas Gottfried EDV • Microsoft, Windows, Excel und PowerPoint sWzoeWz der Microsoft Corporation. • MIMIO, MimioTeach, MimioVote und MimioView sWzoeWz von DYMO Mimio, a Newell Rubbermaid company • MindMeister ieWzoeWz der MeisterLabs GmbH • Nintendo und Wii Nintendo sWzoeWz von Nintendo Co., Ltd. • Panasonic und Panaboard sWzoeWz der Panasonic Corporation. • Polyvision und eno one sWzoeWz von PolyVision, a steelcase company. • Promethean, ActivBoard, AcitiveVote, ActiveInspire, ActivSlate, ActivExpression sWzoeWz von Promethean Ltd. • Qomo, Qomo Board und Flow!Works sWzoeWz von Qomo HIte Vision • SMART Technologies, SMART Board, SMART Notebook, SMART Notebook Math Tools, SMART Response und SMART Exchange sind Marken oder eingetragene Marken der SMART Technologies ULC • TeamBoard und TeamBoard Draw sWzoeWz von Egan TeamBoard Inc. • Wacom und Wacom Pen Display sWzoeWz der Wacom Company, Ltd. • WizTeach ieWzoeWZ von Qwizdom UK Ltd • YouTube ieWzoeWz der YouTube, LLC